英検®
過去問題集
2024年度

Gakken

3級

別冊試験問題

本冊と軽くのりづけされていますので，ゆっくりと取り外して使いましょう。

解 答 欄

問題番号	1	2	3	4
(1)	①	②	③	④
(2)	①	②	③	④
(3)	①	②	③	④
(4)	①	②	③	④
(5)	①	②	③	④
(6)	①	②	③	④
(7)	①	②	③	④
(8)	①	②	③	④
(9)	①	②	③	④
(10)	①	②	③	④
(11)	①	②	③	④
(12)	①	②	③	④
(13)	①	②	③	④
(14)	①	②	③	④
(15)	①	②	③	④

1

解 答 欄

問題番号	1	2	3	4
(16)	①	②	③	④
(17)	①	②	③	④
(18)	①	②	③	④
(19)	①	②	③	④
(20)	①	②	③	④

2

解 答 欄

問題番号	1	2	3	4
(21)	①	②	③	④
(22)	①	②	③	④
(23)	①	②	③	④
(24)	①	②	③	④
(25)	①	②	③	④
(26)	①	②	③	④
(27)	①	②	③	④
(28)	①	②	③	④
(29)	①	②	③	④
(30)	①	②	③	④

3

リ ス ニ ン グ 解 答 欄

問題番号	1	2	3	4
例題	①	②	●	
No.1	①	②	③	
No.2	①	②	③	
No.3	①	②	③	
No.4	①	②	③	
No.5	①	②	③	
No.6	①	②	③	
No.7	①	②	③	
No.8	①	②	③	
No.9	①	②	③	
No.10	①	②	③	
No.11	①	②	③	④
No.12	①	②	③	④
No.13	①	②	③	④
No.14	①	②	③	④
No.15	①	②	③	④

第1部 (No.1〜No.10)
第2部 (No.11〜No.15)

問題番号	1	2	3	4
No.16	①	②	③	④
No.17	①	②	③	④
No.18	①	②	③	④
No.19	①	②	③	④
No.20	①	②	③	④
No.21	①	②	③	④
No.22	①	②	③	④
No.23	①	②	③	④
No.24	①	②	③	④
No.25	①	②	③	④
No.26	①	②	③	④
No.27	①	②	③	④
No.28	①	②	③	④
No.29	①	②	③	④
No.30	①	②	③	④

第2部 (No.16〜No.20)
第3部 (No.21〜No.30)

4 ライティング解答欄

● **記入上の注意**（記述形式）
　指示事項を守り，文字は，はっきりとわかりやすく書いてください。

注意事項
① 解答にはHBの黒鉛筆（シャープペンシルも可）を使用し，解答を訂正する場合には消しゴムで完全に消してください。
② 解答用紙は絶対に汚したり折り曲げたり，所定以外のところへの記入はしないでください。

解答欄

問題番号	1 2 3 4
(1)	① ② ③ ④
(2)	① ② ③ ④
(3)	① ② ③ ④
(4)	① ② ③ ④
(5)	① ② ③ ④
(6)	① ② ③ ④
(7)	① ② ③ ④
(8)	① ② ③ ④
(9)	① ② ③ ④
(10)	① ② ③ ④
(11)	① ② ③ ④
(12)	① ② ③ ④
(13)	① ② ③ ④
(14)	① ② ③ ④
(15)	① ② ③ ④

1

解答欄

問題番号	1 2 3 4
(16)	① ② ③ ④
(17)	① ② ③ ④
(18)	① ② ③ ④
(19)	① ② ③ ④
(20)	① ② ③ ④

2

解答欄

問題番号	1 2 3 4
(21)	① ② ③ ④
(22)	① ② ③ ④
(23)	① ② ③ ④
(24)	① ② ③ ④
(25)	① ② ③ ④
(26)	① ② ③ ④
(27)	① ② ③ ④
(28)	① ② ③ ④
(29)	① ② ③ ④
(30)	① ② ③ ④

3

リスニング解答欄

問題番号	1 2 3 4		問題番号	1 2 3 4
例題	① ② ●		No.16	① ② ③ ④
No.1	① ② ③	第2部	No.17	① ② ③ ④
No.2	① ② ③		No.18	① ② ③ ④
No.3	① ② ③		No.19	① ② ③ ④
No.4	① ② ③		No.20	① ② ③ ④
No.5	① ② ③		No.21	① ② ③ ④
No.6	① ② ③		No.22	① ② ③ ④
No.7	① ② ③		No.23	① ② ③ ④
No.8	① ② ③	第3部	No.24	① ② ③ ④
No.9	① ② ③		No.25	① ② ③ ④
No.10	① ② ③		No.26	① ② ③ ④
No.11	① ② ③ ④		No.27	① ② ③ ④
No.12	① ② ③ ④		No.28	① ② ③ ④
No.13	① ② ③ ④		No.29	① ② ③ ④
No.14	① ② ③ ④		No.30	① ② ③ ④
No.15	① ② ③ ④			

第1部（No.1〜No.10）　第2部（No.11〜No.20）　第3部（No.21〜No.30）

4 ライティング解答欄

● **記入上の注意（記述形式）**
　指示事項を守り，文字は，はっきりとわかりやすく書いてください。

20■ 年度・第■回　　3 級　解答用紙

注意事項

① 解答にはHBの黒鉛筆（シャープペンシルも可）を使用し, 解答を訂正する場合には消しゴムで完全に消してください。

② 解答用紙は絶対に汚したり折り曲げたり, 所定以外のところへの記入はしないでください。

解答欄

問題番号	1 2 3 4
(1)	① ② ③ ④
(2)	① ② ③ ④
(3)	① ② ③ ④
(4)	① ② ③ ④
(5)	① ② ③ ④
(6)	① ② ③ ④
(7)	① ② ③ ④
(8)	① ② ③ ④
(9)	① ② ③ ④
(10)	① ② ③ ④
(11)	① ② ③ ④
(12)	① ② ③ ④
(13)	① ② ③ ④
(14)	① ② ③ ④
(15)	① ② ③ ④

（１）

解答欄

問題番号	1 2 3 4
(16)	① ② ③ ④
(17)	① ② ③ ④
(18)	① ② ③ ④
(19)	① ② ③ ④
(20)	① ② ③ ④

（２）

解答欄

問題番号	1 2 3 4
(21)	① ② ③ ④
(22)	① ② ③ ④
(23)	① ② ③ ④
(24)	① ② ③ ④
(25)	① ② ③ ④
(26)	① ② ③ ④
(27)	① ② ③ ④
(28)	① ② ③ ④
(29)	① ② ③ ④
(30)	① ② ③ ④

（３）

リスニング解答欄

第1部
問題番号	1 2 3 4
例題	① ② ●
No.1	① ② ③
No.2	① ② ③
No.3	① ② ③
No.4	① ② ③
No.5	① ② ③
No.6	① ② ③
No.7	① ② ③
No.8	① ② ③
No.9	① ② ③
No.10	① ② ③

第2部
No.11	① ② ③ ④
No.12	① ② ③ ④
No.13	① ② ③ ④
No.14	① ② ③ ④
No.15	① ② ③ ④

第2部
No.16	① ② ③ ④
No.17	① ② ③ ④
No.18	① ② ③ ④
No.19	① ② ③ ④
No.20	① ② ③ ④

第3部
No.21	① ② ③ ④
No.22	① ② ③ ④
No.23	① ② ③ ④
No.24	① ② ③ ④
No.25	① ② ③ ④
No.26	① ② ③ ④
No.27	① ② ③ ④
No.28	① ② ③ ④
No.29	① ② ③ ④
No.30	① ② ③ ④

4 ライティング解答欄

● 記入上の注意（記述形式）
指示事項を守り, 文字は, はっきりとわかりやすく書いてください。

解　答　欄				
問題番号	1	2	3	4
(1)	①	②	③	④
(2)	①	②	③	④
(3)	①	②	③	④
(4)	①	②	③	④
(5)	①	②	③	④
(6)	①	②	③	④
(7)	①	②	③	④
(8)	①	②	③	④
(9)	①	②	③	④
(10)	①	②	③	④
(11)	①	②	③	④
(12)	①	②	③	④
(13)	①	②	③	④
(14)	①	②	③	④
(15)	①	②	③	④

1

解　答　欄				
問題番号	1	2	3	4
(16)	①	②	③	④
(17)	①	②	③	④
(18)	①	②	③	④
(19)	①	②	③	④
(20)	①	②	③	④

2

解　答　欄				
問題番号	1	2	3	4
(21)	①	②	③	④
(22)	①	②	③	④
(23)	①	②	③	④
(24)	①	②	③	④
(25)	①	②	③	④
(26)	①	②	③	④
(27)	①	②	③	④
(28)	①	②	③	④
(29)	①	②	③	④
(30)	①	②	③	④

3

リ ス ニ ン グ 解 答 欄										
問題番号	1	2	3	4		問題番号	1	2	3	4
例題	①	②	●			No.16	①	②	③	④
No.1	①	②	③		第2部	No.17	①	②	③	④
No.2	①	②	③			No.18	①	②	③	④
No.3	①	②	③			No.19	①	②	③	④
No.4	①	②	③			No.20	①	②	③	④
No.5	①	②	③			No.21	①	②	③	④
No.6	①	②	③			No.22	①	②	③	④
No.7	①	②	③			No.23	①	②	③	④
No.8	①	②	③			No.24	①	②	③	④
No.9	①	②	③		第3部	No.25	①	②	③	④
No.10	①	②	③			No.26	①	②	③	④
No.11	①	②	③	④		No.27	①	②	③	④
No.12	①	②	③	④		No.28	①	②	③	④
No.13	①	②	③	④		No.29	①	②	③	④
No.14	①	②	③	④		No.30	①	②	③	④
No.15	①	②	③	④						

（第1部：例題〜No.10，第2部：No.11〜No.20，第3部：No.21〜No.30）

4 ライティング解答欄

● **記入上の注意**（記述形式）
指示事項を守り，文字は，はっきりとわかりやすく書いてください。

解答欄

問題番号	1 2 3 4
1	
(1)	① ② ③ ④
(2)	① ② ③ ④
(3)	① ② ③ ④
(4)	① ② ③ ④
(5)	① ② ③ ④
(6)	① ② ③ ④
(7)	① ② ③ ④
(8)	① ② ③ ④
(9)	① ② ③ ④
(10)	① ② ③ ④
(11)	① ② ③ ④
(12)	① ② ③ ④
(13)	① ② ③ ④
(14)	① ② ③ ④
(15)	① ② ③ ④

解答欄

問題番号	1 2 3 4
2	
(16)	① ② ③ ④
(17)	① ② ③ ④
(18)	① ② ③ ④
(19)	① ② ③ ④
(20)	① ② ③ ④

解答欄

問題番号	1 2 3 4
3	
(21)	① ② ③ ④
(22)	① ② ③ ④
(23)	① ② ③ ④
(24)	① ② ③ ④
(25)	① ② ③ ④
(26)	① ② ③ ④
(27)	① ② ③ ④
(28)	① ② ③ ④
(29)	① ② ③ ④
(30)	① ② ③ ④

リスニング解答欄

問題番号	1 2 3 4		問題番号	1 2 3 4
例題	① ② ●		No.16	① ② ③ ④
No.1	① ② ③	第2部	No.17	① ② ③ ④
No.2	① ② ③		No.18	① ② ③ ④
No.3	① ② ③		No.19	① ② ③ ④
No.4	① ② ③		No.20	① ② ③ ④
No.5 (第1部)	① ② ③		No.21	① ② ③ ④
No.6	① ② ③		No.22	① ② ③ ④
No.7	① ② ③		No.23	① ② ③ ④
No.8	① ② ③	第3部	No.24	① ② ③ ④
No.9	① ② ③		No.25	① ② ③ ④
No.10	① ② ③		No.26	① ② ③ ④
No.11	① ② ③ ④		No.27	① ② ③ ④
No.12	① ② ③ ④		No.28	① ② ③ ④
No.13 (第2部)	① ② ③ ④		No.29	① ② ③ ④
No.14	① ② ③ ④		No.30	① ② ③ ④
No.15	① ② ③ ④			

4 ライティング解答欄

● 記入上の注意（記述形式）

指示事項を守り，文字は，はっきりとわかりやすく書いてください。

合格力チェックテスト | 3級 解答用紙

解答欄

問題番号	1 2 3 4
(1)	① ② ③ ④
(2)	① ② ③ ④
(3)	① ② ③ ④
(4)	① ② ③ ④
(5)	① ② ③ ④
(6)	① ② ③ ④
(7)	① ② ③ ④
(8)	① ② ③ ④
(9)	① ② ③ ④
(10)	① ② ③ ④
(11)	① ② ③ ④
(12)	① ② ③ ④
(13)	① ② ③ ④
(14)	① ② ③ ④
(15)	① ② ③ ④

（大問 1）

解答欄

問題番号	1 2 3 4
(16)	① ② ③ ④
(17)	① ② ③ ④
(18)	① ② ③ ④
(19)	① ② ③ ④
(20)	① ② ③ ④
(21)	① ② ③ ④
(22)	① ② ③ ④
(23)	① ② ③ ④
(24)	① ② ③ ④
(25)	① ② ③ ④
(26)	① ② ③ ④
(27)	① ② ③ ④
(28)	① ② ③ ④
(29)	① ② ③ ④
(30)	① ② ③ ④

（大問 2 は (16)〜(20), 大問 3 は (21)〜(30)）

リスニング解答欄

問題番号	1 2 3 4		問題番号	1 2 3 4
No.1	① ② ③	第2部	No.16	① ② ③ ④
No.2	① ② ③		No.17	① ② ③ ④
No.3	① ② ③		No.18	① ② ③ ④
No.4	① ② ③		No.19	① ② ③ ④
No.5	① ② ③		No.20	① ② ③ ④
No.6	① ② ③		No.21	① ② ③ ④
No.7	① ② ③		No.22	① ② ③ ④
No.8	① ② ③		No.23	① ② ③ ④
No.9	① ② ③	第3部	No.24	① ② ③ ④
No.10	① ② ③		No.25	① ② ③ ④
No.11	① ② ③ ④		No.26	① ② ③ ④
No.12	① ② ③ ④		No.27	① ② ③ ④
No.13	① ② ③ ④		No.28	① ② ③ ④
No.14	① ② ③ ④		No.29	① ② ③ ④
No.15	① ② ③ ④		No.30	① ② ③ ④

（第1部 No.1〜No.10, 第2部 No.11〜No.20, 第3部 No.21〜No.30）

ライティング解答欄

● **記入上の注意（記述形式）**
指示事項を守り, 文字は, はっきりとわかりやすく書いてください。

4A

（記入欄）

4B

（記入欄）

▶採点後, 大問ごとに正解した問題の合計を, 下の表に記入しよう。記入が終わったら本冊 p.144 の分析ページでチャートを作ろう。

得点記入欄

筆記

1	/15点
2	/5点
3	/10点

リスニング

第1部	/10点
第2部	/10点
第3部	/10点

英検®
過去問題集
2024年度
別冊

3級

Gakken

この本の特長と使い方

この本は，英検の過去問題5回分と，自分の弱点がどの部分かを発見できる「合格力チェックテスト」を収録した問題集です。読解やリスニングなど，さまざまな力が試される「英検（実用英語技能検定）」。この本をどう使えば英検合格に近づけるかを紹介します！

過去問＆合格力チェックテストで弱点をなくせ！

本番のテストで勉強して実力アップ！
過去問題5回

まずは英検の過去問題を解いてみましょう！
自分の実力を知るいちばんの近道です。
この本では，過去5回分の試験問題を掲載しています。
リスニング問題5回分をすべて収録したアプリ音声もついているので，筆記試験，リスニングテストの対策がこの1冊でできます。

※アプリ音声については，当冊子4ページをご覧ください。
※MP3形式のダウンロード音声にも
　対応しています。

たくさん問題を解いて，
英検の問題に慣れよう！

弱点を知って実力アップ！
合格力チェックテスト1回

次に，大問ごとに自分の実力を診断できる「合格力チェックテスト」を解きましょう。
解答と解説145ページには，苦手分野を克服するためのアドバイスが書かれています。これを参考にしながら，本番に向け，さらに勉強を進めましょう。

合格力診断チャートの使い方に
ついては右のページをチェック！

合格力診断チャートはこう使う！

「合格力チェックテスト」の結果を分析できるのが"合格力診断チャート"です。ここでは，合格力診断チャートの使い方を解説します。

1 合格力チェックテストを解く

▲英検によく出る単語や表現で構成された実戦的なテストに挑戦しましょう。

2 答え合わせをする

▲筆記試験，リスニングテストの正解数をそれぞれ数えましょう。

3 診断チャートに書きこむ

▲解答と解説144ページの合格力診断チャートに正解数を書きこみます。

● 合格力診断チャートで自分の実力をチェック！

正解数を合格力診断チャートに記入し，線で結びます。合格の目安となる合格ライン以下だった大問は対策が必要です。解答と解説145ページの「分野別弱点克服の方法」を読んで，本番までに苦手分野を克服しておきましょう。

※合格ラインの目安は弊社独自の参考値です。必ずしも合格を保証するものではありません。

別冊p.24「ライティングテストってどんな問題?」を参考にして以下ができたかをチェックしよう！

Writing ライティング	□ 自分の考えとその理由を2つ入れられた
	□ 理由をFirst,（1つ目は），Second,（2つ目は）などの表現を使って書けた
	□ Eメールの質問の内容に対応した英文が書けた
	□ スペルミスや単語の使い間違いをせずに英文が書けた
	□ 文法的に正しい英文が書けた

リスニング音声の利用方法

この本の音声は, 専用音声アプリで聞くことができます。スマートフォンやタブレット端末から, リスニングテストの音声を再生できます。アプリは, iOSとAndroidに対応しています。

スマートフォン用　リスニングアプリ

① サイトからアプリをダウンロードする
右の二次元コードを読み取るか, URLにアクセスしてアプリを
ダウンロードしてください。

② アプリを立ち上げて『英検過去問題集』を選択する
本書を選択するとパスワードが要求されるので, 次のパスワー
ドを入力してください。

| パスワード | nmfkoiu3 |

ダウンロード
はこちら！

**https://gakken-ep.jp/
extra/myotomo/**

パソコン用　MP3音声ダウンロード

パソコンから下記URLにアクセスし, ユーザー名とパスワードを入力すると, MP3形式の音声ファイルをダウンロードすることができます。再生するには, Windows Media PlayerやiTunesなどの再生ソフトが必要です。

https://gakken-ep.jp/extra/eikenkako/2024/

| ユーザー名 | eikenkako2024 | | パスワード | nmfkoiu3 |

どちらかの方法で
音声を聞こう！

注意事項
・お客様のネット環境および携帯端末によりアプリをご利用になれない場合, 当社は責任を負いかねます。ご理解, ご了承いただきますよう, お願いいたします。
・アプリケーションは無料ですが, 通信料は別途発生いたします。
※その他の注意事項はダウンロードサイトをご参照ください。

もくじ

受験パーフェクトガイド

英検は,文部科学省後援の検定として人気があり,入試などでも評価されています。ここでは,英検3級を受験する人のために,申し込み方法や試験の行われ方などをくわしく紹介します。

3級の試験はこう行われる!

● 一次試験は筆記とリスニング

3級の一次試験は,2024年度から**筆記65分,リスニングテスト約25分**の合計約90分で行われる予定※です。ライティング問題以外,解答はすべてマークシート方式です。

※本書の情報は2023年7月現在のものです。

● 自宅の近くや学校で受けられる

一次試験は,全国の多くの都市で実施されています。だいたいは,自宅の近くの会場や,自分の通う学校などで受けられます。

● 試験は年3回行われる

一次試験(本会場)は,**6月**(第1回)・**10月**(第2回)・**1月**(第3回)の年3回行われます。申し込みの締め切りは,試験日のおよそ1か月前です。

● 二次試験(面接)について

一次試験に合格した人が受ける二次試験は一次試験の約1か月後に実施されます。一次試験では問われないスピーキングの実力を問う面接試験です。二次試験対策は当冊子137ページ以降で行ってください。

団体申し込みと個人申し込みがある

英検の申し込み方法は，学校や塾の先生を通じてまとめて申し込んでもらう団体申し込みと，自分で書店などに行って手続きする個人申し込みの2通りがあります。小・中学生の場合は，団体申し込みをして，自分の通う学校や塾などで受験することが多いようです。

まず先生に聞いてみよう

小・中学生の場合は，自分の通っている学校や塾を通じて団体申し込みをする場合が多いので，まずは担任の先生や英語の先生に聞いてみましょう。

団体本会場（公開会場）申し込みの場合は，先生から願書（申し込み用紙）を入手します。必要事項を記入した願書と検定料は，先生を通じて送ってもらいます。試験日程や試験会場なども担当の先生の指示に従いましょう。

＊自分の通う学校や塾などで受験する「団体準会場受験」の場合，申し込みの際の願書は不要です。

個人で申し込む場合はネット・コンビニ・書店で

個人で受験する場合は，次のいずれかの方法で申し込みます。

▶インターネット
英検のウェブサイト（https://www.eiken.or.jp/eiken/）から申し込む。

▶コンビニエンスストア
店内の情報端末機から直接申し込む。（くわしくは英検のウェブサイトをご覧ください。）

▶書店
英検特約書店（受付期間中に英検のポスターが掲示されています）に検定料を払い込み，「書店払込証書」と「願書」を英検協会へ郵送する。

申し込みなどに関するお問い合わせは，英検を実施している
公益財団法人 日本英語検定協会まで。
- 英検ウェブサイト　　　　　https://www.eiken.or.jp/eiken/
- 英検サービスセンター　　　☎03-3266-8311

＊英検ウェブサイトでは，試験に関する情報・入試活用校などを公開しています。

● 英検CSEスコアのしくみ

英検の成績表は「英検CSEスコア」で示されます。これにより国際規格CEFRに対応したユニバーサルなスコア尺度で, 英語力を測定することができます。一次試験では, Reading（読む）, Writing（書く）, Listening（聞く）の3技能ごとにスコアが算出され, 総合得点が合格基準スコアを上回れば合格です。二次試験ではSpeaking（話す）のスコアが算出されます。

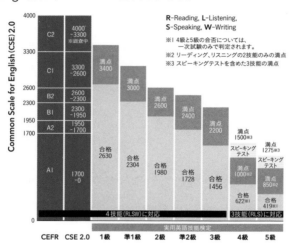

出典:「公益財団法人 日本英語検定協会ウェブサイト」より

● 「英検バンド」って何?

「英検バンド」とは, 合格ラインから自分がどのくらいの位置にいるかを示す指標のこと。英検CSEスコアと合否をもとに判定するもので, 各級の合格スコアを起点としてスコアを25点ごとに区切り, 「+1」や「-1」といった数値で表されます。これにより, 合格ラインまでの距離がわかります。

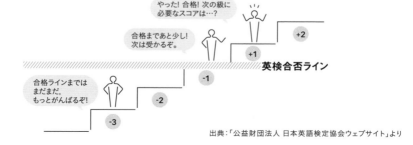

出典:「公益財団法人 日本英語検定協会ウェブサイト」より

当日の流れを確認しよう!

初めて英検を受ける人の中には, 試験がどんなふうに行われるのか不安に思っている人もいると思います。このページでは, 試験当日の流れを順番に紹介します。これさえ読めばもう安心です!

● 当日の流れ

1 受 付

▼ 当日は一次受験票兼本人確認票と身分証明書を必ず持参しましょう。

2 教室へ移動

▼ 自分の受験する教室を確認し, 着席します。受験番号によって教室が違うので, よく確認すること。席に着いたら, 受験票を机の上に出しておきましょう。また, 携帯電話・スマートフォンの電源は切っておきましょう。

3 冊子の配布

▼ 問題冊子と解答用紙が配られます。受験者心得の放送に従って, 解答用紙に必要事項を記入しましょう。

4 試験開始

▼ 試験監督の合図で筆記試験開始! 試験監督の指示に従い, 落ち着いてのぞみましょう。

一 次 試 験 　持 ち 物 チ ェ ッ ク リ ス ト

この本でしっかり勉強したら，あとは試験日を待つだけ。でも，当日必要な受験書類などを忘れてしまっては，せっかくの努力が水の泡！　そんな事態を避けるためにも，持ち物をチェックし，試験本番に備えましょう。

必 ず 持 っ て い く も の

- ◯ 一 次 受 験 票 兼 本 人 確 認 票
- ◯ 身 分 証 明 書
- ◯ HBの黒鉛筆やシャープペンシル（ボールペンは不可）
- ◯ 消 し ゴ ム
- ◯ 上 ば き

※団体準会場受験の場合は，受験票は手元にありませんので，先生の指示に従ってください。
※筆記用具は念のため，何本か用意しておくと安心です。

必 要 に 応 じ て 用 意 す る も の

- ◯ 腕 時 計（携 帯 電 話・スマートフォンでの代用は不可）
- ◯ ハ ン カ チ
- ◯ ティッシュ
- ◯ 防 寒 用 の 服
- ◯
- ◯

> そのほか，自分で必要だと思ったものを書いておこう。

● そ の 他 の 注 意 点 !

試験が始まる前に，マークシート形式の解答用紙に氏名や個人番号などの必要事項を書きます。英検のウェブサイトで内容や書き方を確認しておくとよいでしょう。

英検®
過去問題集
2024年度

3級

解く前に知っておきたい！

問題別
英検®
攻略ガイド

筆記試験について知っておこう!

　英検3級の一次試験は, 筆記試験とリスニングテストに分かれています。3級から
は, 一次試験に合格すると, 面接形式の二次試験も行われます。また, 3級からは記
述形式の英作文（ライティング）の問題も加わるので, より総合的な力が求められます。

　解答はマークシート形式と記述形式になります。本書には解答用のマークシートが
ついていますので, 本番までにマークシートの記入にも慣れておきましょう。

筆記試験の形式は?

● 筆記試験は, 大問1から大問4まであります。

大問1	短い文や会話文を読んで, (　　)に適する単語や語句を, 4つの選択肢の中から1つ選ぶ問題が15問出題されます。 大問1では, おもに単語と文法の知識が問われます。
大問2	会話文を読んで, (　　)に適する文や語句を, 4つの選択肢の中から1つ選ぶ問題が5問出題されます。 大問2では, おもに会話の流れを読み取る力と, 会話表現の知識が問われます。
大問3	長文を読んで, その内容についての質問に対する答えの文や, 内容に合う文を完成させるのに適切なものを選ぶ問題が10問出題されます。 大問3には, A, B, Cの3つの形式があります。 大問3では, 読解力が問われます。
大問4	QUESTIONに対する自分の考えとその理由を2つ英語で書く問題が1問と, 2024年度からはEメールを読んで自分の答えを英語で書く問題が1問出題されます。（※本書の情報は2023年7月現在のものです。）

　大問1から大問3までは, マークシート形式で解答する問題で, 全部で30問です。

　大問4はライティングの問題です。2024年度から1問追加されて2問になり, 試験
時間もこれまでの50分から15分増えて, 65分に変更されます。

　大問1を10分程度, 大問2を5分程度, 大問3を20分程度で解いていくと, 大問4
の英作文の問題に30分使うことができます。

大問 1 ▶ 短い文の穴うめ問題

形式

大問 I では, 適する単語や熟語を選ぶ問題が12問, 文法に関する問題が3問出題されることが多いです。

例題と攻略のポイント（単語の問題）

I always get (　　) when I make a speech in front of lots of people.
　　1　healthy　　　2　nervous　　　3　silent　　　4　dangerous

1 ▶ 選択肢の意味を確認

　問題文に目を通したら, まず**選択肢を確認**します。1「健康的な」, 2「緊張した」, 3「静かな」, 4「危険な」という意味です。いずれも形容詞であることと,（　　）の前にgetがあることに着目します。〈get＋形容詞〉の「～になる」という意味の文になることがわかります。

2 ▶（　　）の前後関係に着目

　次に,（　　）の**前後の語句に着目**し, 前後関係を読み取ります。あとの文に「たくさんの人の前でスピーチをする」とあることから, この場面に合う言葉を選びます。nervousを入れると, 「たくさんの人の前でスピーチをするときはいつも緊張する」となり, 話がつながるので, **2のnervous**が適切です。それぞれの語句を当てはめてみて, 自然な文になっているかも確認しておきましょう。

例題の訳
私はたくさんの人の前でスピーチをするときはいつも（　　）します。
　　1　健康的な　　　2　緊張した　　　3　静かな　　　4　危険な

例題と攻略のポイント（熟語の問題）

A: Are you ready for the new project?
B: No, not yet. I haven't come (　　) with any good ideas.
　　1　on　　　2　up　　　3　by　　　4　in

1 ▶ 選択肢の意味を確認

　問題文に目を通したら, まず**選択肢を確認**します。1「～の上に」, 2「上へ」, 3「～によって」, 4「～の中に」という意味です。

2 ( )の前後関係に着目

次に,( )の前後の語句を確認します。ここではcomeとwithがあることに着目します。come up with ～で「～を思いつく」という意味になるので, 2のupが適切です。「よい考えが思いつきません。」となり意味も自然につながります。

例題の訳
A: 新しいプロジェクトの準備はできていますか。
B: いえ,まだです。よい考えが( )ません。
  1　～の上に　　2　上へ　　3　～によって　　4　～の中に

例題と攻略のポイント(文法の問題)

A: Both hats look good. What do you think?
B: Well, I think this one is ( ) than that one.
  1　nice　　2　nicely　　3　nicer　　4　nicest

1 選択肢を確認

問題文に目を通したら,まず**選択肢を確認**します。選択肢がniceの変化形であることから,形容詞の形を選ぶ問題だと判断できます。

2 前後の語句に着目

適する形容詞・副詞,動詞の形を選ぶ問題では,( )の**前後の語句に着目**します。あとにthanがあることから,〈～er(比較級) than …〉の文だとわかります。3のnicerが適切です。「この帽子のほうがあの帽子よりもすてき」という意味の文になります。( )の前にthe,あとにinやofがあれば,〈the ～est(最上級) in[of] …〉の文を考えましょう。
文法の問題では,選択肢をよく見て,問われていることは何かを押さえるようにしましょう。

例題の訳
A: どちらの帽子もいいな。どう思う?
B: ええと,私はこの帽子のほうがあの帽子よりも( )だと思います。
  1　すてきな　　2　すてきに　　3　よりすてきな　　4　最もすてきな

● 覚えておきたい文法事項

現在完了形〈have[has]＋過去分詞〉

▸ I have already eaten lunch. （私はもう昼食を食べました。）

受け身〈be動詞＋過去分詞〉

▸ Spanish is spoken here. （ここではスペイン語が話されています。）

比較の文 (～er than … / the ～est in[of] …)

▸ I read the best book yesterday. （私は昨日, 一番よい本を読みました。）

間接疑問

▸ I don't know where the station is. （私は駅がどこにあるのか知りません。）

不定詞 (to＋動詞の原形) を使った文

▸ Sam asked me to carry the box. （サムは私にその箱を運ぶように頼みました。）

▸ It is important for us to learn English. （英語を学ぶことは私たちにとって大切です。）

対策

　3級でよく出る単語・熟語を覚えて語いを増やしましょう。単語を覚えるときには, 動詞の場合は過去形やing形, 形容詞・副詞の場合は比較変化など, 変化形もあわせて覚えておくとよいでしょう。熟語を覚えるときは, 意味だけでなく例文の形で覚えておくと, 使い方も理解できます。また, 文法の問題では, 適切な動詞・形容詞・副詞の形, 疑問詞を選ばせる問題がよく出されます。よく出る文法事項を確認しておきましょう。

2 会話文の穴うめ問題

形式

大問2は, 質問文に対する適切な応答文を選ぶのが基本的なパターンですが, 会話の流れを読み取って, 場面にあてはまる英文を判断するパターンもあります。

例題と攻略のポイント(1)

Woman: Chris, have you ever been to Canada?

Man: In fact, (　　) I moved here ten years ago.

1　I grew up there.　　　　　2　I don't have enough money.

3　I like traveling.　　　　　4　I'm glad you like it.

1 選択肢を確認

疑問文に対する適切な応答文を選ぶパターンです。まず, 会話文に目を通し, カナダへ行ったことがあるかについての会話であることをおさえ, **選択肢を確認**します。1は「そこで育った」, 2は「十分なお金を持っていない」, 3は「旅行が好きだ」, 4は「それを気に入ってくれてうれしい」という意味です。

2 前後の語句に着目

次に, (　　)の**前後の語句に着目**します。(　　)の前にIn fact(実は)とあり, そのあとの文に「10年前にここに引っ越してきた。」とあることから, カナダにいた経験があると考えられます。「私はそこ(カナダ)で育ちました。」を入れると, 会話が自然につながるので, **1が適切**です。

Have you ～?の疑問文にはふつうYes/Noで答えますが, 選択肢の中にはYes/Noで始まる文がないことから, **話の流れに合うもの**をさがします。英検ではYes/Noで答えないパターンも多く出題されます。

疑問詞で始まる疑問文には具体的な内容を, Do ～?やHave ～?などの疑問文にはふつうYes/Noで答えるということも覚えておきましょう。

例題の訳

女性:クリス, カナダに行ったことがありますか。

男性:実は, (　　)ここには10年前に引っ越してきました。

　　1　私はそこで育ちました。　　　　2　私は十分なお金を持っていません。

　　3　私は旅行が好きです。　　　　　4　それを気に入ってくれてうれしいです。

Man: Sara, would you like to go out for dinner tonight?

Woman: I'm sorry I can't. (　　)

1　I want to eat French food.　　2　I have to go home early today.

3　Come to my house by six.　　4　Of course, I will.

1▷ 選 択 肢 を 確 認

　会話の流れに合うものを選ぶパターンです。会話文に目を通し，食事に誘っている場面であることをおさえ，**選択肢を確認**します。1は「フランス料理が食べたい」，2は「今日は家に早く帰らなければならない」，3は「6時までに家に来て」，4は「もちろん，そうする」という意味です。

2▷ 会 話 の 流 れ を つ か む

　次に（　　）の前後に着目します。食事に誘われていて，「すみませんが，行けません。」と断っているという会話の流れをおさえます。**断る理由**を述べる文が続くと考えられます。断る理由としては，2が適切です。

例題の訳

男性：サラ，今夜外食しませんか。

女性：ごめんなさい，行けないのです。（　　　　）

　　1　私はフランス料理が食べたいです。　　2　私は今日，早く帰らなければなりません。

　　3　6時までに私の家に来てください。　　4　もちろん，そうします。

● 覚えておきたい会話表現

誘う・提案する

▶ Why don't we play tennis? — I'd love to. （テニスをしませんか。―ぜひしたいです。）

▶ Shall we go to a movie? — Sounds good.
（映画を見に行きませんか。―いいですね。）

▶ Would you like some more? — I'm full. （もう少しいかがですか。―満腹です。）

依頼・許可

▶ Can you help me with my homework? — OK. It's easy.
（私の宿題を手伝ってくれますか。―いいよ。簡単です。）

▶ May I borrow your pen? — Sure. Go ahead.
（あなたのペンを借りてもいいですか。―もちろん。どうぞ。）

▶ Could you tell me the way to the station?— Sorry, but I'm not from here.
（駅までの道を教えていただけますか。―すみませんが, 私はここの出身ではありません。）

意見・感想・体調

▶ What do you think of this shirt? — I think it's a little expensive.
（このシャツをどう思いますか。―少し高いと思います。）

▶ How was your vacation? — It was great.
（あなたの休暇はどうでしたか。―すばらしかったです。）

▶ What's wrong? — I think I have a fever.
（どうしたのですか。―熱があるみたいです。）

対策

　「だれ」と「だれ」の会話なのかを押さえ, どんな場面・状況で会話が行われているかを考えましょう。どのような受け答えをすると自然な会話になるかを, それぞれの選択肢を当てはめて確かめるとよいでしょう。

　疑問詞で始まる疑問文とその答え方のパターンもおさえておきましょう。

　また, Can you ～?（～してくれますか。）/ Can I ～?（～してもよいですか。）/ Do you want to ～?（～しませんか。）などに対する応答など, 日常会話でよく使われる表現も確認しておきましょう。

大問 3 ▶ 長 文 問 題

形式

大問3には次の3つの形式があります。

3A：掲示・お知らせの短い文章を読んで答える問題（2問）

3B：Eメール・手紙のやり取りを読んで答える問題（3問）

3C：まとまった量の記述・説明文を読んで答える問題（5問）

［3A（掲示・お知らせ）］の例題と攻略のポイント

3Aでは，学校や地域のイベントやお店のセールなどのお知らせがよく出ます。**内容についての質問に答える問題**や**内容に合う英文を完成させる問題**が2問出されます。

⬡1 Come and Enjoy Our Music!

⬡1 Our band will have a special concert at the school festival.

If you like pop music, please come to our concert.

> **When**: Thursday, May 10 from 3:30 p.m. to 5 p.m.
> **Where**: School gym
> **Ticket price**: Teachers - $3 Students - Free

Ms. Green, our math teacher, will play the piano as a special guest. She won a piano contest when she was a student.

If you want to come and listen to our music, send an e-mail to Edward Green, by May 5. edgreen@schoolband.eng

We're looking forward to seeing you! For more information, ask Edward Green.

---

(21)　What is the notice about?

　　1　A piano contest.　　　　　　2　A new lesson for pop music.

　　3　A festival for children.　　　4　A concert at school.

⬡1 タイトル・書き出しの文に注目

　質問されているのは，**何についての掲示・お知らせなのか**ということです。この問題はよく出されます。掲示では，**タイトル，書き出しの文**に注目し，何についてのお知らせ・掲示かをおさえましょう。ここでは，書き出しの文から，文化祭でのコンサートについてのお知らせだとわかるので，「学校でのコンサート。」の**4**が適切です。

◉ 読み取りのポイント

　掲示の問題では，**日付・曜日・時刻・場所・料金・参加の条件**などの情報が読み取りのポイントになります。次のようなキーワードに注目しましょう。

- ▸ Date（日付）　▸ When（時）　▸ Time（時刻）　▸ Place（場所）
- ▸ Where（場所）　▸ Cost（費用）　▸ Price（値段）　▸ Admission（入場料）
- ▸ Meeting place（集合場所）　　▸ Opening hours（営業時間）

　また，次のような**掲示特有の表現**にも慣れておきましょう。

- ▸ For more information, visit our website.
　（くわしい情報は，私たちのウェブサイトを見てください。）
- ▸ If you have any question, talk to Mr. Parker.
　（質問があれば，パーカー先生にご相談ください。）
- ▸ If you're interested, please sign up by October 1.
　（興味のある方は，10月1日までにお申し込みください。）

例題の訳

音楽を楽しもう

私たちのバンドは文化祭で特別なコンサートをします。ポップスが好きな方はぜひ来てください。

　日時：5月10日（木）　午後3時30分から5時まで

　場所：学校の体育館

　チケット料金：大人―3ドル　学生―無料

特別ゲストとして，数学のグリーン先生がピアノを演奏します。彼女は学生のときにピアノのコンテストで優勝しました。

私たちの音楽を聞きたい方は，5月5日までにエドワード・グリーンまでメールを送ってください。
edgreen@schoolband.eng

みなさんにお会いできるのを楽しみにしています！　くわしくはエドワード・グリーンにたずねてください。

(21)　何についてのお知らせですか。

　　1　ピアノのコンテストです。　　　　2　ポップミュージックの新しいレッスンです。
　　3　子どもたちのためのお祭りです。　4　学校でのコンサートです。

　3Bは，**Eメール**または**手紙文**を読んで答える形式の問題です。A→B→Aの3通のEメールのやり取りを読むパターンが多いです。内容についての質問に答える問題と内容に合う英文を完成させる問題が3問出されます。

2▶ From: Daniel Thompson
2▶ To: Sara Howard
　 Date: December 19
2▶ Subject: Your camera

Hi Sara,
How are you? Thank you for inviting me to your house last week. I had a really good time. You showed me a lot of pictures of animals. I liked your pictures very much, so I took some pictures of my pet cat with my smartphone. I'll send you some.
You have a nice camera, don't you? I'm thinking of buying a new camera.
2▶ What kind of camera is good? Please let me know.
Your friend,
Daniel

（24）　What does Daniel ask Sara to do?
　　　1　Tell him about a good camera.　　2　Write to him soon.
　　　3　Buy him a new cat.　　　　　　　4　Show him around her house.

2▶ 「だれが」「だれに」「何の用件で」に着目

　質問されているのは，ダニエルがサラに頼んだことです。まず，ヘッダーの部分から，**「だれが」「だれに」「何の用件」**で送ったメールなのかを押さえましょう。「ダニエル」から「サラ」に「あなた（サラ）の**カメラ**」の件で送ったメールであることがわかります。ダニエルがサラに頼んだことは，メール本文の最後の部分に書かれています。ダニエルは，新しいカメラを買うことを考えていて，サラに**どのカメラがよいか教えてほしい**と頼んでいることから，**1**が適切です。

◎ 読み取りのポイント

　メールの問題ではヘッダー部分から**人物関係と用件**をまず押さえましょう。**Subject**は「**件名**」という意味で，メールの用件はここから読み取ることができます。メール本文では，「いつ」「だれが」「どこで」「何をする」かに注意して読み進めることが大切です。これらの内容が問われやすいので，情報を整理しながら読みましょう。

例題の訳

送信者：ダニエル・トンプソン
宛先：サラ・ハワード
日付：12月19日
件名：あなたのカメラ

こんにちは　サラ,

お元気ですか？ 先週はあなたの家に招待してくれてありがとう。本当に楽しい時間を過ごすことができました。動物の写真をたくさん見せてくれましたね。あなたの写真がとても気に入ったので，私のスマートフォンでペットのネコの写真を撮りました。何枚か送りますね。

あなたはすてきなカメラを持っているよね？　新しいカメラを買おうと思っているんだ。どんなカメラがいいですか？ 教えてください。

あなたの友達

ダニエル

(24)　ダニエルはサラに何をしてくれるように頼んでいますか。

　　1　彼にいいカメラについて教える。　　　　2　すぐに彼に返事を書く。
　　3　彼に新しいネコを買う。　　　　　　　　4　彼に家の中を案内する。

［3C（まとまった量の記述・説明文）］の例題と攻略のポイント

　　3Cは，主にある人物や物の歴史，動物の生態などをテーマにした長めの文章を読んで答える形式の問題です。内容についての質問に答える問題と内容に合う英文を完成させる問題が5問出されます。

Problems with Plastic

What comes to mind when you think of technology? Almost all technology uses plastic in some way. Plastic is made from oil. This is the same oil we use to make gasoline with. So, does that mean that in order to make new technologies, we have to keep taking oil out of the ground and creating pollution?

Not necessarily. Scientists are looking for other ways to make plastics. 3 The easiest solution is recycling old plastic. However, eventually we will need more. Recent experiments have found that plants can also be used to create plastic. This means that, in the future, we may no longer need to dig up the Earth for oil. We will be able to grow all the plastic we will ever need.

---

(30)　What is the simplest way to make plastic without using oil?

　　1　Make new gasoline.　　　　　　　　2　Reuse used plastic again.
　　3　Plant trees.　　　　　　　　　　　　4　Dig the ground.

3 > 話の流れを押さえる

　質問されているのは，**石油を使わずにプラスチックを作る最も簡単な方法は何か**ということです。「プラスチックは石油から作られる」→「石油を採掘することで，公害が起きる」→「その問題を解決するために研究者たちが新しい方法をさがしている」という話の流れを押さえます。make plasticsについて書かれている部分をさがします。recycling old plastic（古いプラスチックをリサイクルする）とあるので，Reuse used plastic again.（使用したプラスチックを再利用する。）という**2**が適切です。本文の表現が答えの選択肢では**別の表現で言いかえられている**ことがあるので，注意して英文の内容を読み取りましょう。

● 読み取りのポイント

- **最初に問題文に目を通しておく**…読み取るべきポイントをつかむことができます。
- **タイトルをチェック**…長文のテーマをつかむ手がかりになります。
- **キーワードをチェック**…キーワードや大事なところを四角で囲んだり，下線をつけたりしてチェックしながら読み進めることで，情報が整理でき，答えを選ぶときの見直しにも役立ちます。
- **段落ごとに情報を整理しながら読む**…「いつ」「だれが」「どこで」「何をする[した]」「なぜ」「どのように」といった情報に注意しながら読むようにしましょう。
- **最後まで読む**…わからない単語が出てきても，前後関係から意味を推測することができることもあるので，**最後まで読み進めましょう**。

例題の訳

プラスチックの問題点

　テクノロジーと聞いて，何を思い浮かべますか。ほとんどすべての技術に，何らかの形でプラスチックが使われています。プラスチックは石油からできています。私たちがガソリンを作るのに使っているのと同じ石油です。ということは，新しいテクノロジーを作るためには，石油を採掘し続け，公害を発生させ続けなければならないということでしょうか？

　必ずしもそうではありません。科学者たちは，プラスチックを作るほかの方法をさがしています。最も簡単な解決方法は，古いプラスチックをリサイクルすることです。しかし，いずれはもっと必要になってきます。最近の実験では，植物もプラスチックを作るために使うことができることがわかりました。このことは将来，石油のために地球を掘り返す必要がなくなるかもしれないことを意味しています。必要なプラスチックはすべて栽培できるようになります。

(30)　石油を使わずにプラスチックを作る最も簡単な方法は何ですか。

　1　新しいガソリンを作る。　　　　2　使い終わったプラスチックを再利用する。

　3　木を植える。　　　　　　　　　4　地面を掘る。

ライティングテストってどんな問題?

　英検3級には,筆記試験に英作文(ライティング)の問題があります。4級や5級のような語句の並べかえ問題の代わりに,記述式の問題が出されます。

ライティングテストの形式は?

QUESTION に対する自分の考えとその理由を英語で書く問題が1題出されます。

問題例

- あなたは,外国人の友達から以下のQUESTIONをされました。
- QUESTIONについて,あなたの考えとその理由を2つ英文で書きなさい。
- 語数の目安は25語〜35語です。
- 解答は,解答用紙のB面にあるライティング解答欄に書きなさい。なお,解答欄の外に書かれたものは採点されません。
- 解答がQUESTIONに対応していないと判断された場合は,0点と採点されることがあります。QUESTION をよく読んでから答えてください。

QUESTION　*What is your favorite subject?*

質問の意味と解答例

[質問の意味]　あなたの一番好きな教科は何ですか。

[解答例]　My favorite subject is P.E. I like sports very much. So, I like P.E. the best. Also, playing soccer with my friends is a lot of fun.(27語)

> 私の一番好きな教科は体育です。私はスポーツがとても好きです。
> なので,体育が一番好きです。また,友達とサッカーをすることはとても楽しいです。

解答のポイントは?

　まずは,**指示を守る**ことと,**質問文を正しく読み取る**ことがポイントです。解答の英文を書くときには,次のことに注意しましょう。

条件に合っているか?	指示文に「理由を2つ英文で書く」と「目安は25語〜35語」とあります。理由が1つだったり,語数が多かったり少なかったりすると減点の対象となります。
質問の答えとして適切か?	文法的に正しい英文を書いていても,質問の答えになっていない場合は点がもらえない可能性があります。質問の内容を確認しましょう。

2024年度から,Eメールを読んで自分の答えを英語で書く問題が1題追加されます。

● あなたは,外国人の友達(Emily)から以下のEメールを受け取りました。Eメールを読み,それに対する返信メールを,[   ]に英文で書きなさい。

● あなたが書く返信メールの中で,友達(Emily)からの2つの質問(下線部)に対応する内容を,あなた自身で自由に考えて答えなさい。

● あなたが書く返信メールの中で[   ]に書く英文の語数の目安は,15語〜25語です。

● 解答欄の外に書かれたものは採点されません。

● 解答が友達(Emily)のEメールに対応していないと判断された場合は,0点と採点されることがあります。友達(Emily)のEメールの内容をよく読んでから答えてください。

● [   ]の下のBest wishes, の後にあなたの名前を書く必要はありません。

Hi,
Thank you for your e-mail.
You went to Paris for the summer vacation, didn't you? I want to know more about your trip. <u>How long did you stay in Paris?</u> <u>And what was the most interesting thing?</u>
Your friend,
Emily

Hi, Emily!
Thank you for your e-mail.

解答欄に記入しなさい。

Best wishes,

メールの意味と解答例

[メールの意味] こんにちは,メールありがとう。夏休みにパリに行ったんですよね? あなたの旅行についてもっと知りたいです。パリにはどれくらい滞在しましたか。それから,何が一番おもしろかったですか。あなたの友達,エミリー

[解答例] I stayed there for five days. I went to the museum. I was moved because I was able to see a lot of wonderful paintings. (25語)

私はそこに5日間滞在しました。私は美術館へ行きました。たくさんのすばらしい絵画を見ることができて,感動しました。

解答のポイントは?

解答するときのポイントは,1問目と同じですが,次のようなことにも注意しましょう。

質問されていることは何か? Eメールの下線部を特に注意して読み,質問されていることは何かを読み取ることが大切です。適切な答えの文を書きます。

では, ライティングテストの予想問題にチャレンジしてみましょう!

予想問題 1

- あなたは, 外国人の友達から以下の QUESTION をされました。
- QUESTION について, あなたの考えとその理由を2つ英文で書きなさい。
- 語数の目安は25語〜35語です。

QUESTION

Which country do you want to visit during the summer vacation?

予想問題 2

- あなたは, 外国人の友達から以下の QUESTION をされました。
- QUESTION について, あなたの考えとその理由を2つ英文で書きなさい。
- 語数の目安は25語〜35語です。

QUESTION

What do you like to do when you are free?

▶ 解答例・解説は次のページ!

I want to visit America. I like baseball very much. So, I want to watch a Major League Baseball game there. Also, I can communicate with a lot of people in English. (32語)

> 私はアメリカを訪れたいです。私は野球がとても好きです。なので、そこでメジャーリーグの試合を見たいです。また、多くの人と英語でコミュニケーションをとることができます。

解説

　「あなたは夏休みにどの国を訪れたいですか。」と聞かれています。これに対して、①**QUESTION に対する「自分の考え」を書く**、②**1つ目の理由を書く**、③**2つ目の理由を書く**という手順で答えを書いていきます。

　まず、**1文目で夏休みに行きたい国をI want to visit ～.（私は～を訪れたい。）の形で述べます。次に、その国へ行きたい2つの理由を述べます。**理由としては、その国でしたいことや、その国でできることなどを書くとよいでしょう。**I want to ～ there.（私はそこで～したい。）**や、**I can ～ there.（私はそこで～することができる。）**などの表現が使えます。**2つ目の理由は、Also（さらに）を使ってつけ加える**と、まとまりのある英文になります。

I like to walk in the park. I have two reasons. First, it's a lot of fun because I enjoy watching beautiful flowers and birds. Second, walking is good for our health. (32語)

> 私は公園を散歩することが好きです。理由は2つあります。1つ目は、きれいな花や鳥を見ることが楽しいので、とても楽しいからです。2つ目は、歩くことは健康によいからです。

解説

　質問は「あなたは時間があるとき、何をすることが好きですか。」という意味です。まず、1文目で、I like to ～. や I like ～ing. の形を使って、自分がするのが好きなことを述べます。理由を書くときはI have two reasons.（理由は2つあります。）のように、理由が2つあることを伝える1文を入れてもよいでしょう。そのあと、First, ～（1つ目は～）、Second, ～（2つ目は～）を使って、理由を2つ続けます。It's a lot of fun because ～.（～なのでとても楽しい。）のようにbecauseを使って理由を表すこともできます。

Eメールの予想問題にチャレンジしてみましょう!

予想問題 **3**

- あなたは, 外国人の友達(George)から以下のEメールを受け取りました。Eメールを読み, それに対する返信メールを, ▢ に英文で書きなさい。
- 2つの質問(下線部)に対応する内容を, あなた自身で自由に考えて答えなさい。
- 語数の目安は, 15語〜25語です。

Hi,

Did you go to the meeting about the clean day this afternoon? I forgot about it, so please tell me what Mr. Tanaka said. <u>What time and where should we meet?</u> <u>And what should we bring?</u>

Your friend,
George

Hi, George!

Thank you for your e-mail.

解答欄に記入しなさい。

Best wishes,

予想問題 **4**

- あなたは, 外国人の友達(Amanda)から以下のEメールを受け取りました。Eメールを読み, それに対する返信メールを, ▢ に英文で書きなさい。
- 2つの質問(下線部)に対応する内容を, あなた自身で自由に考えて答えなさい。
- 語数の目安は, 15語〜25語です。

Hi,

Thank you for your e-mail.
I heard you won the speech contest last week. I want to know more about it. <u>How many people took part in the contest?</u> <u>And what was the theme of your speech?</u>

Your friend,
Amanda

Hi, Amanda!!

Thank you for your e-mail.

解答欄に記入しなさい。

Best wishes,

Ｅメールの予想問題の解答例と解説

予想問題 3

We will meet at 8:30 in front of the school gate. Mr. Tanaka told us we should bring some plastic bags. （21語）

校門の前で8時30分に集合です。田中先生はビニール袋を何枚か持ってくるように言いました。

解説

　質問されていることは，「**何時にどこに集合するか**」と，「**何を持っていくべきか**」です。

　1つ目の質問には，**時刻と場所**を答えます。時刻には**at**, 場所には**in front of ～**（～の前に）や**in**, **at**などが使えます。2つ目の質問にはクリーンデーで必要なものを考えて答えましょう。

[メールの意味]　こんにちは，今日の午後，クリーンデーの会議に行きましたか。私はそれを忘れていたので，田中先生が話したことを教えてください。私たちは何時にどこに集合すればいいですか。また，何を持っていけばいいですか。あなたの友達，ジョージ

予想問題 4

There were twenty people there. Global warming is a big problem, so I talked about it. （16語）

そこには20人の人がいました。地球温暖化が大きな問題なので，私はそれについて話しました。

解説

　質問は，「スピーチコンテストに参加した人数」と「スピーチのテーマは何か」です。

　1つ目の質問には，「人数」を答えます。数を表す単語を正確に書けているかに注意しましょう。2つ目の質問には，スピーチコンテストのテーマとしてふさわしいものを考えて書きましょう。plastic waste（プラスチックごみ）や, saving the animals（動物を保護すること）なども考えられます。

[メールの意味]　こんにちは，メールをありがとう。先週，スピーチコンテストで優勝したそうですね。それについてもっと知りたいです。コンテストには何人の人が参加しましたか。それから，あなたのスピーチのテーマは何でしたか。あなたの友達，アマンダ

ライティングテストで使える！
おさえておきたい表現

ライティングテストでは，次のような表現をおさえておくと，さまざまな質問に答えられるようになるでしょう。必ずしもこの表現を使って英文を書く必要はありませんが，いくつかの文の書き方のパターンを身につけて，本番にのぞんでください。

自分の意見を書く表現

My favorite **season** is **summer.**　[私の一番好きな季節は夏です。]

I want to **visit France.**　[私はフランスを訪れたいです。]

I like to **talk with my friends.**　[私は友達とおしゃべりするのが好きです。]

I like liv**ing in a big city better.**　[私は大都市で暮らすほうが好きです。]

理由を書く表現

I like **summer** the best because **I like swimming.**

[私は泳ぐことが好きなので，夏が一番好きです。]

I can enjoy **cherry blossoms in spring.**[春には桜の花を楽しむことができます。]

I'm interested in **French culture.**　[私はフランス文化に興味があります。]

I want to **help a lot of people.**　[私はたくさんの人々を助けたいです。]

文をつなげるときの表現など

Also**, there are a lot of museums to visit there.**

[さらに，そこには訪れるべき博物館がたくさんあります。]

It is also **famous for its old temples.**　[それは，古いお寺でも有名です。]

There are two reasons. First, ～. Next, ～.[Second, ～.]

[理由は2つあります。1つ目は～。次は～。（2つ目は～。）]

How **was the party?** — It was **a lot of fun.**

[パーティーはどうでしたかか。 — とても楽しかったです。]

How many people **were there?** — There were **about 20 people.**

[何人の人がいましたか。 — 20人くらいいました。]

What **did you enjoy?** — I enjoyed **talking with my friends.**

[何をして楽しみましたかか。 — 友達と話して楽しみました。]

リスニングテストについて知っておこう！

　リスニングテストは，全部で30問あり，試験時間は約25分です。解答時間は1問につき，10秒与えられています。英検3級では，リスニングは一次試験の得点の3分のlを占めるので，しっかり対策しておくことが合格のカギになります。

リスニングテストの形式は？

● リスニングテストは，第1部から第3部まであります。

第1部	会話の最後の発言に対する応答として最も適切なもの選ぶ問題で，10問出題されます。問題用紙に印刷されているのはイラストだけで，応答の選択肢も放送で読まれます。選択肢は3つあり，発言と応答の選択肢は1回だけ読まれます。
第2部	会話の内容に関する質問に答える問題で，10問出題されます。問題用紙には質問の答えとなる4つの選択肢が印刷されています。会話と質問は2回読まれます。
第3部	英文の内容に関する質問に答える問題で，10問出題されます。問題用紙には質問の答えとなる4つの選択肢が印刷されています。英文と質問は2回読まれます。

　本書では専用音声アプリでリスニングテストの音声を聞くことができます。くり返し聞いて，本番の形式に慣れておきましょう。

第1部 適切な応答を選ぶ問題

形式

第1部は，イラストを見ながら，A→B→Aの短い会話を聞いて，最後のAの発言に対する**Bの応答として最も適するものを選ぶ形式**です。英文は**1回しか読まれません。**

例題と攻略のポイント

読まれる英文
A: Where are you going?
B: I'm going to Tina's house.
1 *A:* Take your umbrella with you.
　　1　That's all right.
　　2　OK, I will.
　　3　That's my favorite.

1 やり取りの最後の文に注意

　問題用紙にはイラストが印刷されているだけなので，イラストから人物の関係，会話が行われている場面を推測しておきましょう。これから**出かける様子の女の子に父親が声をかけている場面**だと考えられます。やり取りの最後の文に特に注意して聞き取ります。Aは「傘をもっていきなさい。」と**提案**しているので，「わかった，そうするよ。」と応じている**2が適切**です。

● 聞き取りのポイント

　第1部では，1回しか会話が読まれないので，集中して聞きましょう。Aの2番目の発言の最初の部分に特に注意しましょう。質問されているのか，提案・指示されているのか，誘われているのかということを聞き取り，適切な応答を選びます。

　依頼・許可・誘う・提案に対する応答や食事の注文・買い物などの場面で使われる会話表現がよく出されるので，確認しておきましょう。

　Do you～?などの質問に対してYes/Noで答えないパターンや，疑問詞で始まる疑問文に対して疑問詞の内容に直接答えないパターンもよく出されるので，いろいろな応じ方のパターンに慣れておくとよいでしょう。

読まれた英文と選択肢の意味
　A: どこに行くの？　　*B:* ティナの家に行くんだ。　　*A:* かさを持っていきなさい。
　　1 大丈夫だよ。　　　2 わかった，そうするよ。　　　3 私のお気に入りだよ。

会話についての質問に答える問題

形式

第2部は，A→B→A→Bのやや長い会話とその内容についての質問を聞いて，質問の答えとして適切なものを選ぶ形式です。会話と質問の文は**2回読まれます**。

例題と攻略のポイント

問題用紙の選択肢

2
1 Go to the concert.	2 Play games online.
3 Choose a computer.	4 Buy tickets.

読まれる英文

A: Look. Our favorite band will have a concert next month.
B: Really? I'd love to go. Can we get tickets?
A: We can buy them online. I'll do that this afternoon.
B: Thank you, Brian.

3 **Question**: What is the boy going to do this afternoon?

2 選択肢に目を通しておく

まず，問題用紙の選択肢に先に目を通して，質問の内容を予測します。選択肢から，行動・動作が聞き取りのポイントになることがわかります。

3 Questionの内容を聞き取る

最初の放送では，**対話の大まかな流れと，Questionの内容をおさえ**ましょう。疑問詞を正確に聞き取ることが大切です。2回目の放送では，少年が「**すること**」に特に注意して聞き取りましょう。少年が，それ（チケットを買う）を「**今日の午後**」にやると言っていることから，**4**が適切です。

● 聞き取りのポイント

1回目の放送では，会話の大まかな流れと，Questionの内容をおさえるようにしましょう。2回目の放送では，答えとなる部分に特に注意して聞き取るようにしましょう。

読まれた英文の意味

A: 見て。来月，ぼくたちの大好きなバンドのコンサートがあるよ。　*B:* 本当？ ぜひ行きたいな。チケットを取れる？　*A:* ネットで買えるよ。今日の午後，やっておくよ。　*B:* ありがとう，ブライアン。
質問：少年は今日の午後，何をするつもりですか。

英文の内容についての質問に答える問題

やや長い英文とその内容についての質問を聞いて, 質問の答えとして適切なものを選ぶ形式です。英文と質問は**2回読まれます**。

問題用紙の選択肢

4
1 At an airport.	2 At a museum.
3 At a restaurant.	4 At a supermarket.

読まれる英文

Attention, shoppers. The spring sale starts today. Fresh vegetables are 10% off. Pork and chicken are 5% off. Don't miss it. We will close at nine tonight, so please take your time and enjoy shopping.

5 **Question**: Where is the man talking?

4 選択肢に目を通しておく

第2部と同様に, 問題用紙の選択肢に先に目を通しておき, 質問される内容を予測しておくとよいでしょう。選択肢は, 1「空港で。」, 2「博物館で。」, 3「レストランで。」, 4「スーパーマーケットで。」という意味で, 「場所」が聞き取りのポイントになることがわかります。

5 Questionの内容を聞き取る

最初の放送では, **会話の大まかな流れと, Questionの内容をおさえる**ようにしましょう。Questionのあとに読まれる疑問詞を正確に聞き取ることが大切です。質問されているのは, 男性がどこで**話しているのか**ということなので, 2回目の放送では, 男性が話している**「場所」**に特に注意して聞き取るようにしましょう。shoppers, saleやvegetables, pork, chicken, shoppingといった言葉がキーワードになります。**4が適切**です。

● 聞き取りのポイント

　第3部でも, 英文と質問文は2回放送されるので, 1回目の放送では, 話の大まかな流れと, Questionの内容をよく聞いて問われていることは何かをおさえるようにしましょう。2回目の放送で, 答えとなる部分に特に注意して聞き取るようにしましょう。「だれ」が「何」をするのか, 話の流れをおさえながら聞きましょう。キーワードとなる言葉や, 数や曜日, 日付などが出てきたときはメモをしておくとよいでしょう。

読まれた英文の意味

　お買い物中のみなさまにお知らせします。今日から春のセールが始まります。新鮮な野菜は10%オフです。豚肉ととり肉は5%オフです。お見逃しなく。今夜は9時閉店ですので, どうぞごゆっくりお買い物をお楽しみください。

　質問：男性はどこで話していますか。

リスニングテスト第2部・第3部でよく出る!
おさえておきたい質問文

　第2部や第3部でよく出される質問文を確認しておきましょう。次のような, 会話・英文全体の内容について質問されることが多いです。

第2部・第3部でよく出る質問文

What are they talking about?　[彼らは何について話していますか。]

Where are they talking?　[彼らはどこで話していますか。]

What is the girl's problem?　[女の子の問題は何ですか。]

What happened last night?　[昨夜, 何が起こりましたか。]

Who is talking?　[だれが話していますか。]

その他の重要な質問文

What will the boy do next?　[少年は次に何をしますか。]

How will the woman go to work?　[女性はどうやって仕事に行きますか。]

Why was the boy late?　[男の子はなぜ遅れたのですか。]

Where will the meeting be held?　[会議はどこで開かれますか。]

二 次 試 験 の 流 れ

一次試験合格通知がくると，次に待っているのが二次試験（面接）です。
英検 3 級の二次試験は面接委員と受験者の 1 対 1 で，すべてのコミュニケーションは英語で行われます。所要時間は約 5 分です。二次試験がどのように行われるのか，おおまかな流れを紹介しますので，確認しておきましょう。
（面接委員の指示などの英語表現は 1 つの例です。実際の試験では表現が異なる場合がありますので，注意してください。）

1 　入室～着席

▼ 入室したら，まず面接委員に対して
Hello. や Good morning[afternoon].
のようにあいさつをしましょう。
面接委員から Can I have your card?
（カードを渡してくれますか。）などと指示されるので，Here you are.（どうぞ。）などと言いながら「面接カード」を手渡します。
Please have a seat. と座るよう指示されたら，Thank you. と応じて，着席しましょう。

2 　名前・受験級の確認

▼ 面接委員に名前をたずねられるので，My
name is ～. と答えましょう。そして，これが 3 級のテスト（the Grade 3 test）であることも念のため確認されます。
名前と受験級の確認が終わると，How
are you? などの簡単な質問（あいさつ）をされるので，落ち着いて，I'm fine, thank
you. などと応じましょう。

3　問題カードの黙読

▼　面接委員から，英文（パッセージ）とイラ
　ストが印刷された「問題カード」を 1 枚
　だけ手渡されるので，Thank you. と言っ
　て受け取りましょう。
　Please read the passage silently for
　twenty seconds.（20 秒間，英文を声に
　出さずに読んでください。）と指示されたら，
　問題カードの英文を 20 秒間で黙読します。
　（このあとの音読に備えて，ここで英文の意味
　をしっかり理解しておきましょう。）

4　問題カードの音読

▼　Now, please read it aloud.（では，声
　に出して読んでください。）と指示されたら，
　英文を音読します。英文の内容が面接委
　員に正確に伝わるように，意味のまとまり
　を意識して読むことを心がけましょう。
　発音だけでなく，「意味を理解したうえで
　読んでいる」ということが面接委員に伝わ
　るかどうかがポイントです。

5　質問に答える

▼　音読が終わると，英文とイラストについての面接委員からの質問に移ります。
　質問には，主語と動詞がある完全な文で答える必要があります。
　質問がよく聞き取れなかったときは，間をおかず，すぐに I beg your
　pardon? / Pardon? / Excuse me? などと言って聞き返しましょう。質問
　の内容は次のページを見てください。
　（同じ質問を何度も聞き返すと減点の対象になるので，注意しましょう。）

質問の内容

No.1 | 問題カードの英文 (passage) の内容についての質問

No.2
No.3 | 問題カードのイラストについての質問

※ No.1 〜 No.3 の質問に答えるときは, 問題カードを見てもかまいません。

No.4
No.5 | 日常生活の身近な事柄に関する受験者自身のこと
（好みや予定などについての質問）

※ No.3 の質問に答え終わると, Now, Mr. / Ms. 〜 , please turn the card over. （では, 〜さん, 問題カードを裏返してください。）と言われるので指示に従いましょう。

※ No.4 以降の質問は, 問題カードについて答えるものではなく, あなた自身のことについて答えるものになります。決まった答えがあるわけではないので, あなた自身のことを自由に答えましょう。適切な英語で答えることができるかどうかが評価されます。

※ 最後の No. 5 は, 2 つの質問からなる「ペア・クエスチョン」という形式です。1 つ目の質問に対するあなたの答えを受けて, さらにもう 1 つ質問されるので, 注意しましょう。

6　問題カードの返却〜退室

▼　質問が終わると, 面接委員から May I have your card back, please? （問題カードを返却してください。）と指示されるので, Here you are. などと言って問題カードを返却しましょう。

退室を指示されたら, Thank you very much. などとお礼を述べ, Goodbye. と別れのあいさつをしてから退室しましょう。退室後は, 控え室に戻ったり, 待機中の受験者と会話したりすることは禁じられています。

英検 3 級

2023年度
第1回

2023年6月4日実施
[試験時間] 筆記試験（50分）リスニングテスト（約26分）

解答用マークシートを使おう。

解答と解説　本冊　p.003

トラック番号001-034

1

次の(1)から(15)までの(　　)に入れるのに最も適切なものを 1, 2, 3, 4 の中から一つ選び, その番号のマーク欄をぬりつぶしなさい。

(1)　*A* : Mom, I think this bread is old.

　　　B : I agree. Please throw it in the (　　　　).

　　　1　future　　　**2**　garbage　　　**3**　lesson　　　**4**　north

(2)　The Internet has a lot of useful (　　　　), so people often use it to learn about places before they travel abroad.

　　　1　breakfast　　　　　　　**2**　police

　　　3　information　　　　　　**4**　smell

(3)　*A* : I'm going to do some volunteer work at a farm this weekend.

　　　B : That (　　　　) interesting.

　　　1　sounds　　　**2**　hopes　　　**3**　explains　　　**4**　grows

(4)　Harry forgot to take his umbrella this morning. It rained hard, so he was (　　　　) when he got to school.

　　　1　light　　　**2**　narrow　　　**3**　deep　　　**4**　wet

(5)　*A* : How often do you (　　　　), Grandpa?

　　　B : Every day. I walk my dog for one hour every morning.

　　　1　introduce　　**2**　exercise　　**3**　happen　　**4**　keep

(6)　All of the people became (　　　　) when the popular singer began her concert. They enjoyed listening to her songs.

　　　1　fast　　　**2**　low　　　**3**　silent　　　**4**　expensive

(7)　*A* : Mom, have you seen my (　　　　)? I'm going shopping.

　　　B : I saw it on the kitchen table.

　　　1　garden　　　**2**　museum　　　**3**　wallet　　　**4**　gym

(8) *A* : Excuse me, where is the library?

   B : It's not far (   ) here. Just walk two minutes that way.

   1 through   **2** from   **3** across   **4** over

(9) At (   ), the boys and girls couldn't sing well together.
   But after practicing hard for one month, they sang beautifully.

   1 stick   **2** minute   **3** time   **4** first

(10) *A* : Why did you like that movie, Karen?

   B : Well, the young girl's dream (   ) true. She became a
   famous singer.

   1 came   **2** grew   **3** had   **4** went

(11) Takahiro (   ) some mistakes during his English speech,
   but his parents were still very proud of him.

   1 did   **2** bought   **3** made   **4** spent

(12) *A* : I love your new bike.

   B : Thanks. It's the same (   ) my brother's.

   1 as   **2** for   **3** by   **4** with

(13) *A* : You already had breakfast this morning, (   ) you?

   B : Yes, Mom. I'm going to my piano lesson now.

   1 doesn't   **2** didn't   **3** aren't   **4** couldn't

(14) *A* : Can you speak (   )? I can't hear you very well.

   B : Of course, Grandma.

   1 loudest   **2** more loud   **3** most loud   **4** louder

(15) *A* : Have you called Henry yet?

   B : It's seven, so it's too early (   ) him. I'll call him at
   eight.

   1 call   **2** called   **3** to call   **4** calls

2

次の(16)から(20)までの会話について，（　）に入れるのに最も適切なものを 1，2，3，4 の中から一つ選び，その番号のマーク欄をぬりつぶしなさい。

(16)　　**Son** *:* Those cookies look delicious. When did you make them?

　　Mother *:* This afternoon. （　　　　）

　　　　Son *:* Yes, please!

　　1　Did your friends like them?　**2**　How many did you have?

　　3　Do you have enough time?　**4**　Would you like to try one?

(17)　**Girl 1** *:* How long have we run for?

　　Girl 2 *:* Fifty minutes. （　　　　） I'm getting tired.

　　Girl 1 *:* Good idea.

　　1　I like your running shoes.　**2**　I didn't bring my watch.

　　3　Let's walk for a while.　**4**　I started four years ago.

(18)　**Mother** *:* Dan, you have a piano lesson at five today. （　　　　）

　　　Son *:* I won't, Mom. I'll be there on time.

　　1　Don't be late.　　　　　　**2**　Don't go there.

　　3　Stop practicing the piano.　**4**　Say hello to the teacher for me.

(19)　**Husband** *:* Is there a post office near here?

　　　　Wife *:* （　　　　） Let's ask that police officer.

　　1　Be careful.　　　　　　　**2**　I'm not sure.

　　3　I have some stamps.　　　**4**　You can't do that.

(20)　　**Man** *:* Sarah, do you know how to use this coffee machine?

　　Woman *:* （　　　　） You just need to push that button.

　　1　No, thanks.　　　　　　　**2**　It's over there.

　　3　It's easy.　　　　　　　　**4**　With sugar, please.

3A

Take Photos on the Art Club Trip!

On May 10, the Bloomville Junior High School Art Club will go on a trip to Rabbit River. Any student can come! You can borrow a camera from the club on that day and take beautiful photos of the area.

If you want to come, you have to talk to Mr. Edwards, the art teacher, by May 3.

There are many bugs near the river, so please wear long pants. Also, you must bring your own lunch.

On May 17, the club will have a party after school. You can see the pictures that the club took. Please come if you can!

---

(21) What will the art club lend to students on the day of the trip?

1 A camera.   **2** A picture.

3 Some long pants.   **4** A lunch box.

---

(22) At the party on May 17, students can

1 buy new pants.

2 swim in the river.

3 look at pictures of the trip.

4 see bugs.

次のEメールの内容に関して，(23)から(25)までの質問に対する答えとして最も適切なもの，または文を完成させるのに最も適切なものを 1，2，3，4 の中から一つ選び，その番号のマーク欄をぬりつぶしなさい。

From: Melissa Baker
To: Rick Thompson
Date: April 8
Subject: Class trip

Hi Rick,

I'm so excited about our class trip to the city aquarium next week. You said that you went to the aquarium last year. What's it like? Is it cold inside the aquarium? And what should I wear? Do I need to wear a jacket or a warm sweater? I'm interested in seeing the fish and other sea animals there. I'm really looking forward to seeing the penguins. I hear that people can take pictures with the penguins at the aquarium. Is that true?

Your friend,
Melissa

From: Rick Thompson
To: Melissa Baker
Date: April 8
Subject: The aquarium

Hello Melissa,

Our class trip to the aquarium is going to be so much fun! Yes, I went to the aquarium with my family last summer. My cousins visited us, and we all went together. I also went with my parents when I was only five years old. The aquarium has two parts. One part is inside, and the other is outside. It isn't very cold inside, but you'll need a jacket for the outside part. It's so cold this month! The penguins are in the outside part. Two years ago, people could take pictures with the penguins, but the aquarium changed its rule. People can't take pictures with them now.

Your friend,
Rick

From: Melissa Baker
To: Rick Thompson
Date: April 8
Subject: Thanks

Hi Rick,
Thanks for telling me about your trips to the aquarium. I'll remember to take a jacket. Thanks for telling me about the aquarium's new rule, too. I won't be able to take pictures with the penguins, but it'll be fun to watch them. I can't wait! I'm going to buy a toy penguin, too.
Your friend,
Melissa

(23) Melissa asked Rick about

1 the best clothes to wear to the aquarium.

2 the most dangerous sea animal at the aquarium.

3 their school's new uniform.

4 the fish in their classroom at school.

(24) When did Rick visit the aquarium with his cousins?

1 Last week.

2 Last summer.

3 Two years ago.

4 When he was five.

(25) What will Melissa do at the aquarium?

1 Ask the staff about a new rule.

2 Take pictures with the penguins.

3 Buy a new jacket.

4 Get a toy penguin.

次の英文の内容に関して，(26)から(30)までの質問に対する答えとして最も適切なもの，または文を完成させるのに最も適切なものを 1, 2, 3, 4 の中から一つ選び，その番号のマーク欄をぬりつぶしなさい。

Ann Lowe

Ann Lowe was an African American fashion designer. She was born in Alabama in the United States around 1898. When she was a child, Lowe's mother and grandmother taught her how to make clothes. Both her mother and her grandmother had jobs. They made clothes for rich people in Alabama, and Lowe often helped them with their work.

Lowe's mother died in 1914. When she died, Lowe's mother was making some dresses in Alabama. The dresses weren't finished, so Lowe finished making them. In 1916, she met a rich woman from Florida in a department store. Lowe was wearing clothes that she made, and the woman really liked them. So, Lowe became a dressmaker for her in Florida. After that, Lowe went to live in New York in 1917.

In New York, Lowe went to the S.T. Taylor School of Design. Lowe was the only African American student at the school, and she couldn't join the class with the other students. She took classes in a room by herself. She finished studying at the design school in 1919, and she opened her own store in Florida.

After that, Lowe made dresses for many years. Her dresses were special because they had beautiful flower designs on them. She made dresses for some rich and famous people, but not many people knew about her work. Also, she sometimes didn't get much money for her dresses. Lowe became more famous after she died in 1981. Many people today know that she was a very good fashion designer and dressmaker.

(26) What did Ann Lowe's mother and grandmother do?
   1 They sent Lowe to Florida.
   2 They stopped Lowe from going to Alabama.
   3 They told Lowe to get a job.
   4 They taught Lowe how to make clothes.

(27) When did Lowe go to New York?
   1 In 1898.   **2** In 1914.
   3 In 1917.   **4** In 1981.

(28) What happened when Lowe went to the S.T. Taylor School of Design?
   1 She didn't do well in her classes.
   2 She couldn't study with the other students.
   3 She had a fight with her teacher.
   4 She met her favorite fashion designer.

(29) Lowe's dresses were special because
   1 they had beautiful flower designs.
   2 they had interesting colors.
   3 they were made by many people.
   4 they took many hours to make.

(30) What is this story about?
   1 A popular dress store in New York.
   2 A woman who was a great dressmaker.
   3 A teacher at a fashion school.
   4 A design school in the United States.

ライティング

- あなたは，外国人の友達から以下の QUESTION をされました。
- QUESTION について，あなたの考えとその**理由を2つ**英文で書きなさい。
- 語数の目安は 25 語〜 35 語です。
- 解答は，解答用紙にあるライティング解答欄に書きなさい。**なお，解答欄の外に書かれたものは採点されません。**
- 解答が QUESTION に対応していないと判断された場合は，**0点と採点されることがあります。** QUESTION をよく読んでから答えてください。

QUESTION

What is the most exciting sport for you?

リスニングテスト

1　このテストには，第1部から第3部まであります。
◆英文は第1部では一度だけ，第2部と第3部では二度，放送されます。

第1部	イラストを参考にしながら対話と応答を聞き，最も適切な応答を1，2，3の中から一つ選びなさい。
第2部	対話と質問を聞き，その答えとして最も適切なものを1，2，3，4の中から一つ選びなさい。
第3部	英文と質問を聞き，その答えとして最も適切なものを1，2，3，4の中から一つ選びなさい。

2　No. 30 のあと，10秒すると試験終了の合図がありますので，筆記用具を置いてください。

第1部

Track 1～11

〔例題〕

No. 1

No. 2

No. 3

No. 4

No. 5

No. 6

No. 7

No. 8

No. 9

No. 10

No. 11	1 A bag.	2 A pair of gloves.
	3 A soccer ball.	4 Some shoes.

No. 12	1 Bill.	2 Bill's mother.
	3 Bill's father.	4 Patty.

No. 13
1 Arrive home by six o'clock.
2 Call Sally's father.
3 Return Sally's math textbook.
4 Help Sally with her homework.

No. 14	1 Buy a bike.	2 Move a box.
	3 Ride her bike.	4 Find her book.

No. 15
1 In her room.
2 In the art room.
3 At the boy's house.
4 At her teacher's house.

No. 16
1 Walking his dog.
2 Reading about animals.
3 Collecting cameras.
4 Taking pictures.

No. 17
1 She has to work today.
2 She can't find her money.
3 Her TV is broken.
4 Her TV is too loud.

No. 18
1 At four.　　2 At five.
3 At six.　　4 At seven.

No. 19
1 It is cute.　　2 It is warm.
3 It is cheap.　　4 It is long.

No. 20
1 By train.　　2 By bike.
3 By car.　　4 On foot.

| No. 21 | 1 On Tuesdays. | 2 On Wednesdays. |
| | 3 On Thursdays. | 4 On Fridays. |

| No. 22 | 1 A student. | 2 A musician. |
| | 3 A salesclerk. | 4 A museum guide. |

No. 23
1 She rode a bike.
2 She took the bus.
3 Her father took her.
4 Her brother took her.

No. 24
1 He asked his history teacher.
2 He visited Japan.
3 He read a book.
4 He looked on the Internet.

No. 25
1 He went to a movie.
2 He went hiking.
3 He made popcorn at home.
4 He ate at a restaurant.

| No. 26 | 1 Drink tea. | 2 Eat dessert. |
| | 3 Go jogging. | 4 Read the news. |

No. 27
1. A new doctor started working.
2. The woman worked late.
3. The woman got sick.
4. The hospital closed early.

No. 28
1. Eat lunch.
2. Do his homework.
3. Play games with his father.
4. Skate with his friend.

No. 29
1. Beef soup.   2. Tuna salad.
3. A ham sandwich.   4. A chicken sandwich.

No. 30
1. In his bag.
2. In his car.
3. On a chair in his house.
4. On his desk in his office.

英検 3 級

2023年度
第2回

2023年10月8日実施
［試験時間］筆記試験（50分）リスニングテスト（約26分）

解答用マークシートを使おう。

解答と解説　本冊 p.031

トラック番号035-068

1

次の(1)から(15)までの(　　)に入れるのに最も適切なものを 1, 2, 3, 4 の中から一つ選び, その番号のマーク欄をぬりつぶしなさい。

(1) *A* : Thanks for lending me this book. I really enjoyed it.

B : You can (　　　　) it if you like.

1 win **2** wait **3** rise **4** keep

(2) I played soccer in the rain today, so my uniform is really (　　　　) now.

1 new **2** dirty **3** long **4** quick

(3) *A* : I hear you run five kilometers every morning.

B : That's not (　　　　). I usually only run three kilometers.

1 warm **2** true **3** ready **4** fast

(4) Before I went to Japan last month, I got some good (　　　　) from my father. He told me to learn some simple Japanese words before my trip.

1 sky **2** meaning **3** advice **4** time

(5) It was snowing today, but Linda went out (　　　　) wearing warm gloves. Her hands became very cold.

1 without **2** among **3** through **4** between

(6) *A* : Are you OK, Jim?

B : My finger (　　　　). I'm going to see the school nurse.

1 shouts **2** laughs **3** knows **4** hurts

(7) Paul (　　　　) nine friends to his birthday party, but only six came. The other three were too busy.

1 invited **2** introduced **3** met **4** felt

(8) **A** : How often do you go skiing?

B : A (　　　　) of times a year. I usually go once in Niigata and once in Nagano.

1 hobby　　**2** couple　　**3** fact　　**4** group

(9) **A** : How was Lucy's swimming race today?

B : She didn't win, but she did her (　　　　). I'm proud of her.

1 just　　**2** next　　**3** first　　**4** best

(10) **A** : We need to clean our house before tonight's dinner party.

B : Yeah. (　　　　) of all, let's clean the living room. Then we can clean the kitchen and bathroom after that.

1 Right　　**2** Straight　　**3** Next　　**4** First

(11) Yuko's father can speak a little Spanish. He lived in Spain for a (　　　　) when he was a child.

1 matter　　**2** while　　**3** chance　　**4** future

(12) Scott was only in Boston for one day, but he had time to look (　　　　) a famous art museum. He saw many beautiful paintings there.

1 around　　**2** against　　**3** away　　**4** like

(13) **A** : Is that building (　　　　) than Tokyo Tower?

B : I think so.

1 tallest　　**2** tall　　**3** taller　　**4** too tall

(14) **A** : Is Peter coming to the 5:00 p.m. meeting?

B : No. He has already (　　　　) home. He said he wasn't feeling well.

1 to go　　**2** went　　**3** go　　**4** gone

(15) Yuriko has two brothers. She enjoys (　　　　) video games with them every weekend.

1 played　　**2** playing　　**3** plays　　**4** play

2

次の(16)から(20)までの会話について，（　　）に入れるのに最も適切なものを 1，2，3，4 の中から一つ選び，その番号のマーク欄をぬりつぶしなさい。

(16)　**Boy** : I'm going swimming this weekend. Do you want to come with me?

　　　Girl : Sorry, I'm really busy. （　　　　）

　　　1　About one hour by train.　　**2**　Five times a week.

　　　3　Just once.　　**4**　Maybe some other time.

(17)　**Boy 1** : Merry Christmas! Have a nice winter vacation.

　　　Boy 2 : （　　　　） Mike. See you next year.

　　　1　That's OK,　　**2**　He will,

　　　3　Just a minute,　　**4**　Same to you,

(18)　　　**Son** : It's getting dark. （　　　　）

　　　Mother : Yes, please. And close the curtains, too.

　　　1　Can we go home soon?　　**2**　Are you watching TV?

　　　3　Shall I turn on the light?　　**4**　Would you like some breakfast?

(19)　**Mother** : How do you like your Chinese history class, Bobby?

　　　　Son : It's really interesting. （　　　　）

　　　1　I hope you do.　　**2**　I want to take a class.

　　　3　I'm learning a lot.　　**4**　I'm glad you like it.

(20)　　　**Father** : Lucy, don't run across the street. （　　　　）

　　　Daughter : Don't worry, Dad. I won't.

　　　1　It's dangerous.　　**2**　It's time to go.

　　　3　It's for you.　　**4**　It's over there.

3A

次の掲示の内容に関して，(21)と(22)の質問に対する答えとして最も適切なもの，または文を完成させるのに最も適切なものを 1，2，3，4 の中から一つ選び，その番号のマーク欄をぬりつぶしなさい。

This Saturday's Basketball Game

Brownsville Junior High School's basketball team will have a big game this weekend. We want all students to come!

Place: Springfield Junior High School's gym

Please ask your parents to take you to Springfield Junior High School. It's far away, so they will have to drive there. They can put their car in the parking lot near the school. Then you have to walk five minutes from there to the front gate.

Time: 7:00 p.m.–8:30 p.m.

The game starts at 7:00 p.m., but please arrive before 6:30 p.m. The doors of the school will be closed until 6:00 p.m.

Let's have fun!

---

(21) If students want to watch the game, they should go

    1 on foot from the parking lot to the front gate.

    2 by car to Brownsville Junior High School's gym.

    3 by bike to Springfield Junior High School.

    4 by train to Springfield.

....

(22) When will the school doors open on Saturday?

    1 At 6:00 p.m.   **2** At 6:30 p.m.

    3 At 7:00 p.m.   **4** At 8:30 p.m.

次のEメールの内容に関して，(23)から(25)までの質問に対する答えとして最も適切なもの，または文を完成させるのに最も適切なものを 1，2，3，4 の中から一つ選び，その番号のマーク欄をぬりつぶしなさい。

From: Kathy Ramirez
To: Alison Ramirez
Date: April 3
Subject: Party for Mark

....

Hey Alison,
Guess what? Mark is going to go to Hillside University to study for four years! I can't believe our younger brother will go to such a good university. I was so surprised when I heard that news, but I know he studied hard and did well in high school. He says he's going to study science. I'm planning a party for him this Saturday at Mom and Dad's house. I'll ask some of his friends to come, too. Can you help me to get ready for the party? It'll start at 4:00 p.m., so I want you to arrive by 3:00 p.m. to clean our parents' house with me. Of course, Mom and Dad will help, too. Also, could you make curry and rice and bring it to the party? It's Mark's favorite food, and he thinks your cooking is delicious.
Your sister,
Kathy

From: Alison Ramirez
To: Kathy Ramirez
Date: April 3
Subject: Great news!

....

Hi Kathy,
That's great news! I can't believe Mark will go to university soon! He really wanted to go to a good university, so I'm sure he is very happy. I can help you to prepare for the party on Saturday. I have a singing lesson from 10:00 a.m. until 11:30 a.m. After that, I'll

go to the supermarket and buy meat and vegetables, and then I'll make curry and rice at my house. I'll arrive at Mom and Dad's house at 2:30 p.m. Then I can help you to clean the house.
See you on Saturday,
Alison

(23) Why was Kathy surprised?
  1 Her brother didn't do well in high school.
  2 Her brother will go to Hillside University.
  3 Her brother said he didn't like science.
  4 Her brother will go to a different high school.

(24) Kathy wants Alison to
  1 call Mark's friends.
  2 make some food for the party.
  3 tell their parents about Kathy's plan.
  4 find a place to have the party.

(25) What will Alison do after her singing lesson?
  1 She will eat curry and rice at a restaurant.
  2 She will clean her house.
  3 She will pick up Mark from school.
  4 She will go shopping at the supermarket.

次の英文の内容に関して，㎏から㎝までの質問に対する答えとして最も適切なもの，ま
たは文を完成させるのに最も適切なものを 1, 2, 3, 4 の中から一つ選び，その番号のマー
ク欄をぬりつぶしなさい。

Saffron

Saffron is a spice* that is used for cooking in many countries
around the world. It is made from small parts of a flower called a
crocus. These parts are red, but food cooked with saffron is yellow.
Many people think the taste is strong and delicious. Saffron is used
to cook many kinds of food, such as rice, meat, and soup.

People in parts of Asia have used saffron when they cook for a
long time. It has also been popular for hundreds of years in parts of
southern Europe. Later, people in other places started using it, too.
Many people used saffron for cooking, but some people used it for
other things. It was given to sick people to help them to feel better,
and people also used it to dye* clothes.

Making saffron isn't easy. Usually, more than 150 crocus
flowers must be collected to make one gram* of saffron. The flowers
only grow for a few months in fall and winter. The flowers are weak,
so people have to collect them with their hands. This takes a long
time, so many people are needed to collect them. Also, the flowers
should be collected early in the morning before the sun damages*
them.

For these reasons, saffron is expensive. It is the most expensive
spice in the world. In the past, it was more expensive than gold.
However, people don't need to use much of it when they cook
because of its strong taste. Because of that, many people still buy
saffron to use at home.

*spice: 香辛料
*gram: グラム
*dye: ～を染める
*damage: ～を傷つける

(26) What is saffron made from?

    1 Meat.

    2 Rice.

    3 Parts of a flower.

    4 A yellow vegetable.

(27) What has been popular with people in parts of southern Europe for a long time?

    1 Using saffron in their meals.

    2 Wearing yellow clothes when they are sick.

    3 Washing clothes with saffron.

    4 Visiting doctors in Asia.

(28) What do people need to do when they collect crocus flowers?

    1 Use their hands.

    2 Start when it is hot outside.

    3 Use an old machine.

    4 Start early in the afternoon.

(29) People don't use a lot of saffron when they cook because

    1 it makes most people sick.

    2 red isn't a popular color.

    3 it is difficult to buy.

    4 it has a strong taste.

(30) What is this story about?

    1 A spice that people don't eat anymore.

    2 A new way to grow many kinds of flowers.

    3 A popular spice that is used in many dishes.

    4 A place that is famous for flowers.

ライティング

- あなたは，外国人の友達から以下の QUESTION をされました。
- QUESTION について，あなたの考えとその**理由を2つ**英文で書きなさい。
- 語数の目安は25語～35語です。
- 解答は，解答用紙にあるライティング解答欄に書きなさい。**なお，解答欄の外に書かれたものは採点されません。**
- 解答が QUESTION に対応していないと判断された場合は，**0点と採点されることがあります。** QUESTION をよく読んでから答えてください。

QUESTION

Do you want to work in a foreign country in the future?

リスニングテスト

1 このテストには，第1部から第3部まであります。
◆英文は第1部では一度だけ，第2部と第3部では二度，放送されます。

第1部	イラストを参考にしながら対話と応答を聞き，最も適切な応答を1，2，3の中から一つ選びなさい。
第2部	対話と質問を聞き，その答えとして最も適切なものを1，2，3，4の中から一つ選びなさい。
第3部	英文と質問を聞き，その答えとして最も適切なものを1，2，3，4の中から一つ選びなさい。

2 No. 30のあと，10秒すると試験終了の合図がありますので，筆記用具を置いてください。

第1部

Track 35〜45

〔例題〕

No. 1

No. 2

No. 3

No. 4

No. 5

No. 6

No. 7

No. 8

No. 9

No. 10

No. 11
1 He forgot to buy a present.
2 His mother caught a cold.
3 Mike can't come to his party.
4 No one liked his birthday cake.

No. 12
1 At 1:00.　　2 At 2:30.
3 At 3:00.　　4 At 3:30.

No. 13
1 Her brother.　　2 Her aunt.
3 Tom.　　4 Tom's cousin.

No. 14
1 Go out to play.　　2 Cook his dinner.
3 Help his mother.　　4 Eat some dessert.

No. 15
1 Start work late.
2 Leave work early.
3 Look after his son.
4 See his doctor.

No. 16
1 Two.　　2 Three.
3 Four.　　4 Five.

No. 17
1 He doesn't have his pen now.
2 He lost his bag.
3 He broke his desk.
4 His textbook is at home.

No. 18
1 The boy.
2 The girl.
3 The boy's mother.
4 The girl's mother.

No. 19
1 In one day.   2 In two days.
3 In three days.   4 In four days.

No. 20
1 5.   2 10.
3 12.   4 15.

No. 21 1 Become a professional golfer.
2 Join the swimming team.
3 Teach sports to children.
4 Work at a university.

No. 22 1 On Tuesday. 2 On Wednesday.
3 On Thursday. 4 On Friday.

No. 23 1 George. 2 George's mother.
3 George's sister. 4 George's father.

No. 24 1 The horror movie.
2 The action movie.
3 The musical.
4 The comedy.

No. 25 1 Learn how to sing.
2 Become a music teacher.
3 Sell his piano.
4 Join a band.

No. 26
1 Her favorite museum.
2 Her basketball coach.
3 Her field trip.
4 Her math teacher.

No. 27
1 Meet him at the store.
2 Cut some fruit.
3 Buy some tea.
4 Call his doctor.

No. 28
1 Some soup.
2 Some rice.
3 Some salad.
4 An apple pie.

No. 29
1 At a zoo.
2 At a school.
3 At a concert.
4 At a bookstore.

No. 30
1 To study for a test.
2 To get some rest.
3 To take care of her mother.
4 To prepare for a tournament.

英 検 **3** 級

2022年度
第1回

2022年6月5日実施
［試験時間］筆記試験（50分）リスニングテスト（約26分）

解答用マークシートを使おう。

解答と解説　本冊　p.059

トラック番号069-102

次の(1)から(15)までの(　　)に入れるのに最も適切なものを 1, 2, 3, 4 の中から一つ選び、その番号のマーク欄をぬりつぶしなさい。

(1) **A** : Where are you going, Mom?

   B : To the market to get some fresh vegetables. They were all grown by local (　　　).

   1 doctors　　**2** pilots　　**3** farmers　　**4** musicians

(2) In summer, I often go running just before it gets (　　　). It's too hot to run during the day.

   1 young　　**2** quiet　　**3** dark　　**4** real

(3) In Japan, (　　　) are useful because they sell medicine, food, and drinks.

   1 churches　　**2** drugstores　**3** libraries　　**4** post offices

(4) **A** : I love the beach. I want to stay here (　　　).

   B : Me, too. But we have to leave tomorrow.

   1 forever　　**2** nearly　　**3** straight　　**4** exactly

(5) Ryuji's dream is to become a famous sushi (　　　).

   1 carpenter　**2** dentist　　**3** chef　　**4** singer

(6) For English class, Kenji has to write five (　　　) about himself. Tomorrow, he will read them in front of the class.

   1 storms　　**2** calendars　**3** sentences　**4** centuries

(7) **A** : Mr. Smith. Could you tell me the (　　　) answer to this question?

   B : Sure, David. Let me see it.

   1 narrow　　**2** correct　　**3** weak　　**4** quiet

(8) *A* : I can't wait for spring.

B : Me, neither. I'm (   ) of this snow and cold weather.

1 upset　　**2** tired　　**3** silent　　**4** wrong

(9) I couldn't sleep on the flight from New York, but I (   )
much better this morning. I slept really well last night.

1 cover　　**2** brush　　**3** feel　　**4** share

(10) *A* : It's going to snow (   ) day on Saturday.

B : That's great. I'm going skiing this weekend.

1 any　　**2** more　　**3** much　　**4** all

(11) Next week, Dave's brother is getting (   ). Dave will give
a speech at the wedding.

1 collected　　**2** raised　　**3** married　　**4** crowded

(12) *A* : Peter, where were you? I was (   ) about you!

B : Sorry, Mom. I went to the library after school.

1 worried　　**2** excited　　**3** surprised　　**4** interested

(13) *A* : Has Mom already (   ) to work?

B : Yes, she left early today. She has an important meeting.

1 go　　**2** going　　**3** went　　**4** gone

(14) *A* : Guess what! I (   ) second prize in the poster contest.

B : That's great. I'm so proud of you.

1 win　　**2** won　　**3** winning　　**4** to win

(15) *A* : Do you think that dogs are (   ) than cats?

B : I'm not sure.

1 smart　　**2** smarter　　**3** smartest　　**4** most

22年度 第1回

2

次の(16)から(20)までの会話について，（　　）に入れるのに最も適切なものを 1, 2, 3, 4 の中から一つ選び，その番号のマーク欄をぬりつぶしなさい。

(16) **Woman 1** : I often have lunch at the Treetop Café.

　Woman 2 : I do, too. (　　　　)

　Woman 1 : OK.

　1　Have you tried the spaghetti there?

　2　May I take your order?

　3　Shall we go there together sometime?

　4　Can you make some for me?

(17) **Mother** : I'm going to order the chicken curry. What about you, Fred?

　Son : (　　　　) It looks delicious.

　1　I'll have the same.　　　　　**2**　I went to a restaurant.

　3　Not at the moment.　　　　　**4**　I hope you're right.

(18) **Boy** : I called you last night, but you didn't answer the phone.

　Girl : Sorry, (　　　　) I have to give it to my English teacher today.

　1　I forgot about your question.　**2**　I was writing a report.

　3　I don't have a phone.　　　　**4**　I don't know the answer.

(19) **Grandmother** : I can't hear the TV, Tony. It's very quiet. (　　　　)

　Grandson : Sure, Grandma. I'll do it right now.

　1　May I borrow your radio?　　**2**　Is it too loud for you?

　3　Do you like this program?　　**4**　Can you turn it up for me?

(20) **Daughter** : Can we go shopping for clothes tomorrow?

　Father : (　　　　) I'm really busy this week.

　1　You're probably right.　　　　**2**　Maybe some other time.

　3　They're in my bedroom.　　　　**4**　Thanks for this present.

次の掲示の内容に関して、(21)と(22)の質問に対する答えとして最も適切なもの、または文を完成させるのに最も適切なものを 1, 2, 3, 4 の中から一つ選び、その番号のマーク欄をぬりつぶしなさい。

Come and Dance on Stage!

If you like dancing, please enter the school dance contest. Dance by yourself or with your friends.

When: October 21 from 3 p.m.
Where: School gym

Your performance should be about two minutes long, and you can do any kind of dancing.

Mr. Lee, our P.E. teacher, was a professional hip-hop dancer when he was young. He'll do a special performance at the contest with our principal, Mr. Sharp. Mr. Sharp has never danced on stage before, so he's very excited!

If you're interested, please see Ms. Matthews by October 10. Dancing is fun, so don't be nervous and sign up!

(21) What is this notice about?
1 A contest at a school. 2 A party for a teacher.
3 A new school club. 4 Some free dance lessons.

(22) Mr. Sharp is going to
1 teach a P.E. class with Mr. Lee.
2 watch a dance performance on October 10.
3 go to a music festival with Ms. Matthews.
4 dance in the school gym on October 21.

次のＥメールの内容に関して，(23)から(25)までの質問に対する答えとして最も適切なもの，または文を完成させるのに最も適切なものを 1，2，3，4 の中から一つ選び，その番号のマーク欄をぬりつぶしなさい。

From: Richard Keyser
To: Kelly Peterson, Joe Rogers
Date: September 18
Subject: Mr. Tanagawa

···

Hi Kelly and Joe,
Did you hear about our Japanese teacher, Mr. Tanagawa? He lives on my street, and my mom talked to his wife today. Mom heard that Mr. Tanagawa hurt his back. He was working in his garden on Thursday afternoon, and he got a strained back.* He can't come to school until Wednesday. Let's do something for him. Today is Saturday, so maybe we can get him something this weekend. Should we get him some flowers and a card?
Your friend,
Richard

From: Kelly Peterson
To: Richard Keyser, Joe Rogers
Date: September 18
Subject: Oh no!

···

Hello Richard and Joe,
I'm sad to hear about Mr. Tanagawa. Flowers are a nice idea. I think he likes sunflowers. A card will be nice, too. I have an idea! Let's make a card for him in Japanese. All our classmates can sign it after our class on Monday afternoon. Then, Richard can take the card to Mr. Tanagawa. I'll make it on my computer tomorrow night and bring it to school on Monday morning. What do you think?
See you,
Kelly

From: Joe Rogers
To: Richard Keyser, Kelly Peterson
Date: September 19
Subject: Good idea

Hi,

That's a great idea, Kelly. My uncle owns a flower shop, and I asked him about the flowers. He'll give us some sunflowers. I'll get them from his shop after school on Monday, and then, I'll take them to Richard's house. Richard can give the card and flowers to Mr. Tanagawa on Tuesday morning before school. Also, let's plan something for him when he comes back to school. We can make a sign that says, "Welcome back, Mr. Tanagawa!"
See you tomorrow,
Joe

*strained back: ぎっくり腰

(23) When did Mr. Tanagawa hurt his back?
 1 On Monday. **2** On Wednesday.
 3 On Thursday. **4** On Saturday.

(24) What will Kelly do tomorrow night?
 1 Make a card.
 2 Buy a gift.
 3 Call Mr. Tanagawa.
 4 Take a Japanese lesson.

(25) Who will take the sunflowers to Richard's house?
 1 Richard. **2** Richard's mother.
 3 Joe. **4** Joe's uncle.

次の英文の内容に関して，(26)から(30)までの質問に対する答えとして最も適切なもの，または文を完成させるのに最も適切なものを 1, 2, 3, 4 の中から一つ選び，その番号のマーク欄をぬりつぶしなさい。

Edwin Land

Many people like to take photos. These days, people usually take photos with smartphones or digital* cameras, so they can see their photos right away. Before digital photos, people usually had to wait to see their pictures. They took pictures on film* and sent the film to a store. Then, someone developed* the film and printed the pictures on paper. This usually took a few days. But in those days, there was one way to get pictures much more quickly. People could use instant cameras.*

A scientist named Edwin Land made the first instant camera. Land was born in 1909 in Connecticut in the United States. When he was a child, he enjoyed playing with things like radios and clocks. Land liked to understand how things worked, so he studied science at Harvard University. In 1932, he started a company with George Wheelwright, and they called it Land-Wheelwright Laboratories. In 1937, the company name was changed to Polaroid.

One day, Land was on vacation with his family. He took a photo of his daughter. She asked him, "Why can't I see the photo now?" This gave him an idea. Land built an instant camera in 1947. It developed and printed photos in less than one minute.

Land's company made 60 instant cameras in 1948. The cameras were very popular, and they were sold out in one day. The company made more instant cameras, and customers all around the United States bought them. After that, people were able to see their pictures right away.

*digital: デジタルの　　　　*film: フィルム
*develop: 〜を現像する　　　*instant camera: インスタントカメラ

(26) What did Edwin Land like to do when he was a child?
1 Play with radios and clocks.
2 Make things with paper.
3 Dream about starting a company.
4 Study to get into a good school.

(27) What happened in 1937?
1 Land got into Harvard University.
2 Land met George Wheelwright.
3 Land-Wheelwright Laboratories changed its name.
4 Polaroid built a new kind of camera.

(28) Who gave Land the idea for an instant camera?
1 His daughter.　　　　2 His wife.
3 A customer.　　　　 4 A friend.

(29) The first instant cameras
1 were too expensive.
2 were all sold very quickly.
3 could only be used for one day.
4 took a few minutes to print pictures.

(30) What is this story about?
1 The history of digital cameras.
2 A famous photo collection.
3 The first smartphone with a camera.
4 A man who built a special camera.

ライティング

- あなたは，外国人の友達から以下の QUESTION をされました。
- QUESTION について，あなたの考えとその**理由を2つ**英文で書きなさい。
- 語数の目安は 25 語〜 35 語です。
- 解答は，解答用紙にあるライティング解答欄に書きなさい。**なお，解答欄の外に書かれたものは採点されません。**
- 解答が QUESTION に対応していないと判断された場合は，**0点と採点されることがあります。** QUESTION をよく読んでから答えてください。

QUESTION

Do you like going to festivals in summer?

リスニングテスト

1 このテストには，第1部から第3部まであります。
◆英文は第1部では一度だけ，第2部と第3部では二度，放送されます。

第1部	イラストを参考にしながら対話と応答を聞き，最も適切な応答を1，2，3の中から一つ選びなさい。
第2部	対話と質問を聞き，その答えとして最も適切なものを1，2，3，4の中から一つ選びなさい。
第3部	英文と質問を聞き，その答えとして最も適切なものを1，2，3，4の中から一つ選びなさい。

2 No. 30 のあと，10秒すると試験終了の合図がありますので，筆記用具を置いてください。

第1部

Track 69〜79

〔例題〕

No. 1

No. 2

No. 3

No. 4

No. 5

No. 6

No. 7

No. 8

No. 9

No. 10

No. 11	1 Tonight.
	2 Tomorrow morning.
	3 Tuesday afternoon.
	4 Tuesday night.

No. 12	1 Bob's father.
	2 Bob's friend.
	3 Bob's mother.
	4 Bob's mother's friend.

No. 13	1 It was too expensive.
	2 He was far from the mountains.
	3 He had a bad headache.
	4 There wasn't enough snow.

No. 14	1 He went on a business trip.
	2 He bought a Japanese textbook.
	3 He visited Alice's family.
	4 He looked for a new office.

| No. 15 | 1 Pick up Sam. | 2 Clean the house. |
| | 3 Buy dinner. | 4 Call her friend. |

| No. 16 | 1 At a supermarket. | 2 At a bank. |
| | 3 At a library. | 4 At an airport. |

| No. 17 | 1 Two. | 2 Three. |
| | 3 Four. | 4 Five. |

No. 18
1 Send an e-mail to Mr. Kim.
2 Take a math test.
3 Ask Meg about their homework.
4 Look for their textbooks.

| No. 19 | 1 The pizza. | 2 The sandwiches. |
| | 3 The potato salad. | 4 The vegetable soup. |

No. 20
1 Work at a bookstore.
2 Go shopping with her friend.
3 Buy a Christmas present.
4 Make some cards.

| No. 21 | **1** $10. | **2** $14. |
| | **3** $25. | **4** $40. |

| No. 22 | **1** In Canada. | **2** In the United States. |
| | **3** In Japan. | **4** In England. |

No. 23	**1** He runs in a park.
	2 He calls his friend.
	3 He works late.
	4 He walks to his office.

No. 24	**1** The water was warm.
	2 They met a famous swimmer.
	3 They saw a dolphin.
	4 They got a new pet.

No. 25	**1** He lost his notebook.
	2 He forgets people's names.
	3 His notebook is too small.
	4 He is not good at writing.

22年度

第**1**回

No. 26	**1** Buy some tickets.
	2 Go to Mexico.
	3 Get a passport.
	4 Clean her suitcase.

No. 27	**1** A tent.	**2** A jacket.
	3 A hat.	**4** A blanket.

No. 28	**1** Rice.	**2** Curry.
	3 Meat.	**4** Vegetables.

No. 29	**1** At a rock concert.
	2 At a music store.
	3 At her brother's school.
	4 At a birthday party.

No. 30	**1** On Tuesday night.
	2 On Wednesday morning.
	3 On Thursday night.
	4 On Friday morning.

英検 3 級

2022年度
第2回

2022年10月9日実施
［試験時間］筆記試験（50分）リスニングテスト（約26分）

解答用マークシートを使おう。

解答と解説　本冊　p.087

トラック番号103-136

1

次の(1)から(15)までの（　）に入れるのに最も適切なものを 1, 2, 3, 4 の中から一つ選び，その番号のマーク欄をぬりつぶしなさい。

(1) The principal gave (　　　　) to the winners of the speech contest.

   1 designs   **2** mistakes   **3** prizes   **4** capitals

(2) *A* : Excuse me. How do I get to Bakerstown?

   B : Just drive (　　　　) down this road for about ten minutes.

   1 suddenly   **2** straight   **3** forever   **4** finally

(3) *A* : Are you busy tomorrow night?

   B : Yes. I'll practice the piano (　　　　) late at night. I'm taking part in a piano competition on Sunday.

   1 until   **2** over   **3** about   **4** since

(4) Karen is very (　　　　) because she has to work this weekend. She had plans to see a concert on Sunday.

   1 useful   **2** bright   **3** clean   **4** angry

(5) *A* : Mom, I think I need glasses. I can't see the blackboard (　　　　).

   B : OK. Let's go to see the eye doctor next week.

   1 clearly   **2** greatly   **3** quietly   **4** slowly

(6) *A* : It was nice to meet you. Could I have your e-mail (　　　　)?

   B : Sure. I was just going to ask you the same thing.

   1 address   **2** ocean   **3** society   **4** coat

(7) *A* : Did you find (　　　　) at the bookstore?

   B : Yes, I did. I bought a book about the history of music.

   1 nothing   **2** nobody   **3** anything   **4** other

(8) Janet's friend gave her a (　　　) home because it was raining hard after work.

    1 point   **2** star   **3** view   **4** ride

(9) On the first day of school, the gym was (　　　) with many new students and their families.

    1 pulled   **2** filled   **3** ordered   **4** showed

(10) *A* : I tried calling you last night.

    B : Sorry, I was talking (　　　) the phone with my sister.

    1 on   **2** for   **3** as   **4** of

(11) When the little boy saw a big spider on the tree, he (　　　) away very quickly to his mother.

    1 sat   **2** picked   **3** ran   **4** washed

(12) *A* : How did you and Chris meet?

    B : We grew up together in Canada. (　　　) fact, we met over 30 years ago.

    1 To   **2** After   **3** In   **4** Near

(13) This baseball bat was (　　　) to me by a professional baseball player.

    1 gave   **2** given   **3** give   **4** giving

(14) *A* : I saw the (　　　) movie on TV last night. It was so boring.

    B : I think I saw the same movie.

    1 too bad   **2** worse   **3** badly   **4** worst

(15) *A* : Lisa, is the baby crying again?

    B : Yes, Matt. I don't know (　　　) she won't go to sleep.

    1 why   **2** then   **3** what   **4** which

2

次の⒃から⒇までの会話について，（　　）に入れるのに最も適切なものを 1, 2, 3, 4 の中から一つ選び，その番号のマーク欄をぬりつぶしなさい。

⒃　**Man** : Have you been to England before?

　　Woman : Actually, (　　　　　) My family moved to Japan when I was eight.

　　1　I don't have time.　　　　　**2**　I have an older sister.

　　3　I'll ask my English teacher.　**4**　I was born there.

⒄　**Woman** : Excuse me. Is there a bakery in this area?

　　Man : Sorry, I don't know. (　　　　　)

　　1　I'm glad you like it.　　　　**2**　It's delicious.

　　3　I'm not from here.　　　　　**4**　It was my turn.

⒅　**Girl 1** : Do you want to go to the aquarium with me on Sunday?

　　Girl 2 : (　　　　　) I'm really interested in fish.

　　1　It's not mine.　　　　　　　**2**　I'd love to.

　　3　That's all for today.　　　　**4**　You'll do well.

⒆　**Brother** : Are you ready to go to the library?

　　Sister : No. Mom asked me to wash the dishes first. (　　　　　)

　　Brother : OK. I'll see you there.

　　1　Please go ahead.　　　　　**2**　Good job.

　　3　You can keep it.　　　　　**4**　I've read that book.

⒇　**Sister** : Let's buy a cake for Mom's birthday.

　　Brother : (　　　　　) Let's make one!

　　1　It was my party.　　　　　**2**　I know a good cake shop.

　　3　She made a mistake.　　　　**4**　I have a better idea.

<ruby>次<rt>つぎ</rt></ruby>の<ruby>掲示<rt>けいじ</rt></ruby>の<ruby>内容<rt>ないよう</rt></ruby>に<ruby>関<rt>かん</rt></ruby>して，(21)と(22)の<ruby>質問<rt>しつもん</rt></ruby>に<ruby>対<rt>たい</rt></ruby>する<ruby>答<rt>こた</rt></ruby>えとして<ruby>最<rt>もっと</rt></ruby>も<ruby>適切<rt>てきせつ</rt></ruby>なもの，または<ruby>文<rt>ぶん</rt></ruby>を<ruby>完成<rt>かんせい</rt></ruby>させるのに<ruby>最<rt>もっと</rt></ruby>も<ruby>適切<rt>てきせつ</rt></ruby>なものを 1，2，3，4 の<ruby>中<rt>なか</rt></ruby>から<ruby>一<rt>ひと</rt></ruby>つ<ruby>選<rt>えら</rt></ruby>び，その<ruby>番号<rt>ばんごう</rt></ruby>のマーク<ruby>欄<rt>らん</rt></ruby>をぬりつぶしなさい。

A New Café in Leadville Bookstore

From November 1, you'll be able to read books in Leadville Bookstore's new café. The café will be inside the bookstore on the second floor. Come and enjoy some cakes and drinks!

Cakes
Carrot cake, strawberry cake, chocolate cake

Drinks
Coffee, tea, soft drinks

If you buy two books, you'll receive a cup of coffee or tea for free!

There are more than 30,000 books to choose from in our bookstore. We also sell calendars, magazines, and newspapers. The café will open at 6 a.m., so come in and read a newspaper before you go to work.

---

(21) What is this notice about?
   1 A bookstore that will close on November 1.
   2 A café that will open inside a bookstore.
   3 A book written by the owner of a café.
   4 A magazine with many recipes.

(22) People who buy two books will get
   1 a free magazine.　　2 a free newspaper.
   3 a free cake.　　4 a free drink.

January 3

Dear Grandma,

How are you and Grandpa doing? I hope you are both well and staying warm. The weather is so cold now. I missed you at Christmas this year. Thank you for sending a beautiful card and some money. I used the money to buy some nice paper and pens. When I use them, I always think of you.

I had a great winter vacation. Do you remember my friend Mia? You met her last year. Well, during the winter vacation, I went skiing in Yamanashi with Mia and her family. We traveled from Osaka to Yamanashi by car. On the way, we stopped in Nagoya. We went to Nagoya Castle and a train museum there. At night, Mia's mother bought us noodles for dinner. My noodles had fried beef in them. They were delicious.

We stayed in Nagoya for one night, and then we went to Yamanashi. On the first day in Yamanashi, I took a skiing lesson with Mia and her little sister. We fell over a lot, but it was a lot of fun. By the end of the trip, I could ski down the mountain really fast. We spent New Year's Eve in Yamanashi and went to a temple there on January 1.

I didn't see you and Grandpa at Christmas, so I hope I can come and see you both in the summer. Do you think I can do that? I really hope so.

Love,
Sara

(23) How did Sara use the money from her grandparents?

   1 To go on vacation.

   2 To buy a Christmas cake.

   3 To buy some paper and pens.

   4 To get a present for her friend.

(24) What did Sara do in Yamanashi?

   1 She went to a castle.

   2 She went skiing.

   3 She ate noodles.

   4 She went to a museum.

(25) What does Sara want to do in the summer?

   1 Visit her grandparents.

   2 Go to a temple.

   3 Get a part-time job.

   4 Go back to Yamanashi.

次の英文の内容に関して，(26)から(30)までの質問に対する答えとして最も適切なもの，または文を完成させるのに最も適切なものを 1, 2, 3, 4 の中から一つ選び，その番号のマーク欄をぬりつぶしなさい。

The Challenger Deep

Most people know the name of the highest place in the world. It is Mount Everest, and it is a mountain between Nepal and Tibet in Asia. But not many people know the lowest place in the world. It is called the Challenger Deep, and it is at the bottom of the Pacific Ocean.* The Challenger Deep is about 10,984 meters deep in the ocean. It is to the south of Japan in a part of the Pacific Ocean called the Mariana Trench.* This part of the ocean is about 2,550 kilometers long and 69 kilometers wide. The Challenger Deep is at the end of the Mariana Trench, near an island called Guam.

Scientists don't know much about the Challenger Deep. It isn't safe to go there because the water pressure* is too high for most submarines.* In the past, scientists thought that fish and other animals couldn't live in such a place. Also, there is no light from the sun, and the Challenger Deep is very cold. It is usually between 1°C and 4°C.

In 1960, two people traveled to the Challenger Deep for the first time. They went there in a special submarine. This submarine could move in areas with high water pressure. It took the people five hours to get to the bottom of the ocean, but they could only stay there for about 20 minutes. At that time, they saw two kinds of sea animals. Now, scientists know that animals can live in such deep places.

*Pacific Ocean: 太平洋　　*Mariana Trench: マリアナ海溝
*water pressure: 水圧　　*submarine: 潜水艦

(26) Where is the Mariana Trench?
1 In the Pacific Ocean.
2 On the island of Guam.
3 Between Nepal and Tibet.
4 At the bottom of a lake in Japan.

(27) How wide is the Mariana Trench?
1 About 2,550 meters.
2 About 10,984 meters.
3 About 20 kilometers.
4 About 69 kilometers.

(28) Why is the Challenger Deep dangerous for people?
1 The water pressure is very high.
2 Dangerous animals and fish live there.
3 The lights are too bright for their eyes.
4 The water is too hot for them.

(29) In 1960, two people
1 lost a special submarine.
2 drew a map of the bottom of the ocean.
3 went to the Challenger Deep.
4 found a mountain under the sea.

(30) What is this story about?
1 A dark and very deep place in the ocean.
2 The history of submarines.
3 A special and delicious kind of fish.
4 Places to go hiking in Asia.

ライティング

- あなたは，外国人の友達から以下の QUESTION をされました。
- QUESTION について，あなたの考えとその**理由を2つ**英文で書きなさい。
- 語数の目安は 25 語～ 35 語です。
- 解答は，解答用紙にあるライティング解答欄に書きなさい。**なお，解答欄の外に書かれたものは採点されません。**
- 解答が QUESTION に対応していないと判断された場合は，**0点と採点されることがあります。** QUESTION をよく読んでから答えてください。

QUESTION

Do you like eating in parks?

リスニングテスト

1 このテストには，第1部から第3部まであります。
◆英文は第1部では一度だけ，第2部と第3部では二度，放送されます。

第1部	イラストを参考にしながら対話と応答を聞き，最も適切な応答を1, 2, 3の中から一つ選びなさい。
第2部	対話と質問を聞き，その答えとして最も適切なものを1, 2, 3, 4の中から一つ選びなさい。
第3部	英文と質問を聞き，その答えとして最も適切なものを1, 2, 3, 4の中から一つ選びなさい。

2 No. 30のあと，10秒すると試験終了の合図がありますので，筆記用具を置いてください。

第1部

Track 103〜113

〔例題〕

No. 1

No. 2

No. 3

No. 4

No. 5

No. 6

No. 7

No. 8

No. 9

No. 10

No. 11　　1　Make lunch.
　　　　　　2　Eat at a restaurant.
　　　　　　3　Go to a movie.
　　　　　　4　Buy some sandwiches.

No. 12　　1　Leave the park with her dog.
　　　　　　2　Look for the man's dog.
　　　　　　3　Show the man around the park.
　　　　　　4　Get a new pet.

No. 13　　1　Two.　　　　　　2　Three.
　　　　　　3　Five.　　　　　　4　Twelve.

No. 14　　1　To go skiing.
　　　　　　2　To go hiking.
　　　　　　3　To see his sister.
　　　　　　4　To see his aunt.

No. 15　　1　At 8:00.　　　　2　At 8:30.
　　　　　　3　At 9:00.　　　　4　At 9:30.

22年度

第**2**回

No. 16	1	Write a report.
	2	Study social studies.
	3	Draw a picture.
	4	Buy some flowers.

No. 17	1	Yesterday morning.
	2	Last night.
	3	This morning.
	4	This afternoon.

No. 18	1	To the mall.
	2	To the girl's house.
	3	To a gardening store.
	4	To a park.

No. 19	1	160 centimeters.
	2	165 centimeters.
	3	170 centimeters.
	4	175 centimeters.

No. 20	1	Ben.
	2	Ben's brother.
	3	Olivia.
	4	Olivia's brother.

No. 21
1. Buy a house by the sea.
2. Move to Hawaii.
3. Take swimming lessons.
4. Teach her son how to swim.

No. 22
1. Clean the living room.
2. Wash the dishes.
3. Buy food for a party.
4. Look for a new apartment.

No. 23
1. Jenny's.
2. Sara's.
3. Donna's.
4. His mother's.

No. 24
1. Paul didn't call her.
2. Paul didn't study hard.
3. Paul lost his library card.
4. Paul was late for school.

No. 25
1. Greg.
2. Greg's sister.
3. Greg's mother.
4. Greg's father.

No. 26	1	This afternoon.
	2	Tomorrow morning.
	3	Tomorrow afternoon.
	4	Next Saturday.

No. 27	1	Potatoes.	2	Lettuce.
	3	Onions.	4	Carrots.

No. 28	1	Every day.
	2	Once a week.
	3	Twice a week.
	4	Once a month.

No. 29	1	A book about animals.
	2	A book about gardening.
	3	A book about traveling.
	4	A book about Christmas.

No. 30	1	On the second floor.
	2	On the third floor.
	3	On the fourth floor.
	4	On the fifth floor.

英検 **3** 級

2022年度
第3回

2023年1月22日実施
［試験時間］筆記試験（50分）リスニングテスト（約26分）

解答用マークシートを使おう。

解答と解説　本冊 p.115

トラック番号137-170

1

次の(1)から(15)までの（　）に入れるのに最も適切なものを 1, 2, 3, 4 の中から一つ選び，その番号のマーク欄をぬりつぶしなさい。

(1) **A** : Have you (　　　　　) Mom's birthday present yet?

  B : No, I'll do that tonight.

  1 contacted **2** invited **3** wrapped **4** climbed

(2) Last Friday, we had a (　　　　) lunch to welcome the new member of our team. He just started working at the company.

  1 special **2** deep **3** weak **4** low

(3) **A** : Have you washed the dishes yet?

  B : Yes, I've (　　　　) done that, and I've cleaned the kitchen floor, too.

  1 soon **2** already **3** out **4** ago

(4) Tomorrow, we'll go to a zoo for children. They can (　　　　) some of the animals there.

  1 build **2** close **3** touch **4** shout

(5) Some people like to run for about 30 minutes every day because they think it is (　　　　).

  1 afraid **2** expensive **3** crowded **4** healthy

(6) My friend Peter is (　　　　). He always gets a good score on his math tests.

  1 clever **2** sunny **3** clear **4** early

(7) This comic book is funny. I (　　　　) a lot when I was reading it.

  1 drove **2** borrowed **3** heard **4** laughed

(8) When Keita moved to Canada, he wasn't (   ) to speak much English. But now, he speaks it very well.

1 absent   **2** able   **3** angry   **4** another

(9) Tom's mother (   ) a message for him. She told him to walk the dog before dinner.

1 met   **2** closed   **3** left   **4** held

(10) *A* : Did you make this yogurt, Grandma?
B : Yes, it's easy. It's made (   ) milk.

1 from   **2** under   **3** before   **4** over

(11) Miho doesn't (   ) much money on lunch because she always brings her lunch from home.

1 catch   **2** stay   **3** know   **4** spend

(12) Yesterday, Mark was sick (   ) bed, so he didn't go to work today.

1 above   **2** in   **3** across   **4** on

(13) *A* : You have a really nice house, Bob.
B : Thank you. It was (   ) by my grandfather.

1 build   **2** built   **3** to build   **4** building

(14) Our school is planning an event to collect plastic bottles. A local artist will (   ) them into art.

1 recycles   **2** recycled   **3** recycle   **4** recycling

(15) *A* : Do you know (   ) the next bus to the airport leaves?
B : Yes. In 15 minutes.

1 which   **2** who   **3** where   **4** when

2

次の(16)から(20)までの会話について，（　）に入れるのに最も適切なものを 1，2，3，4 の中から一つ選び，その番号のマーク欄をぬりつぶしなさい。

(16) **Father** : Have you finished your homework?

Daughter : No, (　　　　) I'll finish it after dinner.

1　not so bad. 　　　　　　**2**　not yet.

3　I'm very full. 　　　　　**4**　I'm from here.

(17) **Woman** : Excuse me.　I like this hat.　May I try it on, please?

Salesclerk : Certainly.　(　　　　　)

1　That's kind of you. 　　　**2**　Have a good day.

3　The mirror is over there. 　**4**　It's always open.

(18) **Girl 1** : I didn't know you had a violin.　(　　　　　)

Girl 2 : Only once or twice a month.

1　When did you get it? 　　　**2**　How often do you play it?

3　Was it a present? 　　　　**4**　Is it an expensive one?

(19) **Clerk** : Welcome to the Greenwood Jazz Festival.　Do you have a ticket, ma'am?

Woman : No.　(　　　　　)

Clerk : At the blue tent over there.

1　What color are they? 　　　**2**　Where can I buy one?

3　Where's my seat? 　　　　**4**　How much are they?

(20) **Mother** : Why is your baseball cap on the sofa?　Take it to your room.

Son : (　　　　) I have practice at three.

1　We won again.

2　Did you look for it over there?

3　I'm going to wear it today.

4　Will you come and watch?

106

次の掲示の内容に関して，(21)と(22)の質問に対する答えとして最も適切なもの，または文
を完成させるのに最も適切なものを 1，2，3，4 の中から一つ選び，その番号のマーク
欄をぬりつぶしなさい。

Ice-Skating Lessons

Do you want to try a new activity after school?

The Berryl City Sports Center has afternoon lessons for students. You don't need to be good at ice-skating. Beginners are welcome. If you practice hard, you will become very good at skating!

Place: First Floor, Berryl City Sports Center

Cost: $18 for a one-hour lesson

Lesson schedule: Every Tuesday, Thursday, and Friday from 4 p.m. to 5 p.m. (The sports center is closed on Wednesdays.)

If you are interested, please send Jenny Harding an e-mail or call her between 8 a.m. and 6 p.m. on weekdays.

Jenny Harding
Phone number: 555-8778
E-mail address: ice-skating@berrylsports.com

(21) Who is this notice for?

1 Students who want to try a new activity.

2 Ice-skating coaches who want a new job.

3 People who want to sell their old ice skates.

4 Children who want to go to a snow festival.

---

(22) Ice-skating lessons are held

1 at 8 a.m. on weekdays.   **2** only on Wednesdays.

3 three times a week.   **4** on weekend afternoons.

次のＥメールの内容に関して，⑵から⑵までの質問に対する答えとして最も適切なもの，または文を完成させるのに最も適切なものを 1，2，3，4 の中から一つ選び，その番号のマーク欄をぬりつぶしなさい。

From: Beth Greene
To: The Book Worm
Date: September 4
Subject: Looking for a book

.....

Hello,
My name is Beth, and I'm looking for a book called *Into the Forest*.
It was written by my favorite writer, Charles Vance. I went to the
Readers Rule bookstore in Bakersville last Friday, but they don't
sell it. Charles Vance wrote it 30 years ago, so it's a little old.
On Saturday, I went to my friend's house, and he told me about
your store, The Book Worm. He said that you sold used books.* I
checked your website yesterday, and I found your e-mail address.
Do you have *Into the Forest* in your store?
Sincerely,
Beth Greene

From: The Book Worm
To: Beth Greene
Date: September 5
Subject: Sorry

.....

Hello Ms. Greene,
I'm Sam Winters, and I'm the owner of The Book Worm. I love
Charles Vance's books, too. Sorry, but I don't have *Into the Forest*
in my store right now. You should check some online stores.
You can probably find it on www.warmwords.com. Also, have
you looked for that book at the library? Maybe you can borrow
it. People bring old books to my shop every day, and I often buy
them. If someone brings *Into the Forest* to my store, I'll buy it, and
then I'll send you an e-mail.
Best regards,
Sam Winters

```
From: Beth Greene
To: The Book Worm
Date: September 6
Subject: Thank you
```

Hello Sam,
Thanks for your e-mail. I checked the website you told me about. They have it, but it's too expensive for me. I also checked the library, but sadly, they don't have it. Please send me another e-mail if someone sells it to you.
Sincerely,
Beth Greene

*used book: 古本

(23) Who told Beth about Sam's store?
   1 Her friend.
   2 Charles Vance.
   3 The owner of Readers Rule.
   4 A famous writer.

(24) What will Sam do if someone sells *Into the Forest* to him?
   1 Keep it at his house.
   2 Give it to another bookstore.
   3 Send Beth an e-mail.
   4 Take it to the library.

(25) Why won't Beth buy *Into the Forest* on www.warmwords.com?
   1 They don't have it.
   2 It is too expensive.
   3 She found it at the library.
   4 She doesn't like shopping on the Internet.

次の英文の内容に関して，(26)から(30)までの質問に対する答えとして最も適切なもの，または文を完成させるのに最も適切なものを 1, 2, 3, 4 の中から一つ選び，その番号のマーク欄をぬりつぶしなさい。

Lilian Bland

Lilian Bland was born in 1878. She was different from most girls at that time. Lilian enjoyed hunting, fishing, and riding horses. She also practiced a martial art* and studied art in Paris. In 1900, she moved to Ireland with her father. By 1908, she was working for newspapers in London.

In 1909, Lilian's uncle sent her postcards. One of them had a picture of Louis Blériot on it. Blériot was a pilot, and he built his own plane. He was the first person to fly a plane across the English Channel.* His plane had an accident when it landed,* but Blériot wasn't hurt. His story soon became famous.

Lilian saw the postcard and became interested in planes. She decided to design a plane and build it by herself. She used wood and simple things to build the body.* Then, she bought an engine and put it on the plane. It took her one year to make the plane, and she finished it in 1910. She named the plane "Mayfly." Then, she flew it for the first time. It stayed 10 meters high in the air for 400 meters.

Lilian wanted to build a new plane. However, her father thought that flying was too dangerous for his daughter, so she stopped flying. Then, Lilian got married and moved to Canada. In 1935, she returned to England and enjoyed a simple life there until she died in 1971. Today, people remember her because she was the first woman to build and fly her own plane.

*martial art: 武術   *the English Channel: イギリス海峡
*land: 着陸する   *body: (飛行機の)胴体

(26) What was Lilian Bland's job in London?

1 She rode horses in races.

2 She was an artist.

3 She taught martial arts.

4 She worked for newspapers.

(27) How did Lilian get interested in planes?

1 She read a story in the newspaper.

2 She became friends with a pilot.

3 She got a postcard of a famous pilot.

4 She met Louis Blériot in Paris.

(28) Lilian finished making the plane named "Mayfly" in

1 1909.

2 1910.

3 1935.

4 1971.

(29) Why did Lilian stop flying?

1 Her father wanted her to stop.

2 She wanted to get married.

3 Her uncle said it was dangerous.

4 She found a new hobby.

(30) What is this story about?

1 The first woman to make and fly her own plane.

2 A famous plane company in England.

3 A school for pilots in Canada.

4 How to build plane engines.

ライティング

4

■ あなたは，外国人の友達から以下の QUESTION をされました。

■ QUESTION について，あなたの考えとその**理由を2つ**英文で書きなさい。

■ 語数の目安は 25 語〜 35 語です。

■ 解答は，解答用紙にあるライティング解答欄に書きなさい。**なお，解答欄の外に書かれたものは採点されません。**

■ 解答が QUESTION に対応していないと判断された場合は，**0点と採点されることがあります。** QUESTION をよく読んでから答えてください。

QUESTION

What do you like to do on Sunday mornings?

リスニングテスト

1 このテストには，第1部から第3部まであります。
◆英文は第1部では一度だけ，第2部と第3部では二度，放送されます。

> **第1部** イラストを参考にしながら対話と応答を聞き，最も適切な応答を1，2，3の中から一つ選びなさい。
>
> **第2部** 対話と質問を聞き，その答えとして最も適切なものを1，2，3，4の中から一つ選びなさい。
>
> **第3部** 英文と質問を聞き，その答えとして最も適切なものを1，2，3，4の中から一つ選びなさい。

2 No. 30のあと，10秒すると試験終了の合図がありますので，筆記用具を置いてください。

第1部

Track 137～147

〔**例題**〕

No. 1

No. 2

No. 3

No. 4

No. 5

No. 6

No. 7

No. 8

No. 9

No. 10

No. 11
1	Mark's.	**2**	Jessica's.
3	The father's.	**4**	The mother's.

No. 12
1 On Saturday morning.
2 On Saturday afternoon.
3 On Sunday morning.
4 On Sunday afternoon.

No. 13
1	Make dinner.	**2**	Get some meat.
3	Buy some carrots.	**4**	Wash the vegetables.

No. 14
1	Watch TV.	**2**	Be quiet.
3	Play with him.	**4**	Study with him.

No. 15
1	By train.	**2**	By bike.
3	By bus.	**4**	On foot.

No. 16
1 Go to a rock concert with him.
2 Give him a drum.
3 Stop playing the drums.
4 Join his band.

No. 17	1 It had good coffee.
	2 It had many magazines.
	3 It had delicious food.
	4 The food was cheap.

No. 18	1 He went to the hospital.
	2 He bought some shoes.
	3 He found $50.
	4 He visited Kristen.

| No. 19 | 1 Sunny. | 2 Rainy. |
| | 3 Cloudy. | 4 Snowy. |

| No. 20 | 1 At one. | 2 At five. |
| | 3 At six. | 4 At seven. |

No. 21
1 She will move soon.
2 She has made many friends.
3 She has finished school.
4 She saw an old friend.

No. 22
1 $50. 2 $100.
3 $150. 4 $300.

No. 23
1 Talk with her friends.
2 Watch a movie.
3 Read a music magazine.
4 Do her homework.

No. 24
1 The bus is crowded.
2 The zoo is closed.
3 The train will be late.
4 The tickets are sold out.

No. 25
1 The tennis club.
2 The table tennis club.
3 The soccer club.
4 The volleyball club.

| No. 26 | 1 | Write songs. | 2 | Make desserts. |
| | 3 | Clean the kitchen. | 4 | Watch cooking shows. |

| No. 27 | 1 | Going fishing. | 2 | Reading books. |
| | 3 | Riding his bicycle. | 4 | Painting pictures. |

| No. 28 | 1 | Her cousin. | 2 | Her friend. |
| | 3 | Her aunt. | 4 | Her teacher. |

No. 29	1	His friends were busy.
	2	He needed to cook dinner.
	3	His son was sick.
	4	He wanted to watch a movie.

| No. 30 | 1 | At her house. | 2 | At the college. |
| | 3 | At the festival. | 4 | At the museum. |

英検 **3** 級

合格力
チェックテスト

[試験時間] 筆記試験（65分）リスニングテスト（約25分）

解答用マークシートを使おう。

解答と解説　本冊 p.143

トラック番号171-204

3級 合格力チェックテスト

1

次の(1)から(15)までの（　　）に入れるのに最も適切なものを 1，2，3，4 の中から一つ選び，その番号のマーク欄をぬりつぶしなさい。

(1)　Tom's character is (　　　　　) from his brother John's, but they have the same hobbies and go everywhere together.

　　1 different　**2** difficult　**3** delicious　**4** dangerous

(2)　**A** : I like these running shoes very much.　I want to have (　　　　) pair of these.

　　B : I'm afraid we don't have those shoes anymore.

　　1 other　　**2** all　　　**3** another　　**4** anything

(3)　**A** : You have (　　　　) a nice bicycle, Thomas.　When did you get it?

　　B : My grandfather gave it to me for my birthday last week.

　　1 many　　**2** each　　**3** any　　　**4** such

(4)　**A** : Excuse me, I'm looking for the city library.　Would you please tell me the way?

　　B : Ah, I'm going there, too.　Please (　　　) me.

　　1 follow　　**2** meet　　**3** tell　　**4** show

(5)　**A** : It's beginning to snow.　Drive very (　　　　) on the way home.

　　B : I will, thank you.

　　1 early　　**2** carefully　**3** fast　　**4** brightly

(6)　My father's office is in this building.　It's on the fourth (　　　　).

　　1 elevator　**2** plan　　**3** habit　　**4** floor

(7) **A** : How about (   ) our parents to our English speech contest?

B : That's a good idea. Let's start writing a letter.

1 speaking **2** finishing **3** inviting **4** answering

(8) I always call my parents when I get to the station. If I don't, they (   ) about me.

1 save **2** wait **3** keep **4** worry

(9) When the members won the final game of the soccer tournament, they were (   ) with happiness.

1 covered **2** filled **3** finished **4** crowded

(10) I ate a (   ) of apple pie at the new restaurant near my house. It was delicious.

1 slice **2** dish **3** order **4** example

(11) **A** : How should I study for the English test?

B : (   ) of all, you should read a lot of English.

1 Anytime **2** After **3** First **4** Early

(12) Takashi's house is near my house. We grew up together, so we know (   ) other very well.

1 one **2** both **3** all **4** each

(13) Susan is planning a trip to Japan this summer, so she bought a guidebook (   ) in English.

1 write **2** writes **3** written **4** writing

(14) **A** : You were at the department store yesterday, (   ) you?

B : Yes, I was looking for a coat.

1 aren't **2** weren't **3** didn't **4** couldn't

(15) The Japanese test today was much (   ) than the one last week, so everybody was relaxed.

1 easy **2** easier **3** easiest **4** as easy

2

次の(16)から(20)までの会話について，（　　）に入れるのに最も適切なものを 1，2，3，4 の中から一つ選び，その番号のマーク欄をぬりつぶしなさい。

(16) **Woman 1** : Happy birthday, Cindy. Thank you for inviting me to your party.

Woman 2 : Not at all. We prepared a lot of food. (　　　　)

1　You are a good cook.　　　**2**　It's very kind of you.

3　Please help yourself.　　　**4**　I'm full, thank you.

(17)　　**Man** : May I talk to Nancy, please? Is she home now?

Woman : Yes, she is. (　　　　　) I'll call her here.

1　She's at school now.　　　**2**　Just a minute.

3　She went out just now.　　　**4**　Please call back later.

(18)　**Coach** : You didn't come to baseball practice last Saturday. (　　　　)

Student : Ah, I felt a little sick, but I'm OK now.

Coach : I'm glad to hear that. But take it easy today.

1　How about next Sunday?　　　**2**　What's your favorite sport?

3　Practice hard.　　　**4**　What was the matter?

(19)　**Boy** : Have you seen my baseball glove?

Girl : No, I haven't. (　　　　)

Boy : I put it here on the desk after practice.

1　This is your glove.　　　**2**　May I borrow yours?

3　This is a baseball bat.　　　**4**　Where did you have it last?

(20)　**Student** : This is so much homework! Do we have to finish it by tomorrow?

Teacher : No, (　　　　)

1　today is Friday.　　　**2**　don't worry. I can do it.

3　I came here yesterday.　　　**4**　by Friday will be OK.

次の掲示の内容に関して，(21)と(22)の質問に対する答えとして最も適切なもの，または文を完成させるのに最も適切なものを 1, 2, 3, 4 の中から一つ選び，その番号のマーク欄をぬりつぶしなさい。

Santa Cruz Seaside Park

For our 100th anniversary, we will have events this summer.

●Song Contest

Join the song contest on August 7. Sing in front of a big audience. The three best singers or groups win prizes.

Rules

- One, two or three people may sing together.
- Words about the sea should be included in the song.
- Visit our website and sign up.
- Come by 10:00 a.m. on the day.

●Special Photos

A professional photographer will take a photo of you for $3.00. The words 'Santa Cruz Seaside Park 100th anniversary' will be written on the photo.

---

(21) All people who join the contest will

    1 play musical instruments.   **2** sing a song about the sea.

    3 sing alone.   **4** get a prize.

---

(22) What can people buy for $3.00?

    1 A ticket to the park.   **2** A songbook.

    3 A photo of themselves.   **4** The history book of the park.

次のＥメールの内容に関して，(23)から(25)までの質問に対する答えとして最も適切なもの，または文を完成させるのに最も適切なものを 1，2，3，4 の中から一つ選び，その番号のマーク欄をぬりつぶしなさい。

From: Yuri Ito
To: Wendy Harding
Date: July 11
Subject: Visiting Awaji Island

···

Dear Wendy,
I told you at school that my grandparents live on Awaji Island. My family and I are going to go to my grandparents' house by car next weekend. Please join us. Of course, you can stay at my grandparents' house with us. My father will drive us on Saturday and we will return the next day. We will cross a huge* bridge. You can see the sea from the bridge. Best of all, there are fireworks that weekend!
Your friend,
Yuri

From: Wendy Harding
To: Yuri Ito
Date: July 12
Subject: The trip with your family

···

Dear Yuri,
Your plan sounds great! I have taken some trips by train since I came to Kyoto, but I have never taken a trip by car. I would love to join you. I want to take many wonderful pictures to show my family. I have a question for you. What time will we return to Kyoto on Sunday? I think my parents will let me go, and I want to tell them the details.*
Your friend,
Wendy

From: Yuri Ito
To: Wendy Harding
Date: July 12
Subject: Details of the trip

Dear Wendy,
OK, here are the details of our trip:
We hope to leave at 8:00 a.m. on that Saturday. Please come to my house by 7:45. My father lived on Awaji Island until he started college. He knows where to take pictures. He will take us to many spots and you can take wonderful pictures there.
At 3:00 p.m. on Sunday, we will leave my grandparents' house. We will arrive at my house at about 6:00 p.m.
Your friend,
Yuri

*huge: とても大きい
*detail: 詳細

(23) What does Yuri invite Wendy to do with her family?
1 Visit Kyoto. 2 Go to a school festival.
3 Welcome her grandparents. 4 Take a trip by car.

(24) What does Wendy ask Yuri about?
1 How to go to the island. 2 Which train to take.
3 When they will get home. 4 Where to take pictures.

(25) On Sunday at 3:00 p.m., they will
1 cross a huge bridge. 2 see fireworks.
3 start for Kyoto. 4 arrive in Kyoto.

次の英文の内容に関して，㉖から㉚までの質問に対する答えとして最も適切なもの，または文を完成させるのに最も適切なものを 1, 2, 3, 4 の中から一つ選び，その番号のマーク欄をぬりつぶしなさい。

April Fools' Day Traditions in France

Every spring, children in France have fun on April 1. They try to stick* a drawing of a fish on the backs of people. First, children prepare many drawings of fish. They cut out each fish from paper. Then, they put some tape on the fish so that it will stick on clothes. Children want to stick their fish on the backs of as many people as possible. They try to do it quickly and quietly so that they won't be caught by people. They cry out "April fish" and run away.

Long ago, France had many different dates to start the new year. The most popular one was March 25. New Year's parties were held till April 1 and people gave gifts to each other. In 1564, the King made a new law.* It said everyone must use the same New Year's Day, January 1. However, some people were not happy about the new law. They still celebrated April 1. This is the beginning of April fools.

Perhaps, the fish on April 1 was a New Year's gift. But, why was the gift a fish? What did it mean? The old New Year's Day and New Year's parties were near Easter.* Before Easter, some people did not eat meat, but they ate fish. A fish was a welcome gift in the season.

Gradually,* tricks began. People gave something that looked like a fish as a gift. Also, giving a picture of a fish began. Now, April 1 and paper fish are truly connected* for French children.

*stick: ～をはりつける　　*law: 法律
*Easter: イースター（キリストの復活を祝う祭り）
*gradually: 次第に　　*connected: 関係のある

(26) What do children in France prepare for April 1?

    1　Gift-wrapping papers.　　**2**　Fishing boats.

    3　Fish-eating parties.　　**4**　Fish drawings.

---

(27) In the past, April 1 was a time to

    1　have a New Year's party.　　**2**　cook meat for dinner.

    3　draw pictures.　　**4**　go to the sea.

---

(28) Who changed the date of New Year's Day?

    1　Children.　　**2**　All people.

    3　The King.　　**4**　Old people.

---

(29) Why did some people eat fish during Easter a long time ago?

    1　Children caught many fish in the spring.

    2　They could not eat meat.

    3　It was the only gift they had.

    4　The King liked to eat fish.

---

(30) What is this story about?

    1　A food children like to eat.

    2　The best way to catch fish.

    3　How to make a new law.

    4　A French children's game.

ライティング

4A

■ あなたは，外国人の友達から以下の QUESTION をされました。

■ QUESTION について，あなたの考えとその**理由を2つ**英文で書きなさい。

■ 語数の目安は 25 語〜 35 語です。

■ 解答は，解答用紙にあるライティング解答欄に書きなさい。**なお，解答欄の外に書かれたものは採点されません。**

■ 解答が QUESTION に対応していないと判断された場合は，**0点と採点されることがあります。** QUESTION をよく読んでから答えてください。

QUESTION

Where do you want to go in Japan?

4B

■ あなたは，外国人の友達（Alice）から以下の E メールを受け取りました。E メールを読み，それに対する返信メールを，☐ に英文で書きなさい。

■ あなたが書く返信メールの中で，友達（Alice）からの**2つの質問（下線部）**に対応する内容を，あなた自身で自由に考えて答えなさい。

■ あなたが書く返信メールの中で ☐ に書く英文の語数の目安は，15 語〜 25 語です。

■ **解答欄の外に書かれたものは採点されません。**

■ **解答が友達（Alice）の E メールに対応していないと判断された場合は，0 点と採点されることがあります。** 友達（Alice）の E メールの内容をよく読んでから答えてください。

■ ☐ の下の Best wishes, の後にあなたの名前を書く必要はありません。

Hi,

Thank you for your e-mail.
I heard that you went to Hokkaido in winter vacation. I want to know more about it. <u>How long did you stay there?</u> <u>And what did you enjoy?</u>

Your friend,
Alice

Hi, Alice!

Thank you for your e-mail.

☐

Best wishes,

リスニングテスト

1 このテストには，**第1部から第3部まであります。**
◆**英文は第1部では一度だけ，第2部と第3部では二度，放送されます。**

| 第1部 | イラストを参考にしながら対話と応答を聞き，最も適切な応答を1，2，3の中から一つ選びなさい。 |

| 第2部 | 対話と質問を聞き，その答えとして最も適切なものを1，2，3，4の中から一つ選びなさい。 |

| 第3部 | 英文と質問を聞き，その答えとして最も適切なものを1，2，3，4の中から一つ選びなさい。 |

2 No. 30 のあと，10秒すると試験終了の合図がありますので，筆記用具を置いてください。

第1部

Track 171〜181

No. 1

No. 2

No. 3

No. 4

No. 5

No. 6

No. 7

No. 8

No. 9

No.10

No. 11

1. A student from Canada.
2. A student from France.
3. A student from Taiwan.
4. A student from Korea.

No. 12

1	For one day.	2	For eight hours.
3	For seven hours.	4	For one hour.

No. 13

1	Fifteen minutes.	2	Five minutes.
3	Thirty minutes.	4	Two minutes.

No. 14

1. Every day.
2. Every Saturday and Sunday.
3. On weekdays.
4. On weekends.

No. 15

1. In his car.
2. On the bus.
3. At the car repair shop.
4. With the woman.

No. 16
1 Having dinner.
2 Cleaning his room.
3 Doing his homework.
4 Washing his hands.

No. 17
1 Some flowers.
2 A drawing of his grandmother.
3 A picture of roses.
4 A photo album.

No. 18
1 He did not get an invitation.
2 He is sick now.
3 He has to be with his sister.
4 He does not like parties.

No. 19
1 A new pet.
2 Today's weather.
3 A fast runner.
4 A bike.

No. 20
1 He has a headache.
2 He got up late.
3 He lost his guitar.
4 He has to study for a test.

No. 21　**1** At 4:30.　　**2** At 6:00.
3 Around 7:00.　　**4** Around 10:00.

No. 22　**1** The beginning of the school festival.
2 How to invite students to the festival.
3 The party at night.
4 The winner of the contest.

No. 23　**1** Get a new student.
2 Take a trip to Australia.
3 Have a party.
4 Clean their classroom.

No. 24　**1** The one in Nagoya.
2 The one in Matsumoto.
3 The one in Himeji.
4 The one in Kumamoto.

No. 25　**1** Playing in the afternoon.
2 Going to the mall.
3 Watching some games.
4 Eating lunch.

No. 26
1 A hat for Nancy.
2 A bag for Cindy.
3 A bag for Cindy's mother.
4 A hat for Nancy's mother.

No. 27
1 He had a cold.
2 He had a lot of homework.
3 He didn't play tennis.
4 He had to make dinner for his family.

No. 28
1 The girl's mother.
2 The girl's father.
3 The girl's grandfather.
4 The girl's friend.

No. 29
1 His family.
2 Being late for school.
3 His new school life.
4 His future plan.

No. 30
1 Once.
2 Twice.
3 Three times.
4 Four times.

英 検 **3** 級

二次試験
（面接）

解答と解説　本冊 p.172

トラック番号205-254

Pets

Many people want to have a pet dog. Playing with dogs can be relaxing. Some people don't have time to take dogs for walks, so they get pets such as hamsters or birds.

Questions（面接委員に質問される英文です。カードには印刷されていません。）

No. 1 Please look at the passage. Why do some people get pets such as hamsters or birds?

No. 2 Please look at the picture. How many people are wearing hats?

No. 3 Please look at the man. What is he doing?

　Now, Mr. / Ms. ——, please turn the card over.

No. 4 What did you do last Sunday?

No. 5 ［1つ目の質問］Do you like shopping in your free time?

　　　［2つ目の質問］（あなたが Yes で答えた場合）⟶ What do you like to buy?

　　　　　　　　　　（No で答えた場合）⟶ What do you want to do this summer?

Singing

Singing can be a good way to relax. Some people enjoy performing in front of many people, so they join singing groups or bands. Taking singing lessons can help people to sing better.

Questions （面接委員に質問される英文です。カードには印刷されていません。）

No. 1 Please look at the passage. Why do some people join singing groups or bands?

No. 2 Please look at the picture. How many books are there on the bench?

No. 3 Please look at the boy. What is he doing?

　Now, Mr. / Ms. ——, please turn the card over.

No. 4 Where do you often go on weekends?

No. 5 ［１つ目の質問］ Have you ever been to a beach?

　　　　［２つ目の質問］ （あなたが Yes で答えた場合）── Please tell me more.

　　　　　　　　　　　（No で答えた場合）── What do you like to do when the weather is cold?

139

Baseball Caps

Baseball caps are popular in Japan. Baseball fans often wear them at stadiums when they watch their favorite teams. Some people worry about strong sunlight, so they wear baseball caps on hot summer days.

Questions（面接委員に質問される英文です。カードには印刷されていません。）

No. 1 Please look at the passage. Why do some people wear baseball caps on hot summer days?

No. 2 Please look at the picture. How many people are sitting under the tree?

No. 3 Please look at the girl with long hair. What is she going to do?

　Now, Mr. / Ms. ——, please turn the card over.

No. 4 What time do you usually go to bed?

No. 5 ［１つ目の質問］ Have you ever been to a zoo?

　　　　 ［２つ目の質問］ （あなたが Yes で答えた場合）⟶ Please tell me more.

　　　　　　　　　　 （No で答えた場合）⟶ What do you like to do in winter?

2023年度・第2回
二次試験問題

カード **B**

Track 220～224

［意味と解答例］p.178～179

23年度

第2回

Flower Shops

There are many flower shops in Japan. They sell different types of colorful flowers. Many people like to keep beautiful flowers in their homes, so they go shopping for flowers each season.

Questions（面接委員に質問される英文です。カードには印刷されていません。）

No. 1 Please look at the passage. Why do many people go shopping for flowers each season?

No. 2 Please look at the picture. Where is the cat?

No. 3 Please look at the woman with long hair. What is she going to do?

　　Now, Mr. / Ms. ——, please turn the card over.

No. 4 What time do you usually get up on weekdays?

No. 5 ［1つ目の質問］ Are you a student?

　　　　　［2つ目の質問］ （あなたが Yes で答えた場合）── Please tell me more.

　　　　　　　　　　　　　（No で答えた場合）── What are you going to do this evening?

Ice Cream

Ice cream is a popular dessert. Many people eat it outside on hot summer days. People often buy ice cream at supermarkets, and some people like to make different kinds of ice cream at home.

Questions（面接委員に質問される英文です。カードには印刷されていません。）

No. 1 Please look at the passage. What do some people like to do at home?

No. 2 Please look at the picture. How many people are wearing caps?

No. 3 Please look at the woman. What is she going to do?

Now, Mr./ Ms. ——, please turn the card over.

No. 4 How did you come here today?

No. 5 ［１つ目の質問］ Do you enjoy going shopping in your free time?

［２つ目の質問］（あなたが Yes で答えた場合）⟶ Please tell me more.

（No で答えた場合）⟶ Where would you like to go next weekend?

Climbing Mountains

Climbing mountains can be exciting. Many people like taking photos of nature, so they carry a camera with them when they climb mountains. People should always take a map and warm clothes with them, too.

Questions （面接委員に質問される英文です。カードには印刷されていません。）

No. 1 Please look at the passage. Why do many people carry a camera with them when they climb mountains?

No. 2 Please look at the picture. How many birds are flying?

No. 3 Please look at the woman with long hair. What is she going to do?

　Now, Mr. / Ms. ──, please turn the card over.

No. 4 What do you want to do this summer?

No. 5 ［1つ目の質問］ Do you like to eat at restaurants?

　　　　［2つ目の質問］ （あなたが Yes で答えた場合）── Please tell me more.

　　　　　　　　　　（No で答えた場合）── Why not?

143

[意味と解答例] p.184 〜 185

Chinese Restaurants

There are many Chinese restaurants in Japan. They usually sell noodles and other popular Chinese dishes. Some people want to eat delicious Chinese meals at home, so they order take-out food from Chinese restaurants.

Questions（面接委員に質問される英文です。カードには印刷されていません。）

No. 1 Please look at the passage. Why do some people order take-out food from Chinese restaurants?

No. 2 Please look at the picture. How many people are holding cups?

No. 3 Please look at the man wearing glasses. What is he going to do?
Now, Mr. / Ms. ——, please turn the card over.

No. 4 What time do you usually get up in the morning?

No. 5 ［1 つ目の質問］ Have you ever been to the beach?
　　　［2 つ目の質問］（あなたが Yes で答えた場合）→ Please tell me more.
　　　　　　　　　　（No で答えた場合）→ What are you going to do this evening?

Beach Volleyball

Beach volleyball is an exciting sport. It is fun to play on hot summer days. Many people like seeing their favorite players, so they enjoy going to professional beach volleyball tournaments.

Questions（面接委員に質問される英文です。カードには印刷されていません。）

No. 1 Please look at the passage. Why do many people enjoy going to professional beach volleyball tournaments?

No. 2 Please look at the picture. How many people are wearing sunglasses?

No. 3 Please look at the girl with long hair. What is she going to do?

Now, Mr./Ms. ——, please turn the card over.

No. 4 What kind of TV programs do you like?

No. 5 ［１つ目の質問］ Do you have any plans for the winter vacation?

　　　　［２つ目の質問］（あなたが Yes で答えた場合）⟶ Please tell me more.

　　　　　　　　　　　（No で答えた場合）⟶ What time do you usually get up on weekends?

Umbrellas

Umbrellas are very useful. They help people to stay dry on
rainy days. Department stores sell different kinds of colorful
umbrellas, and convenience stores are good places to buy
cheap and simple ones.

Questions （面接委員に質問される英文です。カードには印刷されていません。）

No. 1 Please look at the passage. What do department stores sell?

No. 2 Please look at the picture. How many cars are there in front of the store?

No. 3 Please look at the girl wearing a cap. What is she doing?

　　Now, Mr. / Ms. ——, please turn the card over.

No. 4 How many hours do you sleep every night?

No. 5 ［１つ目の質問］ Do you like to travel?

　　　　　［２つ目の質問］（あなたが Yes で答えた場合）━━ Please tell me more.

　　　　　　　　　　　　（No で答えた場合）━━ What are you planning to do tomorrow?

Playing the Guitar

Playing the guitar is a popular hobby. Many people want to learn how to play their favorite songs, so they practice playing the guitar every day. Some people take lessons with a guitar teacher.

Questions（面接委員に質問される英文です。カードには印刷されていません。）

No. 1 Please look at the passage. Why do many people practice playing the guitar every day?

No. 2 Please look at the picture. How many children are there under the tree?

No. 3 Please look at the boy wearing a cap. What is he going to do?

　Now, Mr. / Ms. ──, please turn the card over.

No. 4 What did you do last weekend?

No. 5 ［１つ目の質問］ Do you often go to a movie theater?

　　　　［２つ目の質問］（あなたが Yes で答えた場合）── Please tell me more.

　　　　　　　　　　（No で答えた場合）── Why not?

memo

英検®

年度
2024

3級

過去問題集

Gakken

CONTENTS

英検 **3** 級

一次試験・筆記 [p.040 － p.048]

1　(1) 2　(2) 3　(3) 1　(4) 4　(5) 2　(6) 3　(7) 3　(8) 2
　　(9) 4　(10) 1　(11) 3　(12) 1　(13) 2　(14) 4　(15) 3

2　(16) 4　(17) 3　(18) 1　(19) 2　(20) 3

3A　(21) 1　(22) 3

3B　(23) 1　(24) 2　(25) 4

3C　(26) 4　(27) 3　(28) 2　(29) 1　(30) 2

4　（解答例1）
Baseball is the most exciting sport for me. First, I enjoy seeing famous baseball players at the stadium. Second, I'm very happy when my favorite team wins a big game.
　　（解答例2）
Swimming is the most exciting sport for me. I have two reasons. First, I often enjoy watching a big competition on TV. Also, I love to go swimming in the sea with my friends.

一次試験・リスニング [p.049 － p.054]

第**1**部　[No.1] 2　[No.2] 2　[No.3] 1　[No.4] 1　[No.5] 1
　　[No.6] 3　[No.7] 3　[No.8] 3　[No.9] 2　[No.10] 3

第**2**部　[No.11] 2　[No.12] 1　[No.13] 1　[No.14] 2　[No.15] 2
　　[No.16] 4　[No.17] 3　[No.18] 1　[No.19] 1　[No.20] 3

第**3**部　[No.21] 2　[No.22] 4　[No.23] 1　[No.24] 4　[No.25] 1
　　[No.26] 3　[No.27] 2　[No.28] 4　[No.29] 1　[No.30] 4

(1)　*A:* お母さん，このパン，古いと思うよ。
　　B: 同感だわ。ゴミに捨ててちょうだい。
　　1 将来　　**2** ゴミ　　**3** レッスン　　**4** 北

　　📝　パンが古いと言われた母親の返答。Please throw it in the 〜.（それを〜に捨てて。）との意味のつながりを考えると，「ゴミ」という意味の**2**が適切。

　　📖 WORDS&PHRASES
　　| □ **bread**—パン | □ **agree**—同意する | □ **garbage**—ゴミ | □ **north**—北 |

(2)　インターネットにはたくさんの役に立つ情報があるので，人々は海外旅行に行く前にその場所について知るためによくそれを使います。
　　1 朝食　　**2** 警察　　**3** 情報　　**4** におい

　　📝　インターネットを説明する文。直前のuseful（役に立つ）という形容詞とのつながりを考えると，「情報」という意味の**3**が適切。

　　📖 WORDS&PHRASES
　　| □ **useful**—役に立つ | □ **often**—よく，しばしば | □ **travel**—旅行する |
　　| □ **abroad**—海外に | | |

(3)　*A:* 今週末，農場でボランティア活動をする予定なんだ。
　　B: おもしろそうだね。
　　1 〜に聞こえる　　**2** 〜を望む　　**3** 〜を説明する　　**4** 〜になる

　　📝　相手の発言に対して，その感想を述べるときの表現なので，**1**が適切。〈sound＋形容詞〉で「〜に聞こえる」という意味。

　　📖 WORDS&PHRASES
　　| □ **volunteer**—ボランティア | □ **farm**—農場 | □ **explain**—〜を説明する |

(4)　ハリーは今朝，かさを持っていくのを忘れました。雨が強く降ったので，彼は学校に着いたときにはぬれていました。
　　1 軽い，明るい　　**2** せまい　　**3** 深い　　**4** ぬれた

　　📝　雨が強く降ったにもかかわらず，かさを忘れてしまったことから考えられる状況が答えになるので，「ぬれた」という意味の**4**が適切。

　　📖 WORDS&PHRASES
　　| □ **forget to** 〜—〜するのを忘れる | □ **get to** 〜—〜に到着する | □ **narrow**—せまい |

(5) *A*： おじいちゃん，どれくらいの頻度で運動をしているの？

B： 毎日だよ。毎朝1時間，犬の散歩をしているよ。

1 ～を紹介する　2 運動をする　3 起こる　4 保つ

✅　ある行動の頻度を聞かれたBがI walk my dog（犬を散歩させる）と答えていることから考えると，「運動をする」という意味の2が適切。

📖 WORDS&PHRASES

□ **How often ～?**— どれくらいの頻度で～か。　　□ **introduce**—～を紹介する

(6) その人気の歌手がコンサートを始めたとき，人々はみな静かになりました。彼らは彼女の歌を聞いて楽しみました。

1 速い　2 低い　3 静かな　4 高価な

✅　空所の直後のwhen the popular singer began her concert（その人気の歌手がコンサートを始めたとき）とのつながりを考えると，観客のとる態度としては「静かな」という意味の3が適切。

📖 WORDS&PHRASES

□ **popular**— 人気のある　□ **singer**— 歌手　□ **enjoy ～ing**—～して楽しむ
□ **low**—低い

(7) *A*： お母さん，私の財布を見た？　買い物に行くの。

B： 台所のテーブルの上にあるのを見たわよ。

1 庭　2 博物館，美術館　3 財布　4 体育館

✅　空所のあとでI'm going shopping.（買い物に行くの。）と言っていることから，空所には買い物の際に必要なものが入ると考えられるので，「財布」という意味の3が適切。

📖 WORDS&PHRASES

□ **go shopping**— 買い物に行く　□ **garden**— 庭　□ **museum**— 博物館，美術館

(8) *A*： すみません，図書館はどこですか。

B： ここから遠くないですよ。あちらの方へ2分ほど歩いてください。

1 ～を通り抜けて　2 ～から　3 ～を横切って　4 ～を越えて

✅　far from ～で「～から遠い」という意味を表すので，2が適切。

📖 WORDS&PHRASES

□ **library**— 図書館　□ **minute**— (時間の)分　□ **that way**— あちら(の方)へ

(9) 初めは，少年少女たちは一緒にうまく歌うことができませんでした。しかし，1か月間一生懸命練習したあとに，彼らはみごとに歌いました。

1 棒　　2 （時間の）分　　3 時間　　4 最初

🔖 at firstで「初めは，最初は」という意味を表すので，4が適切。

WORDS&PHRASES

□ **could** — **can**（〜できる）の過去形　　□ **together** — 一緒に
□ **after 〜ing** — 〜したあとに[で]

(10) *A*: なぜきみはあの映画が気に入ったの，カレン？
B: ええと，若い少女の夢がかなったの。彼女は有名な歌手になったのよ。

1 **come**（〜になる）の過去形　　　2 **grow**（成長する）の過去形
3 **have**（〜を持っている）の過去形　4 **go**（行く）の過去形

🔖 come trueで「（夢などが）かなう，実現する」という意味を表すので，1が適切。空所の直前にthe young girl's dream（若い少女の夢）があることからも推測できる。

WORDS&PHRASES

□ **movie** — 映画　　□ **well** — ええと　　□ **famous** — 有名な

(11) タカヒロは英語のスピーチの間にいくつかの間違いをしましたが，それでもやはり彼の両親は彼のことをとても誇りに思いました。

1 **do**（〜をする）の過去形　　　2 **buy**（〜を買う）の過去形
3 **make**（〜をする）の過去形　　4 **spend**（〜を過ごす）の過去形

🔖 make mistakesで「間違いをする，間違える」という意味を表すので，3が適切。

WORDS&PHRASES

□ **during** — 〜の間に　　□ **parents** — 両親　　□ **be proud of 〜** — 〜を誇りに思う

(12) *A*: あなたの新しい自転車，とてもいいね。
B: ありがとう。兄[弟]のものと同じなんだ。

1 〜と　　2 〜のために　　3 〜によって　　4 〜と一緒に

🔖 空所の直前のsameに着目する。the same as 〜 で「〜と同じ」という意味を表すので，1が適切。sameには必ずtheをつけることにも注意。

WORDS&PHRASES

□ **love** — 〜が大好きである　　□ **new** — 新しい　　□ **bike** — 自転車
□ **Thanks.** — ありがとう。

(13) **A**: 今朝はもう朝食を食べたのよね？

B: うん，お母さん。これからピアノのレッスンに行くね。

1　**does not**の短縮形　　　2　**did not**の短縮形

3　**are not**の短縮形　　　4　**could not**の短縮形

この文は一般動詞の過去の肯定文なので，〈didn't＋主語〉の形になる**2**が適切。
付加疑問文は「～ですよね」と相手に同意を求める表現。

📖 WORDS&PHRASES

□ **already**—もう，すでに　　□ **this morning**—今朝　　□ **lesson**—レッスン，授業

(14) **A**: もっと大声で話してくれる？　あまりよくあなたの声が聞こえないの。

B: もちろんよ，おばあちゃん。

1　**loud**（大きな声で）の最上級　　2　**more loud**

3　**most loud**　　　　　　　　　4　**loud**の比較級

空所のあとで I can't hear you very well.（あまりよくあなたの声が聞こえない
の。）と言っており，今よりも大きな声で話すことをお願いしていると考えられ
るので，loud（大声で）の比較級である**4**が適切。loud の比較級は louder，最
上級は loudest で，more，most は使わない。

📖 WORDS&PHRASES

□ **hear**—～が聞こえる　　□ **loud**—大声で

(15) **A**: もうヘンリーに電話をかけたの？

B: 今7時だから，彼に電話をかけるには早すぎるよ。8時に電話をかけるよ。

1　～に電話する　　　　　　　2　**call**の過去形

3　～に電話をかけるには　　　4　**call**の3人称単数現在形

空所の直前に too early（早すぎる）があることから，**3**が適切。〈too＋形容詞
＋to＋動詞の原形 ～〉で「～するには…すぎる，あまりに…なので～できない」
という意味。

📖 WORDS&PHRASES

□ **call**—～に電話をかける　　□ **yet**—（疑問文で）もう

□ **too…to**—～するには…すぎる，あまりに…なので～できない

(16)
息子：あのクッキーはとてもおいしそうだね。いつ作ったの？
母親：今日の午後よ。食べてみたい？
息子：うん，お願い！
　　　1 あなたの友達はそれが好きだったの？
　　　2 何枚食べたの？
　　　3 時間は十分あるの？
　　　4 食べてみたい？

✔ 　母親が息子に，いつクッキーを作ったかを答えていて，その直後に息子がYes,
please!（うん，お願い！）と頼んでいることから，Would you like to try one?
（食べてみたい？）と聞いている **4** が適切。最初に息子がThose cookies look
delicious.（あのクッキーはとてもおいしそうだね。）と言っていることからも，
彼がクッキーを食べたいと思っていることがうかがえる。

📖 WORDS&PHRASES
□ **look**＋形容詞―〜に見える　　□ **delicious**―とてもおいしい　　□ **enough**―十分な

(17)
少女1：どれくらいの時間走ったかな？
少女2：50分よ。しばらくの間歩こうよ。疲れてきたわ。
少女1：いい考えね。
　　　1 あなたのランニングシューズ，いいわね。
　　　2 腕時計を持ってこなかったわ。
　　　3 しばらくの間歩こうよ。
　　　4 4年前に始めたの。

✔ 　走った時間を聞かれた少女2が返答する場面。空所の直後でI'm getting tired.
（疲れてきたわ。）と言っており，少女1がGood idea.（いい考えね。）と同意し
ていることから，何かを提案していると考えられるので，**3** が適切。

📖 WORDS&PHRASES
□ **How long 〜?**― どれくらいの時間〜か。　　□ **for a while**―しばらくの間

(18)
母親：ダン，今日の5時にピアノのレッスンがあるわよ。遅れちゃだめよ。
息子：遅れないよ，お母さん。時間通りに行くよ。
　　　1 遅れちゃだめよ。
　　　2 そこに行ってはだめよ。
　　　3 ピアノの練習をやめなさい。
　　　4 先生によろしく伝えてね。

ピアノのレッスンを控えている息子に母親が声をかけていて，息子がI'll be there on time.（時間通りに行くよ。）と言っていることから，時間について述べたと考えられるので1が適切。I won'tのあとにはbe lateが省略されている。

📖 WORDS&PHRASES

□ **on time**—時間通りに　　□ **stop ~ing**—~するのをやめる　　□ **practice**—~を練習する

---

(19) 夫：この近くに郵便局はあるかな？
　　妻：わからないわ。あのおまわりさんに聞いてみましょう。
　　　　1　注意してね。
　　　　2　わからないわ。
　　　　3　何枚か切手はあるわよ。
　　　　4　あなたにはそれはできないいわよ。

- -

夫から郵便局があるかを聞かれた妻が，空所の直後でLet's ask that police officer.（あのおまわりさんに聞いてみましょう。）と言っていることから，I'm not sure.（わからないわ。）と答えている2が適切。

📖 WORDS&PHRASES

□ **post office**—郵便局　　□ **near**—~の近くに　　□ **police officer**—警察官

---

(20) 男性：サラ，このコーヒーメーカーの使い方を知ってる？
　　女性：簡単よ。そのボタンを押すだけでいいのよ。
　　　　1　いいえ，いらないわ。
　　　　2　向こうにあるわよ。
　　　　3　簡単よ。
　　　　4　砂糖入りでお願いね。

- -

女性が男性にコーヒーメーカーの使い方を知っているかと聞かれている場面。空所の直後で女性がYou just need to push that button.（そのボタンを押すだけでいいのよ。）と具体的に使い方が簡単であることを伝えていることから，3が適切。

📖 WORDS&PHRASES

□ **how to ~**—~する方法　　□ **need to ~**—~する必要がある　　□ **push**—~を押す

本文の意味

美術部の旅行で写真を撮ろう！

５月 10 日，ブルームヴィル中学校の美術部はラビット川に旅行に行く予定です。生徒はだれでも行くことができます！　㉑その日は美術部からカメラを借りて，その場所の美しい写真を撮ることができます。

もし行きたい場合は，５月３日までに，美術の先生であるエドワーズ先生に伝えなければなりません。

川の近くにはたくさんの虫がいるので，長ズボンを着用してください。また，自分の弁当を持ってきてください。

５月 17 日，放課後に美術部はパーティーを開く予定です。㉒美術部が撮った写真を見ることができます。よかったら来てください！

(21)　**旅行の日に美術部は生徒に何を貸すでしょうか。**
　　１　カメラです。　　　　　　　　　２　写真です。
　　３　長ズボンです。　　　　　　　　４　弁当箱です。

- -

　　✒　下線部㉑に You can borrow a camera from the club … (美術部からカメラを借りることができます) とあるので，１が適切。

(22)　**５月17日のパーティーで，生徒は…ことができます。**
　　１　新しいズボンを買う　　　　　　２　川で泳ぐ
　　３　旅行の写真を見る　　　　　　　４　虫を見る

- -

　　✒　下線部㉒に You can see the pictures that the club took. (美術部が撮った写真を見ることができます。) とあるので，３が適切。

■■ WORDS&PHRASES

□ **photo** ─ 写真　　□ **go on a trip** ─ 旅行に行く　　□ **river** ─ 川
□ **any** ─ (肯定文で) だれでも，どんな〜でも　　□ **borrow** ─ 〜を借りる
□ **if** ─ もし〜ならば　　□ **want to** 〜 ─ 〜したい　　□ **have to** 〜 ─ 〜しなければならない
□ **talk to** 〜 ─ 〜と話す　　□ **by** ─ 〜までに　　□ **bug** ─ 虫　　□ **wear** ─ 〜を身につける
□ **also** ─ また，さらに　　□ **must** ─ 〜しなければならない　　□ **bring** ─ 〜を持ってくる
□ **own** ─ 自分自身の　　□ **have a party** ─ パーティーを開く
□ **after school** ─ 放課後 (に)

本文の意味

送信者：メリッサ・ベイカー
宛先：リック・トンプソン
日付：4月8日
件名：クラス旅行

こんにちは　リック，
私は来週の市の水族館へのクラス旅行にとてもわくわくしているわ。あなたは昨年その水族館に行ったと言っていたわよね。どんな感じですか。水族館の中は寒い？そして，㉓何を着ていくべきかしら？　ジャケットや暖かいセーターを着ていく必要はあるかな？　私はそこで魚やそのほかの海洋生物を見るのに興味があるの。ペンギンを見るのをとても楽しみにしているわ。水族館ではペンギンと写真を撮ることができるみたいね。それは本当？
あなたの友達，
メリッサ

送信者：リック・トンプソン
宛先：メリッサ・ベイカー
日付：4月8日
件名：水族館

こんにちは　メリッサ，
ぼくたちの水族館へのクラス旅行はものすごく楽しいものになるだろうね！　うん，㉔去年の夏にぼくは家族とその水族館に行ったよ。いとこたちがぼくたちを訪ねてきて，一緒に行ったんだ。ぼくがまだ5歳のときに，両親とも行ったよ。水族館は2つのパートがあるんだ。一つは屋内で，もう一つは屋外だよ。屋内はそれほど寒くないけれど，屋外のためにジャケットは必要だと思うよ。今月はとても寒いからね！　ペンギンは屋外にいるよ。2年前はペンギンと一緒に写真を撮ることができたけれど，水族館は規則を変えたんだ。今はペンギンと写真は撮れないよ。
あなたの友達，
リック

送信者：メリッサ・ベイカー
宛先：リック・トンプソン
日付：4月8日
件名：ありがとう

こんにちは　リック，

水族館への旅行について教えてくれてありがとう。忘れずにジャケットを持っていくわ。水族館の新しい規則も教えてくれてありがとう。ペンギンと一緒に写真を撮ることはできないけれど，ペンギンを見るのは楽しいだろうな。待ち遠しいわ！　㉕おもちゃのペンギンも買うつもりよ。

あなたの友達，

メリッサ

㉓　**メリッサはリックに…についてたずねました。**
1　水族館に着ていく最もよい洋服　　2　水族館で最も危険な海の生き物
3　彼らの学校の新しい制服　　4　学校の彼らの教室にいる魚

📝　メリッサの1通めのEメールの下線部㉓に注目。メリッサはリックにwhat should I wear?（何を着ていくべきかしら？）と聞いているので，1が適切。

㉔　**リックはいついとこたちと水族館を訪れましたか。**
1　先週です。　　2　昨年の夏です。
3　2年前です。　　4　彼が5歳のときです。

📝　リックのEメールの下線部㉔に注目。I went to the aquarium with my family last summer. My cousins visited us, and we all went together.（去年の夏にぼくは家族とその水族館に行ったよ。いとこたちがぼくたちを訪ねてきて，一緒に行ったんだ。）とあるので，2が適切。

㉕　**メリッサは水族館で何をするつもりですか。**
1　スタッフに新しい規則をたずねます。
2　ペンギンと一緒に写真を撮ります。
3　新しいジャケットを買います。
4　おもちゃのペンギンを買います。

📝　メリッサの2通めのEメールの下線部㉕に注目。I'm going to buy a toy penguin, too.（おもちゃのペンギンも買うつもりよ。）と言っているので，4が適切。

3C

（問題　p.046 ～ 047）

本文の意味

アン・ロウ

　アン・ロウはアフリカ系アメリカ人のファッションデザイナーでした。彼女は1898年頃にアメリカ合衆国のアラバマで生まれました。㉖彼女が子どもの頃，ロウの母親と祖母は彼女に洋服の作り方を教えました。彼女の母親と祖母は2人とも仕事を持っていました。彼女たちはアラバマの裕福な人々のために洋服を作っていました。そして，ロウはよく彼女たちの仕事を手伝っていました。

　ロウの母親は1914年に亡くなりました。亡くなったとき，ロウの母親はアラバマで何着かのドレスを作っているところでした。それらのドレスはできあがっていなかったために，ロウがそれらを作り終えたのでした。1916年，彼女はあるデパートで，フロリダからやって来た裕福な女性に会いました。ロウは自分が作った洋服を着ていました。そしてその女性はそれをとても気に入ったのでした。それで，ロウはフロリダで彼女の仕立て職人になりました。その後，㉗ロウは1917年にニューヨークに移住しました。

　ニューヨークでは，ロウはS・T・テイラー・スクール・オブ・デザインに入学しました。㉘ロウはその学校で唯一のアフリカ系アメリカ人で，彼女はほかの生徒と一緒に授業に参加することができませんでした。彼女は一室でひとりぼっちで授業を受けました。1919年にそのデザイン学校での勉強を終え，彼女はフロリダで自分自身のお店をオープンしました。

　その後，ロウは長年にわたりドレスを作りました。㉙彼女のドレスは美しい花のデザインがあしらわれていたので，特別なものでした。彼女は何人かの裕福で有名な人々のドレスを作りましたが，彼女の仕事について知っている人はそれほど多くありませんでした。また，彼女はドレスの料金をあまりもらえないこともありました。ロウは1981年に亡くなったあと，より有名になりました。㉚今では多くの人が彼女はとても腕のいいファッションデザイナーで仕立て職人であったことを知っています。

アン・ロウの母親と祖母は何をしましたか。
1 彼女たちはロウをフロリダに送り出しました。
2 彼女たちはロウがアラバマに行くのを止めました。
3 彼女たちはロウに仕事に就くように言いました。
4 彼女たちはロウに洋服の作り方を教えました。

下線部26に When she was a child, Lowe's mother and grandmother taught her how to make clothes.（彼女が子どもの頃，ロウの母親と祖母は彼女に洋服の作り方を教えました。）とあるので，4が適切。

(27) ロウはいつニューヨークに行きましたか。
1 1898年にです。　　　　　　　2 1914年にです。
3 1917年にです。　　　　　　　4 1981年にです。

下線部27に Lowe went to live in New York in 1917.（ロウは1917年にニューヨークに移住しました。）とあるので，3が適切。

(28) ロウがS・T・テイラー・スクール・オブ・デザインに行ったとき，何が起きましたか。
1 彼女は授業の成績はよくありませんでした。
2 彼女はほかの生徒と一緒に勉強することができませんでした。
3 彼女は先生とけんかをしました。
4 彼女は大好きなファッションデザイナーと会いました。

下線部28に Lowe was the only African American student at the school, and she couldn't join the class with the other students.（ロウはその学校で唯一のアフリカ系アメリカ人で，彼女はほかの生徒と一緒に授業に参加することができませんでした。）とあり，at the schoolがS・T・テイラー・スクール・オブ・デザインを指すことから，2が適切。

(29) ロウのドレスは…ので特別でした。
1 美しい花のデザインがあしらわれていた
2 おもしろい色使いだった
3 多くの人によって作られた
4 作るのに何時間もかかった

下線部29に Her dresses were special because they（＝ Lowe's dresses）had beautiful flower designs on them.（彼女のドレスは美しい花のデザインがあしらわれていたので，特別なものでした。）とあるので，1が適切。

(30) **この話は何に関するものですか。**
1 ニューヨークで人気の洋服店。　　2 偉大な仕立て職人だった女性。
3 ファッションスクールの教師。　　4 アメリカのデザインスクール。

◢ この英文は，アン・ロウというアフリカ系アメリカ人のファッションデザイナーの生涯が書かれている。第2段落の最後から2文目にLowe became a dressmaker for her in Florida.（ロウはフロリダで彼女の仕立て職人になりました。）とあり，また下線部㉚にMany people today know that she was a very good fashion designer and dressmaker.（今では多くの人々が彼女はすばらしいファッションデザイナーで，仕立て職人であったことを知っています。）とあるので，2が適切。

📖 WORDS&PHRASES

□ **fashion designer**—ファッションデザイナー　　□ **be born**—生まれる
□ **clothes**—衣服　　□ **both A and B**—AとBの両方とも　　□ **job**—仕事
□ **made**—make（～を作る）の過去形　　□ **rich**—裕福な
□ **help＋人＋with～**—（人）の～を手伝う　　□ **die**—死ぬ　　□ **dress**—ドレス
□ **finish ～ing**—～し終える　　□ **department store**—デパート　　□ **really**—本当に
□ **dressmaker**—仕立て職人　　□ **went to live**—go to live（移住する）の過去形
□ **only**—唯一の　　□ **join**—～に参加する　　□ **by oneself**—一人で　　□ **store**—店
□ **special**—特別の　　□ **knew**—know（～を知っている）の過去形　　□ **today**—今日

ライティング

4

（問題　p.048）

質問の意味

あなたにとって一番わくわくするスポーツは何ですか。

解答例 1

Baseball is the most exciting sport for me. First, I enjoy seeing famous baseball players at the stadium. Second, I'm very happy when my favorite team wins a big game. （30 語）

解答例 1 の意味

私にとって野球が一番わくわくするスポーツです。まず，私は球場で有名な野球選手を見るのが楽しいです。次に，大好きなチームが大きな試合で勝つと，とてもうれしいです。

📝 What is the 最上級 〜 for you? という質問に対しては，まず，具体的に自分の意見を答える。次に，First, 〜. でその理由を述べる。続く文で，Second, 〜. を使ってほかの理由も付け加えるとよい。

解答例 2

Swimming is the most exciting sport for me. I have two reasons. First, I often enjoy watching a big competition on TV. Also, I love to go swimming in the sea with my friends. （34 語）

解答例 2 の意味

私にとって水泳が一番わくわくするスポーツです。2つ理由があります。まず，私はよくテレビで大きな大会を見て楽しんでいます。また，私は友達と海に泳ぎに行くのも大好きです。

📝 具体的に自分の意見を答えたあと，2文目で I have two reasons. と2つの理由を述べることを示す。First, 〜. で1つ目の理由を述べ，Also, 〜. で2つ目の理由を付け加えるとよい。

リスニングテスト第1部　（問題　p.049～050）

〈例題〉

A: I'm hungry, Annie.
B: Me, too. Let's make something.
A: How about pancakes?
　1　On the weekend.
　2　For my friends.
　3　That's a good idea.

「おなかがすいたよ，アニー。」
「私も。何か作りましょう。」
「パンケーキはどう？」
　1「週末に。」
　2「私の友達のためよ。」
　3「それはいい考えね。」

No.1

A: Do you need something?
B: Yes, is Mr. Williams here?

A: I think he's in the library.
　1　Yes, that's my favorite book.
　2　Thanks, I'll look for him
　　there.
　3　No, it's on his desk.

「何かご用ですか。」
「はい，ウィリアムズ先生はこちらです
か。」
「彼は図書館にいると思います。」
　1「はい，それは私の大好きな本です。」
　2「ありがとうございます，そちらで
　　探してみます。」
　3「いいえ，それは彼の机の上にあり
　　ます。」

No.2

A: Are you going home now, Jane?
B: No, I still have some work to do.

A: Do you want any help?
　1　No, I wasn't at the office.
　2　No, I'll finish soon.
　3　No, I can't find it.

「もう家に帰るの，ジェーン？」
「いいえ，まだしなければならない仕事
があるの。」
「手伝おうか。」
　1「いいえ，会社にいなかったのよ。」
　2「いいえ，もうすぐ終わるわ。」
　3「いいえ，それが見つからないの。」

No.3

A: What will the music club do for
　the school festival?
B: We'll sing some Spanish songs.
A: Are you practicing a lot?
　1　Yes, every day after lunch.
　2　Yes, it's next to my radio.
　3　Yes, I've been there before.

「音楽部は文化祭で何をするの？」

「ぼくたちはスペインの歌を歌うんだ。」
「たくさん練習しているの？」
　1「うん，毎日昼食後にね。」
　2「うん，それはラジオの隣にあるよ。」
　3「うん，以前そこに行ったことがあ
　　るよ。」

No.4

A: Where are the ninth-grade students today? 「今日，9年生はどこにいるの？」

B: They're on a school trip. 「遠足に行っているよ。」

A: Oh. Where did they go? 「あら。どこに行ったの？」

  1 **On a hike in the mountains.**   1「山にハイキングだよ。」

  2 In their classroom.   2「彼らの教室でね。」

  3 At yesterday's meeting.   3「昨日の会議でね。」

No.5

A: Dad, I'm hungry. 「お父さん，おなかがすいたわ。」

B: I just ordered a pizza. 「ピザを頼んだところだよ。」

A: Great. When will it arrive? 「いいね。いつ届くの？」

  1 **In about 20 minutes.**   1「約20分後だよ。」

  2 Mushroom and cheese.   2「マッシュルームとチーズだよ。」

  3 From the restaurant in town.   3「町のレストランからだよ。」

✓ When ～? は時をたずねる疑問文。In about 20 minutes.（約20分後だよ。）と時について答えている1が適切。

No.6

A: Excuse me. Could you help me? 「すみません。助けてくださいますか。」

B: Sure. 「もちろんです。」

A: Where is the hospital? 「病院はどこですか。」

  1 You should see a doctor.   1「お医者さんに診てもらうべきです。」

  2 That's too bad.   2「それはお気の毒に。」

  3 **It's right over there.**   3「すぐそこですよ。」

No.7

A: What are you doing tomorrow? 「明日は何をする予定なの？」

B: I have a basketball game. 「バスケットボールの試合があるんだ。」

A: Great. I hope your team wins. 「すごい。あなたのチームが勝つといいね。」

  1 It's your turn.   1「きみの番だよ。」

  2 I heard about that.   2「それについては聞いたよ。」

  3 **I think we will.**   3「勝つと思うよ。」

✓ バスケットボールの試合で勝つといいねと言われたことに対する応答。

I think we will. のあとには win the basketball game が省略されていると考えられるので、3 が適切。

No.8

A: Do you have any plans this weekend?	「今週末何か予定はあるの？」
B: I want to go to the art museum.	「美術館に行きたいの。」
A: Let's go together.	「一緒に行こうよ。」
1 OK, it's on Wednesday.	1 「いいわよ、それは水曜日よ。」
2 OK, I'm at work.	2 「いいわよ、仕事中なの。」
3 OK, that sounds fun.	3 「いいわよ、楽しそうね。」

美術館に行きたいと言ったBに、AがLet's go together.（一緒に行こうよ。）と誘っている。これに対する応答としては、that sounds fun（楽しそうね）と相手の発言に対しての感想を述べている3が適切。

No.9

A: You look happy.	「うれしそうね。」
B: I'm excited about our P.E. class.	「体育の授業にわくわくしているんだ。」
A: Why is that?	「なんで？」
1 Because there's a math test.	1 「数学のテストがあるからだよ。」
2 Because we'll play baseball today.	2 「今日は野球をするからだよ。」
3 Because I like hamburgers.	3 「ハンバーガーが好きだからだよ。」

No.10

A: Mom, I had a science test today.	「お母さん、今日理科のテストがあったんだ。」
B: How was it?	「どうだった？」
A: I thought it was difficult.	「難しいと思ったよ。」
1 I hope it's warm.	1 「暖かいといいわね。」
2 I'll look for it later.	2 「あとで探してみるわ。」
3 I'm sure you did well.	3 「きっとよくできたわよ。」

リスニングテスト第2部

（問題　p.051 ～ 052）

No.11

A: Who did you go shopping with?
B: Kate. She bought a bag, and I got a pair of gloves.
A: Did you look for soccer shoes, too?
B: Not today.

Question **What did the boy buy today?**

A: だれと買い物に行ったの？
B: ケイトとだよ。彼女はバッグを買って，ぼくは手袋を買ったんだ。
A: サッカーシューズも探したの？
B: 今日は探さなかったよ。

質問 **少年は今日，何を買いましたか。**

1　バッグです。　　　　　　　　2　手袋です。
3　サッカーボールです。　　　　4　靴です。

✓　だれと買い物に行ったのかを答えたあとに，B（少年）がI got a pair of
gloves（ぼくは手袋を買ったんだ）と言っていることから，2が適切。

📖 WORDS&PHRASES
□ **a pair of ～**─ 1組の～　　□ **look for ～**─～を探す

No.12

A: Can you wash the dishes, Bill?
B: I've got a lot of homework, Mom. Can Patty or Dad do them?
A: They're busy, too, and it's your turn.
B: All right.

Question **Who will wash the dishes?**

A: お皿を洗ってくれる，ビル？
B: 宿題がたくさんあるんだ，お母さん。パティかお父さんはできるかな？
A: 彼らも忙しいのよ，それにあなたの順番よ。
B: わかったよ。

質問 **だれがお皿を洗いますか。**

1　ビルです。　　　　　　　　2　ビルの母親です。
3　ビルの父親です。　　　　　4　パティです。

✓　母親からお皿を洗うように頼まれたB（ビル）は，一度はパティかお父さんに

かわってもらいたいと伝えるが，母親から it's your turn（あなたの順番よ）と言われ，All right.（わかったよ。）と応じていることから，**1** が適切。

📖 WORDS&PHRASES
□ **busy**—忙しい　　□ **turn**—順番　　□ **All right.**—わかりました。

No.13

A: Hello?
B: Hi, Sally. This is Ben's father. Is Ben at your house?
A: Yes, we're doing our math homework.
B: Can you tell him to come home by six?
A: Sure.

Question　**What does Ben's father want Ben to do?**

- -

A: もしもし。
B: やあ，サリー。私はベンの父親です。ベンはきみの家にいますか。
A: はい，私たちは数学の宿題をしています。
B: 彼に 6 時までに家に帰ってくるように伝えてくれますか。
A: もちろんです。

質問　ベンの父親はベンに何をしてほしいですか。

1　6 時までに家に着くことです。
2　サリーの父親に電話することです。
3　サリーの数学の教科書を返すことです。
4　サリーの宿題を手伝うことです。

- -

✍ サリーの家に電話をかけたベンの父親が，Can you tell him（＝ Ben）to come home by six?（彼に 6 時までに家に帰ってくるように伝えてくれますか。）とサリーにお願いしていることから，**1** が適切。

📖 WORDS&PHRASES
□ **Can you ～?**—～してくれますか。　　□ **by**—（期限を表して）～までに

No.14

A: Dad, can you help me with this box? I can't move it by myself.
B: Where do you want to put it?
A: Outside, by my bike.
B: Sure.

Question　**What does the girl want to do?**

- -

A: お父さん，この箱を手伝ってくれる？　1 人では動かせないの。
B: どこに置きたいの？

A: 外の私の自転車のわきに。

B: わかったよ。

質問 **少女は何をしたいのですか。**

1 自転車を買うことです。 　　2 箱を動かすことです。

3 自転車に乗ることです。 　　4 本を見つけることです。

 A（少女）がDad, can you help me with this box? I can't move it（= the box）by myself.（お父さん，この箱を手伝ってくれる？　1人では動かせないの。）と言っていることから，2が適切。

📖 WORDS＆PHRASES

□ **help＋人＋with ～**—（人）の～を手伝う 　　□ **by oneself**—1人で，自分の力で

No.15

A: Hello?

B: Hello, this is Mike. Is Karen home?

A: Sorry, she's out now. Can I take a message?

B: She left her pencil case in the art room. The teacher has it.

A: Thank you. I'll tell her.

Question **Where did Karen leave her pencil case?**

A: もしもし。

B: こんにちは，ぼくはマイクです。カレンは家にいますか。

A: ごめんなさい，彼女は今，外出しているの。伝言を預かりましょうか。

B: 彼女が美術室に筆箱を置き忘れたんです。先生がそれを持っています。

A: ありがとう。彼女に伝えますね。

質問 **カレンはどこに筆箱を置き忘れましたか。**

1 彼女の部屋にです。 　　2 美術室にです。

3 少年の家にです。 　　4 彼女の先生の家にです。

B（少年）がShe left her pencil case in the art room.（彼女が美術室に筆箱を置き忘れたんです。）と言っていることから，2が適切。

📖 WORDS＆PHRASES

□ **home**—家に 　　□ **Can I take a message?**—伝言を預かりましょうか。

No.16

A: Why do you always have that camera, Bob?

B: I like taking photos.

A: Can you take one of my dog?

B: Sure.

Question **What is Bob's hobby?**

A: なぜいつもあなたはそのカメラを持っているの, ボブ?
B: 写真を撮るのが好きなんだ。
A: 私の犬の写真を撮ってくれる?
B: もちろん。

質問 **ボブの趣味は何ですか。**

1 犬の散歩をすることです。 　　2 動物についての本を読むことです。
3 カメラを集めることです。 　　4 写真を撮ることです。

☑️ なぜいつもカメラを持っているのかと聞かれたB(ボブ)が, I like taking photos. (写真を撮るのが好きなんだ。)と答えていることから, 4が適切。

📖 WORDS&PHRASES
□ **like ～ing**――～するのが好きだ 　□ **hobby**―趣味

No.17

🔈
A: Excuse me. I bought this TV last week, but it doesn't work.
B: I'm sorry.
A: Can you please give me my money back?
B: I'll ask my manager.

Question **What is the woman's problem?**

A: すみません。私は先週このテレビを買ったのですが, 動かないんです。
B: 申し訳ありません。
A: 返金してもらえますか。
B: 店長に聞いてみます。

質問 **女性の問題は何ですか。**

1 彼女は今日, 働かなければなりません。
2 彼女はお金を見つけることができません。
3 彼女のテレビがこわれています。
4 彼女のテレビは音が大きすぎます。

☑️ A(女性)が最初にI bought this TV last week, but it doesn't work.(私は先週このテレビを買ったのですが, 動かないんです。)と言っていることから, 3が適切。

📖 WORDS&PHRASES
□ **work**―動く 　□ **give＋人＋物＋back**―(人)に(物)を返す 　□ **manager**―店長

No.18

🔊
A: Luke, when will you get home from school today?

B: Classes end at four, but I have a basketball game until six.

A: So, you'll be home by seven?

B: Yes.

Question **When do Luke's classes end?**

A: ルーク，今日はいつ学校から帰ってくる予定なの？

B: 授業は4時に終わるけれど，6時までバスケットボールの試合があるんだ。

A: じゃあ，7時までには家に着くわね？

B: うん。

質問 **ルークの授業はいつ終わりますか。**

1 4時にです。	2 5時にです。
3 6時にです。	4 7時にです。

📝 A（女性）に学校からの帰宅時間を聞かれたルークが，Classes end at four（授業は4時に終わる）と言っていることから，**1**が適切。

📖 WORDS&PHRASES

□ **get home** ― 帰宅する　　□ **end** ― 終わる　　□ **until** ― 〜まで（ずっと）

No.19

🔊
A: I love this red jacket! It's so cute.

B: That blue one is cheaper. It looks warmer, too.

A: But I really want this red one.

B: OK.

Question **Why does the woman like the red jacket?**

A: この赤いジャケットがとても気に入ったわ！ とってもかわいいわ。

B: あの青いほうが安いよ。暖かそうにも見えるしね。

A: でも，私はこの赤いのが本当に欲しいの。

B: わかったよ。

質問 **なぜ女性は赤いジャケットが気に入っているのですか。**

1 かわいいからです。	2 暖かいからです。
3 安いからです。	4 長いからです。

📝 A（女性）がI love this red jacket!（この赤いジャケットがとても気に入ったわ！）と言ったあとで，It's so cute.（とってもかわいいわ。）と理由を言っているので，**1**が適切。**2**と**3**はBが発言したこと。

No.20

A: I saw you this morning. You were riding a bicycle.

B: Where were you?

A: In my husband's car. He drives me to work every day.

B: I ride my bike or walk to work.

Question　**How does the woman go to work?**

A: 今朝あなたのことを見たわ。自転車に乗っていたわね。

B: きみはどこにいたの？

A: 夫の車の中よ。彼は毎日職場まで私を車で送ってくれるのよ。

B: ぼくは職場まで自転車に乗るか歩いて行くんだよ。

質問　**女性はどうやって職場まで行きますか。**

1　電車でです。　　　　　　　　　2　自転車でです。
3　車でです。　　　　　　　　　　4　徒歩でです。

A（女性）が He（= My husband）drives me to work every day.（彼は毎日職場まで私を送ってくれるのよ。）と言っていることから，３が適切。

WORDS&PHRASES

□ **ride** — 〜に乗る　　□ **drive** ＋人＋ **to** 〜 — 〜まで（人）を車で送る

リスニングテスト第3部 （問題　p.053 ～ 054）

No.21

🔊 Robert is learning to cook. He watches a cooking program on TV every Tuesday, and on Wednesdays he takes a cooking class after work. He makes dinner for his family on Fridays.

Question **When does Robert take a cooking class?**

ロバートは料理を習っています。彼は毎週火曜日にはテレビで料理番組を見て，毎週水曜日には仕事のあとに料理教室を受講しています。毎週金曜日には家族に夕食を作っています。

質問 **ロバートはいつ料理教室を受講していますか。**

1　毎週火曜日にです。　　　　　　2　毎週水曜日にです。
3　毎週木曜日にです。　　　　　　4　毎週金曜日にです。

📝 　2文目で on Wednesdays he（= Robert）takes a cooking class after work（毎週水曜日には仕事のあとに料理教室を受講しています）と言っていることから，2が適切。

📖 WORDS&PHRASES
□ **learn to ～**　―　～することを学ぶ　　　□ **on ＋曜日名の複数形** ― 毎週～曜日に

No.22

🔊 Good morning, everyone, and welcome to the Riverside Museum. Please follow me for a free tour of our main attractions. Today, we have a special show about the pyramids in Egypt on the second floor. This way, please.

Question **Who is talking?**

みなさん，おはようございます。そしてリバーサイド博物館へようこそ。私どものメインアトラクションの無料ツアーを行いますので，私についてきてください。本日，2階ではエジプトのピラミッドについての特別ショーを開催いたします。こちらへどうぞ。

質問 **だれが話していますか。**

1　生徒です。　　　　　　　　　　2　ミュージシャンです。
3　店員です。　　　　　　　　　　4　博物館のガイドです。

📝 　冒頭で，welcome to the Riverside Museum（リバーサイド博物館へようこそ）と言っており，博物館の人であることがわかるので，4が適切。

No.23

🔊 I usually take the bus to school, but this morning, I got up late. I asked Dad to drive me to school, but he had to go to work. So I borrowed my brother's bike.

Question   **How did the girl get to school this morning?**

私はたいていバスで学校に行きますが，今朝は寝坊しました。私はお父さんに車で学校に送ってくれるように頼みました。でも，彼は仕事に行かなければなりませんでした。そのため，私は兄[弟]の自転車を借りました。

質問 **今朝，女の子はどうやって学校に行きましたか。**

1 彼女は自転車に乗りました。
2 彼女はバスに乗りました。
3 彼女の父親が彼女を連れていきました。
4 彼女の兄[弟]が彼女を連れていきました。

✔️ 今朝は寝坊して，父親に車で送ってくれるようお願いしたが，父親は仕事に行かなければならなかったと言ったあとに，So I borrowed my brother's bike.（そのため，私は兄[弟]の自転車を借りました。）と言っていることから，1が適切。

No.24

🔊 Peter had to write a report about Japanese temples for his history class. He couldn't find any good books at the library, so he looked on the Internet. He found lots of useful information there.

Question   **How did Peter learn about Japanese temples?**

ピーターは歴史の授業で日本のお寺についてのレポートを書かなければなりませんでした。彼は図書館でよい本を見つけることができなかったので，インターネットで調べました。彼はそこでたくさんの役に立つ情報を見つけました。

質問 **ピーターはどのようにして日本のお寺について学びましたか。**

1 彼は歴史の先生に質問しました。
2 彼は日本を訪れました。
3 彼は本を読みました。
4 彼はインターネットで調べました。

　　2文目でHe couldn't find any good books at the library, so he looked on the Internet.（彼は図書館でよい本を見つけることができなかったので，インターネットで調べました。）と言っていることから，**4**が適切。

📖 WORDS&PHRASES

□ **temple**－寺　　□ **look on the Internet**－インターネットで調べる

No.25

🔊 Brian wanted to go hiking today, but it started to rain. He decided to go and see a movie instead. At the theater, he bought popcorn and a drink. He had a relaxing afternoon.

　Question　**What did Brian do today?**

ブライアンは今日，ハイキングに行きたかったのですが，雨が降り出しました。彼はその代わりに映画を見に行くことに決めました。映画館では，彼はポップコーンと飲み物を買いました。彼はくつろいだ午後を過ごしました。

　質問　**今日，ブライアンは何をしましたか。**

1　彼は映画に行きました。

2　彼はハイキングに行きました。

3　彼は家でポップコーンを作りました。

4　彼はレストランで食事をしました。

　　冒頭でハイキングに行きたかったが雨が降り出したと言ったあとで，He decided to go and see a movie instead.（彼はその代わりに映画を見に行くことに決めました。）と言っていることから，**1**が適切。

📖 WORDS&PHRASES

□ **decide to 〜**－〜することを決める　　□ **instead**－その代わりに

No.26

🔊 I enjoy spending time alone. In the mornings, I drink tea and read the news. After dinner, I like to jog in the park.

　Question　**What does the man like to do after dinner?**

私は一人で時間を過ごすのを楽しんでいます。朝，私は紅茶を飲んでニュースを読みます。夕食後，私は公園でジョギングをするのが好きです。

　質問　**男性は夕食後に何をするのが好きですか。**

1　紅茶を飲むことです。　　　　　2　デザートを食べることです。

3　ジョギングに行くことです。　　4　ニュースを読むことです。

最後の文でAfter dinner, I like to jog in the park.（夕食後，私は公園でジョギングをするのが好きです。）と言っていることから，**3**が適切。

📖 WORDS&PHRASES
| □ **enjoy ～ing**—～して楽しむ | □ **spend**—～を過ごす | □ **jog**—ジョギングをする |

No.27

🔊 I'm a doctor. One of the other doctors at my hospital was sick today, so I was very busy. I usually finish at 6:30, but today I had to work until 8:30.

Question **What happened today?**

私は医師です。私の病院のほかの医師のうちの1人が今日は病気だったので，私はとても忙しかったです。私はたいてい6時30分に仕事を終えますが，今日は8時30分まで仕事をしなければなりませんでした。

質問 **今日，何が起こりましたか。**
1 新しい医師が働き始めました。　　2 女性は遅くまで働きました。
3 女性は具合が悪くなりました。　　4 病院は早く閉まりました。

今日はほかの医師のうちの1人が病気だったので忙しかったと言ったあとで，today I had to work until 8:30(今日は8時30分まで仕事をしなければなりませんでした)と言っていることから，**2**が適切。

📖 WORDS&PHRASES
| □ **one of ～**—～のうちの1人[1つ] | □ **other**—ほかの | □ **sick**—病気の |

No.28

🔊 It's Saturday today. I don't have any homework, so I'll go to the park. My friend Rob and I will go skating there. Then I'll have lunch with my dad at home.

Question **What is the boy going to do in the park?**

今日は土曜日です。宿題がないので，ぼくは公園に行くつもりです。友達のロブとぼくはそこにスケートをしに行くつもりです。それから家でお父さんと昼食を食べるつもりです。

質問 **少年は公園で何をする予定ですか。**
1 昼食を食べます。　　　　　　2 宿題をします。
3 父親とゲームをします。　　　4 友達とスケートをします。

宿題がないので，公園に行くつもりだと言ったあとで，My friend Rob and I will go skating there.（友達のロブとぼくはそこにスケートをしに行くつもりです。）と言っている。thereはin the parkを指すことから，**4**が適切。

No.29

🔊

Simon makes lunch every day.　He made a ham sandwich on Monday and tuna salad yesterday.　Today, he'll make beef soup.

> Question　**What is Simon going to make for lunch today?**

- -

サイモンは毎日，昼食を作ります。彼は月曜日にハムのサンドイッチを作り，昨日はツナサラダを作りました。今日はビーフスープを作るつもりです。

質問　**サイモンは今日の昼食に何を作る予定ですか。**

1　ビーフスープです。　　　　　　2　ツナサラダです。

3　ハムのサンドイッチです。　　　4　チキンのサンドイッチです。

- -

📝　最後の文で，Today, he'll make beef soup.（今日はビーフスープを作るつもりです。）と言っていることから，1が適切。

No.30

🔊

When Michael got home last night, he couldn't find his house key.　It wasn't in his bag or in his car.　Finally, he went back to his office and found it on his desk.

> Question　**Where did Michael find his key?**

- -

マイケルは昨夜家に帰ってきたとき，家のかぎを見つけられませんでした。バッグの中にも車の中にもありませんでした。ついに，彼は会社に戻り，机の上にそれを見つけました。

質問　**マイケルはどこでかぎを見つけましたか。**

1　彼のバッグの中です。　　　　　2　彼の車の中です。

3　彼の家のいすの上です。　　　　4　会社の机の上です。

- -

📝　Finally, he went back to his office and found it on his desk.（ついに，彼は会社に戻り，机の上にそれを見つけました。）と言っている。it は his house key を指すことから，4が適切。

英検 **3** 級

一次試験・筆記 [p.056 − p.064]

1 (1) 4 (2) 2 (3) 2 (4) 3 (5) 1 (6) 4 (7) 1 (8) 2

    (9) 4 (10) 4 (11) 2 (12) 1 (13) 3 (14) 4 (15) 2

2 (16) 4 (17) 4 (18) 3 (19) 3 (20) 1

3A (21) 1 (22) 1

3B (23) 2 (24) 2 (25) 4

3C (26) 3 (27) 1 (28) 1 (29) 4 (30) 3

4 （解答例1）
　　Yes, I do. First, I want to work with foreign people and learn about their cultures. Second, my dream is to work for a famous fashion company in Europe.
　　（解答例2）
　　No, I don't. I have two reasons. First, I love my hometown and I'm interested in the local business. Also I want to be a farmer like my grandparents and parents.

一次試験・リスニング [p.065 − p.070]

第 **1** 部 [No.1] 1 [No.2] 3 [No.3] 1 [No.4] 1 [No.5] 3

    [No.6] 2 [No.7] 2 [No.8] 1 [No.9] 3 [No.10] 1

第 **2** 部 [No.11] 3 [No.12] 3 [No.13] 2 [No.14] 4 [No.15] 3

    [No.16] 2 [No.17] 1 [No.18] 1 [No.19] 2 [No.20] 2

第 **3** 部 [No.21] 1 [No.22] 2 [No.23] 3 [No.24] 4 [No.25] 1

    [No.26] 4 [No.27] 3 [No.28] 1 [No.29] 1 [No.30] 2

(1)　*A*：私にこの本を貸してくれてありがとう。すごく楽しめたよ。
　　　B：もしよかったら，**ずっと持っていて**いいよ。
　　　1 ～に勝つ　　**2** 待つ　　**3** 昇る，上がる　　**4** ～をずっと持っている

　　✎　空所のあとの it は this book を指すので，それにつながる動詞として，**4** が適切。
　　📖 WORDS&PHRASES
　　　□ **Thanks for ～ing**―～してくれてありがとう　　□ **lend**―～を貸す　　□ **really**―本当に

(2)　今日私は雨の中でサッカーをしたので，今ユニフォームがとても**汚い**です。
　　　1 新しい　　**2** 汚い　　**3** 長い　　**4** 素早い

　　✎　空所には，文の前半の I played soccer in the rain today（今日私は雨の中でサッカーをした）の結果としての，今のユニフォームの状態を表す語が入るので，**2** が適切。
　　📖 WORDS&PHRASES
　　　□ **rain**―雨　　□ **today**―今日　　□ **so**―だから　　□ **uniform**―ユニフォーム

(3)　*A*：あなたが毎朝5キロ走っていると聞いているよ。
　　　B：それは**真実**ではないよ。私はたいてい3キロしか走っていないよ。
　　　1 暖かい　　**2** 真実の　　**3** 準備ができた　　**4** 速い

　　✎　Aから5キロ走っていると言われたことに対して，空所のあとで I usually only run three kilometers.（私はたいてい3キロしか走っていないよ。）と言っていることから，5キロは間違いであることがわかるので，**2** が適切。
　　📖 WORDS&PHRASES
　　　□ **hear**―～と聞く　　□ **kilometer**―キロメートル　　□ **only**―ただ～だけ，～しか

(4)　先月日本に行く前に，私は父からいくつかのよい**助言**をもらいました。彼は私に，旅行の前に簡単な日本語の単語をいくつか覚えるように言いました。
　　　1 空　　**2** 意味　　**3** 助言　　**4** 時間

　　✎　2文目に，He told me to learn some simple Japanese words before my trip.（彼は私に，旅行の前に簡単な日本語の単語をいくつか覚えるように言いました。）とあり，それが空所に入る語の内容にあたるので，**3** が適切。
　　📖 WORDS&PHRASES
　　　□ **before**―～する前に　　□ **tell＋人＋to ～**―（人）に～するように言う
　　　□ **learn**―～を学ぶ，～を覚える

(5) 今日は雪が降っていましたが，リンダは暖かい手袋をつけないで外出しました。彼女の手はとても冷たくなりました。
1 〜なしで　2 〜の間に　3 〜を通り抜けて　4 〜の間に

✍ without 〜ingで「〜しないで」という意味を表すので，1が適切。

📖 WORDS&PHRASES
□ **snow**—雪が降る　□ **wear**—〜を身につけている　□ **warm**—暖かい

(6) *A*：大丈夫，ジム？
B：指が痛いんだ。保健室の先生に診てもらうつもりだよ。
1 叫ぶ　2 笑う　3 〜を知っている　4 痛む

✍ AがB（ジム）を心配しており，空所の直前のMy fingerとのつながりを考えると，4が適切。

📖 WORDS&PHRASES
□ **finger**—指　□ **nurse**—看護師　□ **shout**—叫ぶ　□ **laugh**—笑う

(7) ポールは自分の誕生日パーティーに9人の友達を招待しましたが，6人しか来ませんでした。ほかの3人はあまりにも忙しすぎたのです。
1 invite（〜を招待する）の過去形　2 introduce（〜を紹介する）の過去形
3 meet（〜に会う）の過去形　4 feel（〜を感じる）の過去形

✍ 空所の直後にあるnine friends（9人の友達）とto his birthday party（彼の誕生日パーティーに）とのつながりを考えると，1が適切。

📖 WORDS&PHRASES
□ **other**—ほかの　□ **too**—あまりにも〜すぎる　□ **busy**—忙しい
□ **invite**—〜を招待する

(8) *A*：どれくらいの頻度でスキーに行くの？
B：年に2，3回だよ。たいてい新潟に1回，長野に1回行くよ。
1 趣味　2 （a couple of 〜で）2，3の〜　3 事実　4 グループ

✍ a couple of 〜で「2，3の〜」という意味を表すので，2が適切。

📖 WORDS&PHRASES
□ **How often 〜?**—どれくらいの頻度で〜か。　□ **go 〜ing**—〜しに行く

(9) *A*：今日のルーシーの水泳のレースはどうだったの？
B：彼女は勝てなかったけれど，全力をつくしたよ。彼女を誇りに思うよ。
1 ちょうど　2 次の　3 最初　4 （do one's bestで）全力をつくす

☑ do one's bestで「全力をつくす」という意味を表すので，4が適切。one'sは主語と一致する「所有格」が入るので，空所の直前はherとなっている。

📖 WORDS&PHRASES
□ race ― レース　　□ win ― 勝つ　　□ be proud of 〜 ― 〜を誇りに思う

(10) **A：** 私たちは今夜の夕食会の前に家を掃除する必要があるよ。
B： そうだね。まず最初に，リビングを掃除しよう。それから，そのあとに台所と浴室を掃除できるよ。
1 右に　　**2** まっすぐに　　**3** 次に　　**4** 最初に

☑ first of allで「まず最初に」という意味を表すので，4が適切。

📖 WORDS&PHRASES
□ need to 〜 ― 〜する必要がある　　□ tonight ― 今夜　　□ Let's 〜. ― 〜しましょう。

(11) ユウコの父親は少しスペイン語を話すことができます。彼が子どものとき，しばらくの間スペインに住んでいました。
1 事がら　　**2**（短い）間　　**3** 機会　　**4** 未来

☑ for a whileで「しばらくの間」という意味を表すので，2が適切。

📖 WORDS&PHRASES
□ a little ― 少しの　　□ Spanish ― スペイン語　　□ Spain ― スペイン

(12) スコットはボストンに1日いただけでしたが，有名な美術館を見てまわる時間がありました。彼はそこで多くの美しい絵画を見ました。
1 〜のあちこちを　　**2** 〜にさからって　　**3** 離れた　　**4** 〜のような

☑ look aroundで「〜を見てまわる」という意味を表すので，1が適切。

📖 WORDS&PHRASES
□ famous ― 有名な　　□ art museum ― 美術館　　□ painting ― 絵画

(13) **A：** あの建物は東京タワーよりも高いですか。
B： そう思います。
1 tallの最上級　　**2** 高い　　**3** tallの比較級　　**4** 高すぎる

☑ 空所の直後にthan（〜よりも）があることから，比較級の文だとわかるので，3が適切。

📖 WORDS&PHRASES
□ **building** — 建物，ビル　　□ **than** — 〜よりも　　□ **I think so.** — そう思います。

(14) *A*：ピーターは午後5時の会議に来る予定ですか。

B：いいえ。彼はもう家に帰ってしまいました。具合がよくないと言っていました。

1　行くこと　　2　go の過去形　　3　行く　　4　go の過去分詞

✓　空所の前に has があることから，〈have［has］＋過去分詞〉で表す現在完了形だとわかるので，**4**が適切。

📖 WORDS&PHRASES
□ **meeting** — 会議　　□ **already** — すでに，もう　　□ **go home** — 帰宅する

(15) ユリコには2人の兄弟がいます。彼女は毎週末に彼らとテレビゲームをして楽しみます。

1　play の過去形・過去分詞　　　　2　play の ing 形

3　play の3人称単数現在形　　　　4　〜をする

✓　空所の直前の動詞 enjoy は，enjoy 〜ing の形で「〜して楽しむ」という意味になるので，**2**が適切。

📖 WORDS&PHRASES
□ **video game** — テレビゲーム　　□ **weekend** — 週末

(16)　**少年：今週末泳ぎに行くんだ。一緒に行かない？**
　　　少女：ごめんなさい，とても忙しいの。またいつか別の機会にね。
　　　　　1　電車で約1時間よ。
　　　　　2　週に5回よ。
　　　　　3　1回だけよ。
　　　　　4　またいつか別の機会にね。

- -

✔　少年から泳ぎに行くことを誘われた少女が，空所の前で誘いを断っている。それに続く表現なので，4が適切。

　　WORDS&PHRASES
　　□ **about**—約　　□ **hour**—1時間　　□ **by**—(乗り物)で　　□ **time**—〜回

(17)　**少年1：メリークリスマス！　よい冬休みを過ごしてね。**
　　　少年2：きみもね，マイク。また来年。
　　　　　1　それで大丈夫だよ，
　　　　　2　彼はするよ，
　　　　　3　ちょっと待ってね，
　　　　　4　きみもね，

- -

✔　冬休みに入る前の少年たちがあいさつをしている場面。Have a nice winter vacation.（よい冬休みを過ごしてね。）に対する返事としては，4が適切。

　　WORDS&PHRASES
　　□ **nice**—よい　　□ **winter vacation**—冬休み　　□ **See you.**—またね。

(18)　**息子：暗くなってきたね。電気をつけようか？**
　　　母親：そうね，お願い。それからカーテンも閉めてね。
　　　　　1　ぼくたちはすぐに家に帰れるの？
　　　　　2　テレビを見ているの？
　　　　　3　電気をつけようか？
　　　　　4　朝食はどう？

- -

✔　息子がIt's getting dark.（暗くなってきたね。）と言ったあとの一言。それに対して母親がYes, please.（そうね，お願い。）と答えていることから，暗くなってきたときにすることを提案したのだとわかるので，3が適切。

　　WORDS&PHRASES
　　□ **dark**—暗い　　□ **curtain**—カーテン　　□ **Shall I 〜?**—〜しましょうか。

(19) **母親：** あなたの中国史の授業はどう，ボビー？
息子： とても興味深いよ。たくさん学んでいるよ。
　　　1 あなたがそうしてくれるのを願っているよ。
　　　2 授業をとりたいんだ。
　　　3 たくさん学んでいるよ。
　　　4 あなたが気に入ってくれてうれしいよ。

 母親から中国史の授業の感想を聞かれた息子が，It's really interesting.（とても興味深いよ。）と言ったあとの言葉。授業に関する内容が続くので，**3**が適切。

> 📖 WORDS&PHRASES
> □ **How do you like ～?**ー～はどうですか。　　□ **Chinese**ー中国の　　□ **history**ー歴史

(20) **父親：** ルーシー，通りを走って横断してはだめだよ。危ないからね。
　　娘： 心配しないで，お父さん。しないわ。
　　　1 危ないからね。
　　　2 行く時間だよ。
　　　3 きみにだよ。
　　　4 それは向こうにあるよ。

父親が娘に対して，直前で … don't run across the street.（通りを走って横断してはだめだよ。）と言っていることから，空所には走って横断してはいけない理由が入ると考えられるので，**1**が適切。

> 📖 WORDS&PHRASES
> □ **across**ー～を横断して　　□ **street**ー通り　　□ **worry**ー心配する

本文の意味

今週土曜日のバスケットボールの試合

ブラウンズヴィル中学校のバスケットボールチームは今週末に大きな試合をします。
生徒のみなさん全員に来てもらいたいです！

場所：スプリングフィールド中学校の体育館
ご両親にスプリングフィールド中学校に連れていってもらうようにお願いしてください。スプリングフィールド中学校は遠いので，車で行かなければなりません。学校の近くの駐車場に車をとめることができます。そのあと，㉑そこから学校の正門まで5分歩かなければなりません。

時間：午後7時〜午後8時30分
試合は午後7時に始まりますが，午後6時30分前には到着してください。㉒学校の扉は午後6時まで閉まっている予定です。

一緒に楽しみましょう！

(21)　もし生徒が試合を見たい場合は，彼らは…行くべきです。
　　　1　駐車場から正門まで徒歩で
　　　2　ブラウンズヴィル中学校の体育館まで車で
　　　3　スプリングフィールド中学校まで自転車で
　　　4　スプリングフィールドまで電車で

- -

　　📝　下線部㉑に you have to walk five minutes from there（= the parking lot near the school）to the front gate.（そこから学校の正門まで5分歩かなければなりません。）とあるので，1が適切。

(22)　**土曜日，いつ学校の扉は開きますか。**
　　　1　午後6時にです。　　　　　　　2　午後6時30分にです。
　　　3　午後7時にです。　　　　　　　**4　午後8時30分にです。**

- -

　　📝　下線部㉒に，The doors of the school will be closed until 6:00 p.m.（学校の扉は午後6時までは閉まっている予定です。）とあるので，1が適切。

□ **want＋人＋to ～**―（人）に～してもらいたい　　□ **place**―場所　　□ **gym**―体育館

□ **ask＋人＋to ～**―（人）に～するよう頼む　　□ **parents**―両親

□ **far away**―遠くはなれて　　□ **have to ～**―～しなければならない　　□ **drive**―車で行く

□ **parking lot**―駐車場　　□ **near**―～の近くに　　□ **minute**―（時間の）分

□ **from A to B**―AからBまで　　□ **front gate**―正門　　□ **arrive**―到着する

□ **be closed**―閉まっている　　□ **until**―～までずっと　　□ **have fun**―楽しむ

3B

（問題　p.060 ～ 061）

本文の意味

送信者：キャシー・ラミレス
宛先：アリソン・ラミレス
日付：4月3日
件名：マークのためのパーティー

・・・

こんにちは　アリソン，
ちょっと聞いてよ。㉓マークが4年間勉強するために，ヒルサイド大学に行く予定なの！ 弟がそんなにいい大学に行くなんて信じられないわ。その知らせを聞いたとき，私はとても驚いたの。でも，彼が高校で一生懸命勉強して，成績がよかったのは知っているわ。彼は科学を勉強するつもりだと言っているわ。私は今週の土曜日にお母さんとお父さんの家で彼のためにパーティーをする計画を立てているの。彼の友達の何人かにも来てもらうようにお願いするつもりよ。パーティーの準備をするのを手伝ってくれない？　パーティーは午後4時からだから，あなたには私と一緒に両親の家を掃除するために，午後3時までに来てもらいたいの。もちろん，お母さんとお父さんも手伝ってくれるわ。あと，㉔カレーライスを作ってパーティーに持ってきてもらえないかしら？　カレーライスはマークの大好物で，あなたの料理はとてもおいしいと彼は思っているから。
あなたの姉，
キャシー

送信者：アリソン・ラミレス
宛先：キャシー・ラミレス
日付：4月3日
件名：すばらしいニュース！

・・・

こんにちは　キャシー，
それはすばらしいニュースね！　マークがもうすぐ大学に行くなんて信じられない

わ！　彼はいい大学に本当に行きたがっていたから，とても喜んでいると思うわ。土曜日にあなたがパーティーの準備をするのを手伝うことができるわよ。㉕私は午前10時から11時30分まで歌のレッスンがあるの。そのあと，スーパーマーケットに行って肉と野菜を買って，家でカレーライスを作るわ。午後2時30分にお母さんとお父さんの家に行くわね。それから家を掃除するのを手伝うわ。

それじゃ土曜日にね，

アリソン

(23)　キャシーはなぜ驚いたのですか。
　1　彼女の弟が高校で成績が悪かったからです。
　2　彼女の弟がヒルサイド大学に行く予定だからです。
　3　彼女の弟が科学は好きではないと言ったからです。
　4　彼女の弟が違う高校に行く予定だからです。

　　　下線部㉓に注目。Mark is going to go to Hillside University **to study for four years!** I can't believe our younger brother will go to such a good university. （マークが4年間勉強するために，ヒルサイド大学に行く予定なの！　弟がそんなにいい大学に行くなんて信じられないわ。）とあるので，2が適切。

(24)　キャシーはアリソンに…もらいたいです。
　1　マークの友達に電話をして　　　　2　パーティーのための食べ物を作って
　3　両親にキャシーの計画を伝えて　　4　パーティーをする場所を見つけて

　　　下線部㉔に注目。could you make curry and rice **and bring it to the party?** （カレーライスを作ってパーティーに持ってきてもらえないかしら？）とあることから，2が適切。

(25)　アリソンは歌のレッスンのあとに何をする予定ですか。
　1　彼女はレストランでカレーライスを食べる予定です。
　2　彼女は自分の家を掃除する予定です。
　3　彼女はマークを学校に迎えに行く予定です。
　4　彼女はスーパーマーケットに買い物に行く予定です。

　　　下線部㉕に注目。I have a singing lesson from 10:00 a.m. until 11:30 a.m. After that, I'll go to the supermarket and buy meat and vegetables, （私は午前10時から11時30分まで歌のレッスンがあるの。そのあと，スーパーマーケットに行って肉と野菜を買って）とあるので，4が適切。

WORDS & PHRASES

□ **Guess what?**—ちょっと聞いてよ。　□ **be going to** 〜—〜する予定だ
□ **university**—大学　　□ **believe**—〜を信じる　　□ **such a** 〜—そんなに〜な
□ **surprised**—驚いた　　□ **heard**—**hear**（〜を聞く）の過去形
□ **did well**—**do well**（成績がよい）の過去形　　□ **high school**—高校
□ **science**—科学，理科　　□ **plan**—〜を計画する
□ **help＋人＋to** 〜—（人）が〜するのを手伝う　　□ **get ready for** 〜—〜の準備をする
□ **by**—〜までに　　□ **of course**—もちろん　　□ **could**—**can**（〜できる）の過去形
□ **curry and rice**—カレーライス　　□ **bring**—〜を持ってくる　　□ **favorite**—大好きな
□ **cooking**—料理　　□ **delicious**—とてもおいしい　　□ **great**—すばらしい
□ **soon**—もうすぐ　　□ **sure**—確信して　　□ **prepare for** 〜—〜の準備をする
□ **supermarket**—スーパーマーケット　　□ **meat**—肉　　□ **vegetable(s)**—野菜

3C

（問題　p.062 〜 063）

本文の意味

サフラン

㉚サフランは世界中の多くの国々で料理に使われている香辛料です。㉖それはクロッカスと呼ばれる花の小さな部位から作られています。これらの部位は赤ですが，サフランを使って料理された食べ物は黄色です。多くの人々が，その風味は強く，とてもおいしいと思っています。サフランは米，肉，スープのようなさまざまな種類の食べ物を料理するのに使われます。

㉗アジアの一部の地域の人々は，長い間，料理をするときにサフランを使ってきました。それはまた，南ヨーロッパの一部の地域で，何百年もの間人気がありました。その後，ほかの場所の人々もそれを使い始めました。多くの人々は料理にサフランを使いましたが，ほかのことに使った人々もいます。サフランは病人の気分をよくするのを助けるために与えられました。人々はまた，衣服を染めるためにも使いました。

サフランを作るのは簡単ではありません。普通は1グラムのサフランを作るために，150個以上のクロッカスの花を集めなければなりません。その花は，秋と冬の数か月間しか育ちません。㉘その花は弱いので，人々は手で集めなければなりません。これには長い時間がかかるので，花を集めるのに多くの人々が必要になります。また，太陽が花を傷つける前に，早朝に集められなければなりません。

これらの理由から，サフランは高価です。世界で最も高価な香辛料です。過去には，金よりも高価でした。しかしながら，㉙その強い風味のために，料理をするときに多くのサフランを使う必要はありません。そういうわけで，多くの人々は今もなお自宅で使うためにサフランを買います。

(26) サフランは何から作られていますか。
1 肉です。　　　　　　　　　2 米です。
3 ある花の部位です。　　　　4 黄色の野菜です。

🔖 下線部㉖に It（＝Saffron）is made from small parts of a flower called a crocus.（それはクロッカスと呼ばれる花の小さな部位から作られています。）とあるので，3 が適切。

(27) 長い間，南ヨーロッパの一部の地域の人々に人気があるのは何ですか。
1 サフランを食事に使うことです。
2 具合が悪いときに黄色の衣服を身につけることです。
3 サフランで衣服を洗うことです。
4 アジアの医者を訪ねることです。

🔖 下線部㉗に People in parts of Asia have used saffron when they cook for a long time. It has also been popular for hundreds of years in parts of southern Europe.（アジアの一部の地域の人々は，長い間，料理をするときにサフランを使ってきました。それはまた，南ヨーロッパの一部の地域で，何百年もの間人気がありました。）とあるので，1 が適切。

(28) 人々はクロッカスの花を集めるときに何をする必要がありますか。
1 手を使うことです。　　　　2 外が暑くなったら始めることです。
3 古い機械を使うことです。　4 午後の早い時間に始めることです。

🔖 下線部㉘に The flowers are weak, so people have to collect them with their hands.（その花は弱いので，人々は手で集めなければなりません。）とあるので，1 が適切。

(29) …ので，人々は料理をするときに多くのサフランを使いません。
1 ほとんどの人々を病気にする
2 赤は人気のある色ではない
3 買うことが難しい
4 風味が強い

🔖 下線部㉙に people don't need to use much of it（＝saffron）when they cook because of its strong taste.（その強い風味のために，料理をするときに多くのサフランを使う必要はありません。）とあるので，4 が適切。

(30) この話は何に関するものですか。
1 人々がもう食べない香辛料。

2 多くの種類の花を育てる新しい方法。

3 多くの料理に使われている人気の香辛料。

4 花で有名な場所。

本文全体を通して，saffron（サフラン）について述べられている。冒頭の下線部㉚に Saffron is a spice that is used for cooking in many countries around the world.（サフランは世界中の多くの国々で料理に使われている香辛料です。）とあり，第2段落には，アジアや南ヨーロッパなどで，長い間人気があることが書かれているので，**3**が適切。

□ **saffron**―サフラン　　□ **spice**―香辛料　　□ **country**―国

□ **around the world**―世界中の　　□ **part**―部分，部位　　□ **taste**―味

□ **strong**―強い　　□ **kind**―種類　　□ **such as** ～―～のような　　□ **rice**―米

□ **soup**―スープ　　□ **for a long time**―長い間　　□ **popular**―人気がある

□ **hundreds of** ～―何百もの～　　□ **southern**―南の　　□ **Europe**―ヨーロッパ

□ **later**―その後　　□ **start** ～**ing**―～し始める　　□ **thing**―こと，もの

□ **feel**―感じる　　□ **better**―**well, good**（よい）の比較級　　□ **clothes**―衣服

□ **more than** ～―～以上　　□ **must**―～しなければならない　　□ **collect**―～を集める

□ **gram**―（重さの）グラム　　□ **grow**―成長する　　□ **a few**―少数の　　□ **fall**―秋

□ **winter**―冬　　□ **weak**―弱い　　□ **should**―～すべきである　　□ **early**―早く

□ **damage**―～を傷つける　　□ **reason**―理由　　□ **expensive**―高価な

□ **most**―（最上級を作って）最も　　□ **however**―しかしながら

□ **because of** ～―～のために　　□ **still**―今もなお　　□ **at home**―自宅で

ライティング

4
（問題　p.064）

質 問 の 意 味

あなたは将来外国で働きたいですか。

解 答 例 1

Yes, I do. First, I want to work with foreign people and learn about their cultures. Second, my dream is to work for a famous fashion company in Europe.
(29 語)

解 答 例 1 の 意 味

はい，働きたいです。まず第一に，私は外国の人々と一緒に働いて彼らの文化を学びたいです。第二に，私の夢はヨーロッパの有名なファッション会社で働くことです。

✏️ Do you want to 〜?という質問に対しては，まずYesかNoで答える。次に，First, 〜.で1つ目の理由を，Second, 〜.で2つ目の理由を付け加えるとよい。〈work for＋場所〉で「〜で働く」という意味を表す。

解 答 例 2

No, I don't. I have two reasons. First, I love my hometown and I'm interested in the local business. Also, I want to be a farmer like my grandparents and parents.
(31 語)

解 答 例 2 の 意 味

いいえ，働きたくありません。2つ理由があります。まず，私は地元の町が大好きで，地域のビジネスに興味があります。また，私は祖父母や両親のように農家になりたいと思っています。

✏️ YesかNoで答えたあと，2文目でI have two reasons.と2つの理由を述べることを示す。First, 〜.で1つ目の理由を述べ，Also, 〜.で2つ目の理由を付け加えるとよい。be interested in 〜で「〜に興味がある」という意味を表す。

リスニングテスト第1部　（問題　p.065 〜 066）

〈例題〉

A: I'm hungry, Annie.
B: Me, too. Let's make something.
A: How about pancakes?
1　On the weekend.
2　For my friends.
3　That's a good idea.

「おなかがすいたよ，アニー。」
「私も。何か作りましょう。」
「パンケーキはどう？」
1　「週末に。」
2　「私の友達のためよ。」
3　「それはいい考えね。」

No.1

A: What did you do last weekend?
B: I went to Forest Park.
A: Oh, that park is beautiful.
1　It's my favorite place.
2　We have an hour.
3　I'll do it later.

「先週末，何をしたの？」
「フォレスト公園に行ったよ。」
「あら，あの公園はきれいよね。」
1　「ぼくのお気に入りの場所なんだ。」
2　「1時間あるよ。」
3　「あとでやるよ。」

No.2

A: Hi, Mike.
B: Hi, Tracy. Is that a new phone?

A: Yeah, I bought it yesterday.
1　I sent one this morning.
2　Not yet.
3　It looks cool.

「こんにちは，マイク。」
「こんにちは，トレーシー。それは新しい電話？」
「そうなの，昨日買ったのよ。」
1　「今朝，1つ送ったよ。」
2　「まだだよ。」
3　「かっこいいね。」

No.3

A: Have you seen this movie yet?
B: Yeah. I saw it last week.
A: How was it?
1　It was funny.
2　Two and a half hours.
3　Only seven dollars.

「もうこの映画を見た？」
「うん。先週見たよ。」
「どうだった？」
1　「おもしろかったよ。」
2　「2時間半だよ。」
3　「たった7ドルだよ。」

✎　How was 〜?（〜はどうでしたか。）は感想を聞くときの表現なので，「おもしろかった」と感想を述べている1が適切。

No.4

🔊
A: You look happy, Peter.
B: Yeah, I got into Carlton University.
A: Well done! What are you going to study?
   1 **European history.**
   2 About three hours a day.
   3 I'll do my best.

「うれしそうね，ピーター。」
「はい，カールトン大学に入ったんです。」
「よくやったわね！　何を勉強するつもりなの？」
   1 「ヨーロッパ史です。」
   2 「1日に約3時間です。」
   3 「全力をつくします。」

No.5

🔊
A: Do you need help, Carl?
B: Yes. Can you try this soup?

A: Hmm. I think there isn't enough pepper.
   1 I like Italian food.
   2 I went to the supermarket.
   3 **I'll put some more in, then.**

「手伝いましょうか，カール？」
「うん。このスープを飲んでみてくれる？」
「うーん。コショウが足りないと思うわ。」
   1 「イタリア料理が好きだよ。」
   2 「スーパーマーケットに行ったよ。」
   3 「じゃあ，もう少し入れるね。」

No.6

🔊
A: You look lost. What's wrong?
B: I'm looking for the Garden Hotel.
A: It's on the next block.
   1 On business.
   2 **Thanks for your help.**
   3 He was late.

「道に迷ったようですね。どうしましたか。」
「ガーデンホテルを探しています。」
「隣のブロックにありますよ。」
   1 「仕事でなんです。」
   2 「助けてくれてありがとう。」
   3 「彼は遅刻しました。」

- -

📝 ガーデンホテルを探していたBに対して，Aがその場所を教えているので，お礼を言う表現の2が適切。

No.7

🔊
A: Alex, where are you going?
B: To the park to play soccer.
A: OK, but let's have dinner at six.

   1 I've been there, Mom.

   2 I'll be home by then.

「アレックス，どこに行くの？」
「サッカーをしに公園に。」
「わかったわ，でも6時には夕食を食べましょう。」
   1 「ぼくはそこに行ったことがあるよ，お母さん。」
   2 「それまでには帰るよ。」

3 That's my soccer ball, Mom.　　　3「それはぼくのサッカーボールだよ，お母さん。」

No.8

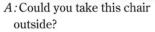

A: Could you take this chair outside?　　「このいすを外に持っていってくれる？」

B: Sure.　　「もちろん。」

A: You're so helpful.　Thanks.　　「とても助かるわ。ありがとう。」

1 **My pleasure.**　　1「どういたしまして。」

2 In the garden.　　2「庭にあるよ。」

3 Me, too.　　3「ぼくもだよ。」

 お礼の言葉への返答としてよく使われる表現の1が適切。

No.9

A: Jane, how was your trip to Mexico?　　「ジェーン，メキシコ旅行はどうだった？」

B: Great!　　「すばらしかったわ！」

A: Will you go again?　　「また行くの？」

1 Enjoy your trip.　　1「旅行を楽しんでね。」

2 A new passport.　　2「新しいパスポートよ。」

3 **Maybe next year.**　　3「たぶん来年にね。」

No.10

A: Dad, can you please bring me a red pencil?　　「お父さん，赤い鉛筆を持ってきてくれない？」

B: Sure.　Why?　　「もちろん。なぜだい？」

A: I'm drawing a picture.　　「絵をかいているのよ。」

1 **I'd love to see it.**　　1「ぜひ見たいな。」

2 On the desk.　　2「机の上にあるよ。」

3 We can go together.　　3「一緒に行けるよ。」

リスニングテスト第2部

（問題　p.067 〜 068）

No.11

A: You look sad, Bob. What's wrong?

B: My friend Mike called. He can't come to my birthday party tonight.

A: Oh no! Why not?

B: He caught a cold.

Question **Why is Bob sad?**

A: 悲しそうね，ボブ。どうしたの？

B: 友達のマイクから電話があったんだ。今夜，ぼくの誕生日パーティーに来られないんだって。

A: まさか！　なんで来られないの？

B: かぜをひいたんだって。

質問 **ボブはなぜ悲しいのですか。**

1　彼はプレゼントを買うのを忘れました。

2　彼の母親がかぜをひきました。

3　マイクがパーティーに来ることができません。

4　だれも彼の誕生日ケーキが好きではありませんでした。

Aから「どうしたの？」と聞かれたB（ボブ）が，He（＝Mike）can't come to my birthday party tonight.（今夜，ぼくの誕生日パーティーに来られないんだって。）と答えているので，3が適切。

📖 WORDS&PHRASES

□ **What's wrong?**─どうしたの？　　　□ **catch a cold**─かぜをひく

No.12

A: Do you want to go to a movie?

B: Sure, Mom. But I want to finish my homework first.

A: OK. The movie starts at three.

B: Let's leave at 2:30.

Question **What time does the movie start?**

A: 映画に行かない？

B: もちろんだよ，お母さん。でもまずは宿題を終わらせたいんだ。

A: わかったわ。映画は3時に始まるわよ。

B: 2時30分に出よう。

質問 **映画は何時に始まりますか。**

1 1時にです。	2 2時30分にです。
3 3時にです。	4 3時30分にです。

✏️ A（母親）が The movie starts at three.（映画は3時に始まるわよ。）と言っているので，**3**が適切。

📖 WORDS&PHRASES

□ **want to ～**—～したい　　□ **movie**—映画　　□ **Sure.**—もちろん。

No.13

🔈
A: Are you going to the concert tomorrow night, Sue?

B: Yes, my aunt and I are going together. How about you, Tom?

A: I can't go, but my brother and my cousin are going.

B: I see.

Question **Who will Sue go to the concert with?**

A: 明日の夜のコンサートには行くの，スー？

B: うん，おばと私は一緒に行くわ。あなたはどう，トム？

A: ぼくは行けないんだけど，兄[弟]といとこは行くよ。

B: わかったわ。

質問 スーはだれと一緒にコンサートに行きますか。

1 彼女の兄[弟]とです。	2 彼女のおばとです。
3 トムとです。	4 トムのいとことです。

✏️ A（トム）からコンサートに行くかと聞かれたB（スー）が，my aunt and I are going together.（おばと私は一緒に行くわ。）と言っているので，**2**が適切。

📖 WORDS&PHRASES

□ **aunt**—おば　　□ **together**—一緒に　　□ **cousin**—いとこ

No.14

🔈
A: Is there any dessert today, Mom?

B: Yes. I made an apple pie.

A: Can I have some now?

B: No, Bob. You have to wait until dinnertime.

Question **What does Bob want to do now?**

A: 今日はデザートはある，お母さん？

B: あるわよ。アップルパイを作ったの。

A: 今食べてもいい？

B: だめよ，ボブ。夕食の時間まで待ちなさい。

質問 ボブは今何をしたいですか。

1 外に遊びに行くことです。　2 夕食を作ることです。
3 母親を手伝うことです。　4 デザートを食べることです。

📝 B（母親）からアップルパイを作ったと言われたA（ボブ）が，Can I have some now?（今食べてもいい？）と聞いているので，**4**が適切。someのあとにはapple pieが省略されている。

📖 WORDS&PHRASES
□ **dessert**—デザート　　□ **Can I ~?**—〜してもいいですか。　　□ **wait**—待つ

No.15

🔊
A: Hello, Mary Smith speaking.
B: Hi. It's Todd. Sorry, I can't come to work today.
A: Oh. What's the matter?
B: My son has a fever. I need to take care of him.
Question **What will Todd do today?**

A: もしもし，メアリー・スミスです。
B: こんにちは。トッドです。すみません，今日は仕事に行けません。
A: あら。どうしたのですか。
B: 息子が熱があるんです。彼の世話をする必要があります。

質問 トッドは今日何をするつもりですか。
1 遅くに仕事を始めます。　2 早く退社します。
3 息子の世話をします。　4 医者に診てもらいます。

📝 B（トッド）が最後にI need to take care of him.（彼の世話をする必要があります。）と言っているので，**3**が適切。選択肢のlook after ~も「世話をする」という意味。himはmy sonを指す。

📖 WORDS&PHRASES
□ **What's the matter?**—どうしたのですか。　　□ **son**—息子　　□ **fever**—熱

No.16

🔊
A: I need notebooks for my project, Mom.
B: I have two here.
A: Thanks, but I need five.
B: OK, I'll buy three more tonight.
Question **How many notebooks will the woman buy?**

A: プロジェクトのためにノートが必要なんだ，お母さん。

B: ここに 2 冊あるわよ。

A: ありがとう，でも 5 冊必要なんだよ。

B: わかったわ，今夜さらに 3 冊買ってくるわね。

質問 **女性は何冊ノートを買うつもりですか。**

1 2 冊です。　　　　　　　　2 3 冊です。

3 4 冊です。　　　　　　　　4 5 冊です。

☑ B（母親）が最後に I'll buy three more tonight.（今夜さらに 3 冊買ってくる
わね。）と言っているので，**2** が適切。

📖 WORDS&PHRASES
□ **need**—～を必要とする　□ **project**—プロジェクト　□ **here**—ここに

No.17

🔈 *A:* Hey, Mark. What's wrong?

B: I can't find my pen.

A: Is it in your bag?

B: No, I think it's on my desk at home.

Question **What is the boy's problem?**

A: こんにちは，マーク。どうしたの？

B: ぼくのペンが見つからないんだ。

A: あなたのバッグの中では？

B: ううん，家の机の上だと思うんだ。

質問 **少年の問題は何ですか。**

1 彼は今ペンを持っていません。

2 彼はバッグをなくしました。

3 彼は机をこわしました。

4 彼の教科書は家にあります。

☑ Aから「どうしたの？」と聞かれたB（マーク）が，I can't find my pen.（ぼ
くのペンが見つからないんだ。）と言っているので，**1** が適切。

📖 WORDS&PHRASES
□ **find**—～を見つける　□ **think**—～と思う　□ **problem**—問題

No.18

🔈 *A:* Is that a new watch?

B: Yes. My mom bought it for me.

A: I want a watch like that.

B: You should ask for one for your birthday.

Question **Who has a new watch?**

A: それは新しい腕時計なの？

B: そうだよ。お母さんがぼくに買ってくれたんだ。

A: 私もそんな腕時計がほしいわ。

B: 誕生日にお願いするといいよ。

質問 **だれが新しい腕時計を持っていますか。**

1 少年です。　　　　　　　　　2 少女です。

3 少年の母親です。　　　　　　4 少女の母親です。

✍ A（少女）から Is that a new watch?（それは新しい腕時計なの？）と聞かれた B（少年）が, Yes.（そうだよ。）と答えているので, 1 が適切。

📖 WORDS&PHRASES

□ **bought**—**buy**（〜を買う）の過去形　□ **like**—〜のような

No.19

🔊 A: I hope I do well on the math test.

B: Me, too. It's in two days. Are you ready?

A: Almost. I should study for three or four more hours.

B: Good luck!

Question **When is the math test?**

A: 数学のテストでいい成績がとれるといいなあ。

B: 私も。2日後よね。あなたは準備はできているの？

A: ほとんどね。あと3, 4時間は勉強したほうがいいかな。

B: がんばってね！

質問 **数学のテストはいつですか。**

1 1日後です。　　　　　　　　2 2日後です。

3 3日後です。　　　　　　　　4 4日後です。

✍ B（少女）が It's in two days.（2日後よね。）と言っているので, 2 が適切。It は the math test を指す。

📖 WORDS&PHRASES

□ **do well**—よい成績をとる　□ **ready**—準備ができた　□ **almost**—ほとんど

No.20

🔊 A: You'll be 12 next month, Ellie. Do you want to have a party?

B: Yes, I want to invite 15 friends!

A: Our apartment isn't very big. How about 10?

B: OK, Dad.

| Question | **How many friends will Ellie invite?** |

A: 来月で12歳だね，エリー。パーティーをしたいかい？

B: うん，友達を15人招待したいわ！

A: うちのアパートはあまり広くないからね。10人でどうかな？

B: わかったわ，お父さん。

質問 **エリーは友達を何人招待する予定ですか。**

1　5人です。　　　　　　　　　　　　2　10人です。

3　12人です。　　　　　　　　　　　4　15人です。

☑ B（エリー）から友達を15人招待したいと言われたA（父親）が，Our apartment isn't very big. How about 10?（うちのアパートはあまり広くないからね。10人でどうかな？）と聞いたところ，BがOKと言っているので，2が適切。

📖 WORDS&PHRASES
□ **invite**―〜を招待する　　□ **How about 〜?**―〜はどうですか。

リスニングテスト第3部

No.21

🔊 Kazu is good at sports. He is on the swimming team at his high school, and he plays golf on weekends. He hopes to become a professional golfer after university.

> Question **What does Kazu want to do in the future?**

- -

カズはスポーツが得意です。彼は高校で水泳部に入っていて，週末にはゴルフをします。彼は大学卒業後，プロゴルファーになることを望んでいます。

> 質問 **カズは将来何をしたいと思っていますか。**

1　プロゴルファーになります。
2　水泳部に入ります。
3　子どもたちにスポーツを教えます。
4　大学で働きます。

- -

✓　3文目でHe hopes to become a professional golfer after university.（彼は大学卒業後，プロゴルファーになることを望んでいます。）と言っているので，1が適切。

📖 WORDS&PHRASES
　□ **be good at ～**—～が得意である　　□ **professional**—プロの

No.22

🔊 The weather has been strange this week. It was sunny and warm on Tuesday, but the next day it snowed. Then, it rained all Thursday and Friday.

> Question **When did it snow?**

- -

今週はずっと天気がおかしいです。火曜日は晴れて暖かったのですが，翌日は雪が降りました。その後，木曜日と金曜日はずっと雨が降りました。

> 質問 **いつ雪が降りましたか。**

1　火曜日にです。　　　　　　　　2　水曜日にです。
3　木曜日にです。　　　　　　　　4　金曜日にです。

- -

✓　2文目でIt was sunny and warm on Tuesday, but the next day it snowed.（火曜日は晴れて暖かったのですが，翌日は雪が降りました。）と言っているので，2が適切。

📖 WORDS&PHRASES
　□ **weather**—天気　　□ **strange**—奇妙な，おかしな　　□ **sunny**—晴れた
　□ **warm**—暖かい

No.23

🔊 George usually washes his mother's car on Saturdays. Last Saturday, he had a football game, so he asked his sister to wash it. She wasn't happy, but she did it.

Question **Who washed the car last Saturday?**

- -

ジョージはたいてい毎週土曜日に母親の車を洗います。この前の土曜日, 彼はサッカーの試合があったので, 姉[妹]に車を洗うように頼みました。彼女はうれしくはありませんでしたが, 車を洗いました。

質問 **この前の土曜日はだれが車を洗いましたか。**

1 ジョージです。 2 ジョージの母親です。
3 ジョージの姉[妹]です。 4 ジョージの父親です。

- -

✓ 2文目でLast Saturday, he had a football game, so he asked his sister to wash it.(この前の土曜日, 彼はサッカーの試合があったので, 姉[妹]に車を洗うように頼みました。)と言ったあと, 3文目でshe did itと言っている。sheはGeorge's sister, did itはwashed her mother's carを指すので, 3が適切。

📖 WORDS&PHRASES
□ **usually**—たいてい □ **on**＋曜日名の複数形—毎週〜曜日に

No.24

🔊 Sarah went to a film festival and saw three movies. On the first day, she saw a musical. The next day, she saw a horror movie. But her favorite was a comedy about a dog.

Question **Which movie did Sarah like the most?**

- -

サラは映画祭に行き, 3本の映画を見ました。初日, 彼女はミュージカルを見ました。翌日, 彼女はホラー映画を見ました。しかし彼女のお気に入りは犬についてのコメディーでした。

質問 **サラはどの映画が一番好きでしたか。**

1 ホラー映画です。 2 アクション映画です。
3 ミュージカルです。 4 コメディーです。

- -

✓ 最後の文でher favorite was a comedy about a dog(彼女のお気に入りは犬についてのコメディーでした。)と言っているので, 4が適切。

📖 WORDS&PHRASES
□ **film festival**—映画祭 □ **musical**—ミュージカル □ **favorite**—お気に入り

No.25

🔊
I love music. I play the piano, and I also play the drums in a band. However, I can't sing well, so I started taking lessons. My teacher is great.

| Question | **What is the man trying to do?**

- -

私は音楽が大好きです。私はピアノを弾きます。そしてバンドでドラムも演奏します。けれども，歌うのは上手ではないので，レッスンを受け始めました。私の先生はすばらしいです。

| 質問 | **男性は何をしようとしていますか。**

1　歌い方を学びます。　　　　　　2　音楽の教師になります。

3　彼のピアノを売ります。　　　　4　バンドに参加します。

- -

☑️　3文目で I can't sing well, so I started taking lessons. （歌うのは上手ではないので，レッスンを受け始めました。）と言っているので，1が適切。

📖 WORDS&PHRASES
| □ **drum**—ドラム　　　□ **however**—けれども　　　□ **start 〜ing**—〜し始める

No.26

🔊
I had lunch with my sister yesterday. She told me about her new math teacher. After that, I told her about my new basketball coach and my field trip to the art museum.

| Question | **What did the boy's sister talk about yesterday?**

- -

ぼくは昨日姉[妹]と昼食を食べました。彼女はぼくに彼女の新しい数学の先生について話しました。その後，ぼくは彼女に自分の新しいバスケットボールのコーチについてと美術館への校外学習について話しました。

| 質問 | **少年の姉[妹]は昨日，何について話しましたか。**

1　彼女のお気に入りの美術館です。

2　彼女のバスケットボールのコーチです。

3　彼女の校外学習です。

4　彼女の数学の先生です。

- -

☑️　2文目で She told me about her new math teacher. （彼女はぼくに彼女の新しい数学の先生について話しました。）と言っているので，4が適切。

📖 WORDS&PHRASES
| □ **told**—tell（〜を話す）の過去形　　　□ **math**—数学　　　□ **field trip**—校外学習

No.27

Jim had a headache this morning, so he asked his sister to bring him some tea from the convenience store. She bought him some mango ice cream, too.

Question **What did Jim ask his sister to do?**

ジムは今朝頭が痛かったので，姉[妹]にコンビニエンスストアで紅茶を買ってきてくれるように頼みました。彼女は彼にマンゴーアイスも買ってきました。

質問 **ジムは姉[妹]に何をするように頼みましたか。**

1 お店で彼に会うことです。　　　2 果物を切ることです。

3 紅茶を買うことです。　　　　　4 彼の医者を呼ぶことです。

✓ 1文目でhe (= Jim) asked his sister to bring him some tea from the convenience store.（彼は姉[妹]にコンビニエンスストアで紅茶を買ってきてくれるように頼みました。）と言っているので，3が適切。

📖 WORDS&PHRASES
□ **headache**— 頭痛　　□ **bring**— 〜を持ってくる
□ **convenience store**— コンビニエンスストア

No.28

Cathy's uncle made some beef soup for dinner today. Cathy doesn't eat meat, so she made some salad and rice. Cathy's mother made apple pie for dessert.

Question **What did Cathy's uncle make?**

キャシーのおじは今日の夕食に牛肉のスープを作りました。キャシーは肉を食べないので，彼女はサラダとご飯を作りました。キャシーの母親はデザートにアップルパイを作りました。

質問 **キャシーのおじは何を作りましたか。**

1 スープです。　　　　　　　　2 ご飯です。

3 サラダです。　　　　　　　　4 アップルパイです。

✓ 1文目でCathy's uncle made some beef soup for dinner today.（キャシーのおじは今日の夕食に牛肉のスープを作りました。）と言っているので，1が適切。

📖 WORDS&PHRASES
□ **uncle**— おじ　　□ **beef**— 牛肉　　□ **salad**— サラダ

No.29

🔊 Everyone, please follow me. First, we'll see the monkeys and gorillas. Then we'll see some other animals from Africa, like lions and elephants.

Question **Where is the woman talking?**

みなさん，私についてきてください。最初に，サルとゴリラを見ましょう。それからライオンやゾウなどの，アフリカからやって来たほかの動物を見ましょう。

質問 **女性はどこで話していますか。**

1 動物園でです。　　　　　　　　2 学校でです。
3 コンサートでです。　　　　　　4 書店でです。

✔️ 女性がmonkeys（サル），gorillas（ゴリラ），lions（ライオン），elephants（ゾウ）などの動物を見ましょうと言っていることから，動物に関係する場所にいることがわかるので，1が適切。

📖 WORDS&PHRASES
　□ **follow**—〜についていく，〜についてくる

No.30

🔊 Brianna took two tests on Friday, and then she had a soccer tournament on Saturday. She feels tired and a little sick now. Her mother told her to rest at home today, so she will.

Question **Why is Brianna staying home today?**

ブリアンナは金曜日に2つのテストを受け，それから土曜日にサッカートーナメントに出ました。今彼女は疲労を感じていて，少し具合が悪いです。彼女の母親が彼女に今日は家で休むように言ったので，彼女はそうするつもりです。

質問 **ブリアンナはなぜ今日は家にいるのですか。**

1 テストの勉強をするためです。
2 休息するためです。
3 母親の世話をするためです。
4 トーナメントの準備をするためです。

✔️ 3文目でHer mother told her to rest at home today, so she will.（彼女の母親が彼女に今日は家で休むように言ったので，彼女はそうするつもりです。）と言っているので，2が適切。willのあとにはrest at home todayが省略されている。

📖 WORDS&PHRASES
　□ **feel**—感じる　　□ **tired**—疲れた　　□ **rest**—休息する

英検 **3** 級

一次試験・筆記 [p.072 − p.080]

1　(1) 3　(2) 3　(3) 2　(4) 1　(5) 3　(6) 3　(7) 2　(8) 2
　　(9) 3　(10) 4　(11) 3　(12) 1　(13) 4　(14) 2　(15) 2

2　(16) 3　(17) 1　(18) 2　(19) 4　(20) 2

3A　(21) 1　(22) 4
3B　(23) 3　(24) 1　(25) 3
3C　(26) 1　(27) 3　(28) 1　(29) 2　(30) 4

4　（解答例1）
No, I don't. First, it's too hot in summer, so I don't want to go to festivals. Second, festivals are often very crowded. I don't like going to crowded places.
（解答例2）
Yes, I do. I have two reasons. First, festivals are exciting and fun because I can eat many kinds of food and play games with my friends. Also, I like watching fireworks very much.

一次試験・リスニング [p.081 − p.086]

第1部　[No.1] 2　[No.2] 2　[No.3] 1　[No.4] 1　[No.5] 3
　　　 [No.6] 1　[No.7] 2　[No.8] 1　[No.9] 3　[No.10] 1

第2部　[No.11] 2　[No.12] 4　[No.13] 4　[No.14] 1　[No.15] 1
　　　 [No.16] 3　[No.17] 2　[No.18] 3　[No.19] 3　[No.20] 4

第3部　[No.21] 2　[No.22] 2　[No.23] 1　[No.24] 3　[No.25] 2
　　　 [No.26] 1　[No.27] 3　[No.28] 3　[No.29] 4　[No.30] 4

(1)　*A：* どこに行くの，お母さん？

　　B： 新鮮な野菜を買いに市場によ。それらは全部地元の**農家**によって育てられたんだよ。

　　1 医師　　2 パイロット　　3 農家　　4 ミュージシャン

　✔　They (＝Fresh vegetables) were all grown (それらは全部育てられたんだよ) との意味のつながりを考えると，「農家」という意味の**3**が適切。

　📖 WORDS&PHRASES
　　□ **fresh**—新鮮な　　□ **grown**—**grow**(育てる)の過去分詞　　□ **local**—地元の

(2)　夏になると，私は**暗く**なる直前によく走りに行きます。日中はあまりに暑すぎて走れません。

　　1 若い　　2 静かな　　3 暗い　　4 本当の

　✔　直後の文で日中は暑すぎるという内容が書かれているので，走りに行くのは日中ではないことがわかる。意味のつながりから「暗い」という意味の**3**が適切。

　📖 WORDS&PHRASES
　　□ **go running**—走りに行く　　□ **too … to 〜**—あまりに…なので〜できない
　　□ **during**—〜の間に

(3)　日本では，**ドラッグストア**は薬，食料や，飲み物を売っているので便利です。

　　1 教会　　2 ドラッグストア　　3 図書館　　4 郵便局

　✔　空所のあとの because に続く文の主語である they が指すものが答えとなる。それが medicine (薬) などを売っている場所であることを考えると，**2**が適切。

　📖 WORDS&PHRASES
　　□ **useful**—便利な　　□ **because**—〜なので　　□ **sell**—〜を売る　　□ **church**—教会

(4)　*A：* 私，海辺が大好きなんだ。ずっとここに滞在したいな。

　　B： 私も。でも私たちは明日，出発しなければならないわ。

　　1 いつまでも，永久に　　2 ほとんど　　3 まっすぐに　　4 まさに

　✔　AのI want to stay here (私はここに滞在したいな) という発言に対して，Bも同じ気持ちだが，But we have to leave tomorrow. (でも私たちは明日，出発しなければならないわ。) と言っていることから，本当は海辺にいたいことがわかるので，「いつまでも，永久に」という意味の**1**が適切。

📖 WORDS&PHRASES

□ **have to ～**—～しなければならない　　□ **leave**—去る，出発する

(5) **リュウジの夢は有名なすし職人になることです。**
1 大工　　2 歯科医　　3 シェフ，料理人　　4 歌手

☑ 空所の直前のsushi（すし）とのつながりを考えると，「シェフ，料理人」という意味の3が適切。

📖 WORDS&PHRASES

□ **dream**—夢　　□ **become**—～になる　　□ **famous**—有名な　　□ **carpenter**—大工

(6) **英語の授業のために，ケンジは自分自身のことについて5つの文を書かなければなりません。明日，彼はクラスの前でそれを読む予定です。**
1 嵐　　2 カレンダー　　3 文　　4 世紀

☑ 空所の前の動詞write（～を書く）とのつながりを考えると，「文」という意味の3が適切。

📖 WORDS&PHRASES

□ **about**—～について　　□ **himself**—彼自身　　□ **in front of ～**—～の前で

(7) *A*: **スミス先生。この問題の正しい答えを教えていただけますか。**
B: **もちろんだよ，デイビッド。見せてくれるかな。**
1 狭い　　2 正しい　　3 弱い　　4 静かな

☑ 選択肢から空所に入るのは直後の名詞answer（答え）を修飾する形容詞なので，「正しい」という意味の2が適切。スミス先生に問題の答えについてたずねていることからも判断できる。

📖 WORDS&PHRASES

□ **Could you ～?**—～していただけますか。　　□ **let**—～させる

(8) *A*: **春が待ちきれないよ。**
B: **私もだよ。この雪と寒い天候にはうんざりよ。**
1 気を悪くした　　2 疲れた，うんざりした　　3 静かな　　4 間違った

☑ be tired of ～ で「～にうんざりしている」という意味なので，2が適切。Me, neither. はここでは I can't wait for spring, either.（私も春が待ちきれないです。）ということ。

📖 WORDS&PHRASES

□ **wait for ～**—～を待つ　　□ **Me, neither.**—私も（～ない）です。　　□ **weather**—天気，天候

(9) 私はニューヨークからのフライトで眠ることができませんでしたが，今朝ははるかに気分がよいです。昨晩は本当によく眠れました。
1 ～を覆う　　2 ～を磨く　　3 ～と感じる　　4 ～を分ける

✅ 〈feel＋形容詞〉で「～と感じる，～の気分がする」という意味を表すので，3が適切。better は good，well の比較級で，better の直前の much は比較級を強調する副詞で「はるかに，ずっと」という意味。

📖 WORDS&PHRASES
□ **flight**―フライト，飛行便　　□ **feel**―感じる　　□ **really**―本当に，とても

(10) *A:* 土曜日は一日中雪が降りそうだよ。
B: それはすばらしい。私は今週末スキーに行くんだよ。
1 いかなる　　2 より多くの　　3 多くの　　4 すべての

✅ all day で「一日中」という意味を表すので，4が適切。Aの雪が降るという発言に対してBは That's great.（それはすばらしい。）と言って，週末にスキーに行くと続けているので，雪がたくさん降ってほしいことがわかる。

📖 WORDS&PHRASES
□ **be going to ～**―～しそうだ　　□ **snow**―雪が降る　　□ **go skiing**―スキーに行く

(11) 来週，デイブのお兄さん [弟さん] が結婚します。デイブは結婚式でスピーチをする予定です。
1 **collect**（～を集める）の過去形・過去分詞
2 **raise**（～を上げる）の過去形・過去分詞
3 結婚している
4 込み合った

✅ get married で「結婚する」という意味を表すので，3が適切。直後に Dave will give a speech at the wedding.（デイブは結婚式でスピーチする予定です。）とあることからも推測できる。

📖 WORDS&PHRASES
□ **give a speech**―スピーチをする　　□ **wedding**―結婚式

(12) *A:* ピーター，どこにいたの？　あなたのことを心配していたのよ！
B: ごめんなさい，お母さん。放課後，図書館へ行ったんだ。
1 心配して　　2 興奮した　　3 驚いた　　4 興味がある

✅ be worried about ～ で「～を心配している」という意味を表すので，1が適切。前置詞 about が続く表現としては be excited about ～ もあるが，これは「～

にわくわくしている」という意味なので，Bの Sorry, Mom.（ごめんなさい，
お母さん。）という応答には合わない。

(13)　*A：* お母さんはもう仕事に行っちゃった？
　　　B： うん，今日，彼女は早く出たよ。彼女は重要な会議があるんだよ。
　　　1　行く　　　　　　　　　　　　　2　go の ing 形
　　　3　go の過去形　　　　　　　　　　4　go の過去分詞

- -

　✔️　文頭に Has があることから，現在完了形の疑問文であると判断できるので，
　　　過去分詞の **4** が適切。

(14)　*A：* ちょっと聞いてよ！　ポスターコンテストで2等を取ったんだ。
　　　B： すごいじゃない。あなたのことをとても誇りに思うよ。
　　　1　〜を勝ち取る　　　　　　　　　2　win の過去形
　　　3　win の ing 形　　　　　　　　　4　〜を勝ち取ること，〜を勝ち取るための

- -

　✔️　A の発言に対して B がほめていることから，すでに2等を「取った」と考えら
　　　れるので，過去形の **2** が適切。また，主語の直後に文の動詞として ing 形や不
　　　定詞（to ＋動詞の原形）を置くことはできないので，**3** や **4** は不適切。

(15)　*A：* 犬は猫よりも頭がいいと思う？
　　　B： わからないなあ。
　　　1　頭のよい　　　　　　　　　　　2　smart の比較級
　　　3　smart の最上級　　　　　　　　4　many / much（多い）の最上級

- -

　✔️　空所の直後に than（〜よりも）があることから，比較級の **2** が適切。

(16) **女性1：** 私はよくツリートップカフェでお昼を食べるんだよ。
女性2： 私も。いつか一緒にそこに行きましょうか。
女性1： いいわよ。
　　　1　そこのスパゲッティを食べたことはある？
　　　2　ご注文をうかがってもよろしいでしょうか。
　　　3　いつか一緒にそこに行きましょうか。
　　　4　私にいくらか作ってくれませんか。

- - -

✔️　お互い同じカフェによく行くことがわかった女性2が言ったことに対し，女性1がOK.（いいわよ。）と承諾していることから，Shall we go there together sometime?（いつか一緒にそこに行きましょうか。）と相手を誘う表現の3が適切。

📖 WORDS&PHRASES
□ **often**─よく　　□ **May I 〜?**─〜してもいいですか。　　□ **together**─一緒に

(17) **母親：** 私はチキンカレーを注文するわ。あなたはどう，フレッド？
息子： 同じものにするよ。とてもおいしそうだね。
　　　1　同じものにするよ。
　　　2　レストランに行ったよ。
　　　3　今のところはないよ。
　　　4　あなたが正しいことを願っているよ。

- - -

✔️　チキンカレーを注文する母からWhat about you?（あなたはどう？）と聞かれて返答する場面。空所のあとでIt(＝The chicken curry) looks delicious.（それはとてもおいしそうだね。）と言っていることから，息子もチキンカレーが食べたいとわかるので，1のI'll have the same.（同じものにするよ。）が適切。

📖 WORDS&PHRASES
□ **What about you?**─あなたはどうですか。　　□ **look**─〜に見える

(18) **少年：** 昨夜きみに電話したんだけど，電話に出なかったね。
少女： ごめんね，レポートを書いていたんだ。今日それを英語の先生に出さなければいけないの。
　　　1　あなたの質問のことを忘れたよ。
　　　2　レポートを書いていたんだ。
　　　3　電話を持っていないんだ。
　　　4　答えがわからないよ。

- - -

☑ 昨夜電話に出なかったと言われた少女が，出なかった理由を述べる場面。空所の直後に I have to give it to my English teacher today.（今日それを英語の先生に出さなければいけないの。）とある。it が指すものとしては，a report（レポート）がふさわしいので，**2**が適切。

> 📖 WORDS&PHRASES
> □ **call**―〜に電話する　　□ **answer the phone**―電話に出る

(19) **祖　母**: テレビが聞こえないよ，トニー。音がとても小さいわ。私のために音量を上げてくれない？
孫息子: もちろんだよ，おばあちゃん。今すぐするね。
  1　あなたのラジオを借りてもいいかな？
  2　あなたには音が大きすぎない？
  3　この番組は好き？
  4　私のために音量を上げてくれない？

☑ テレビの音が小さくて聞こえないと言っていることから，Can you turn it up for me?（私のために音量を上げてくれない？）と頼んでいる**4**が適切。

> 📖 WORDS&PHRASES
> □ **quiet**―静かな　　□ **right now**―今すぐに　　□ **turn 〜 up**―（音）を大きくする

(20) **娘**: 明日，洋服を買いに行ける？
父親: たぶんまた別のときにね。今週はとても忙しいんだよ。
  1　おそらくきみが正しいよ。
  2　たぶんまた別のときにね。
  3　それらは私の寝室にあるよ。
  4　このプレゼントをありがとう。

☑ 娘から明日，洋服を買いに行けるかと聞かれている場面。空所の直後で，I'm really busy this week.（今週はとても忙しいんだよ。）と言っていることから，明日は行けないことがわかるので，「たぶんまた別のときにね。」という意味の**2**が適切。Maybe some other time. は，ここでは Maybe <u>we can go shopping for clothes</u> some other time. の下線部が省略されている。

> 📖 WORDS&PHRASES
> □ **go shopping**―買い物に行く　　□ **clothes**―洋服，衣服　　□ **other**―ほかの

本文の意味

ステージへダンスをしにおいでよ！

もしダンスするのが好きならば，㉑学校のダンスコンテストに参加してください。1人で，あるいは友達と踊ってください。

時：㉒10月21日　午後3時から
場所：㉒学校の体育館

あなたのパフォーマンスは約2分にしてください。そしてどんな種類のダンスをしてもいいです。

私たちの体育の先生であるリー先生は，若いころ，プロのヒップホップのダンサーでした。㉒コンテストでは，彼は私たちの校長であるシャープ先生とスペシャルパフォーマンスをします。シャープ先生はこれまでに一度もステージで踊ったことがないので，彼はとても興奮しています！

もし興味がありましたら，10月10日までにマシューズ先生に会ってください。ダンスは楽しいので，心配せずに申し込んでください！

(21) このお知らせは何についてですか。
　1 学校でのコンテスト。　　　　　2 ある先生のためのパーティー。
　3 新しい学校のクラブ。　　　　　4 いくつかの無料のダンスレッスン。

✅ 下線部㉑に please enter the school dance contest（学校のダンスコンテストに参加してください）とあるので，1が適切。

(22) シャープ先生は…予定です。
　1 リー先生と体育の授業を教える
　2 10月10日にダンスパフォーマンスを見る
　3 マシューズ先生と音楽祭に行く
　4 10月21日に学校の体育館でダンスをする

✅ 下線部㉒に He'll（＝Mr. Lee will）do a special performance at the contest with our principal, Mr. Sharp.（コンテストでは，彼は私たちの校長であるシャープ先生とスペシャルパフォーマンスをします。）とあり，開催日が October 21（10月21日），場所が School gym（学校の体育館）とあるので，4が適切。

□ like ～ing─～するのが好きだ　　□ enter─～に参加する　　□ by yourself─1人で
□ gym─体育館　　□ performance─パフォーマンス　　□ about─約　　□ minute─分
□ kind─種類　　□ P.E.─体育　　□ professional─プロの　　□ special─特別な
□ principal─校長　　□ never─一度も～ない　　□ before─以前に
□ excited─興奮した　　□ interested─興味がある　　□ by─～までに
□ fun─楽しみ　　□ nervous─心配している，緊張した　　□ sign up─申し込む

3B

（問題　p.076～077）

本文の意味

送信者：リチャード・カイザー
宛先：ケリー・ピーターソン，ジョー・ロジャーズ
日付：9月18日
件名：タナガワ先生

- -

こんにちは　ケリーとジョー，
ぼくたちの日本語の先生のタナガワ先生について聞いた？　彼はぼくの住んでいる通りに住んでいて，今日お母さんが彼の奥さんと話したんだ。お母さんはタナガワ先生が腰を痛めたと聞いたんだって。㉓木曜日の午後，彼は庭仕事をしていて，ぎっくり腰になってしまったんだ。彼は水曜日まで学校に来られないんだよ。彼のために何かしようよ。今日は土曜日だから，たぶん今週末に先生に何かを買ってあげられる。お花とカードをあげない？
あなたがたの友達，
リチャード

送信者：ケリー・ピーターソン
宛先：リチャード・カイザー，ジョー・ロジャーズ
日付：9月18日
件名：なんてことだ！

- -

こんにちは　リチャードとジョー，
タナガワ先生のことを聞いて悲しいよ。お花はいい考えだね。先生はヒマワリが好きだと思う。カードもいいね。私に考えがあるんだ！　日本語で彼にカードを作りましょう。月曜日の午後，授業後にクラスのみんなが署名できるでしょ。そのあとで，リチャードがタナガワ先生にそのカードを持っていけるじゃない。㉔私が明日の夜コンピューターでそれを作って，月曜日の朝に学校へ持っていくね。どう思う？
またね，
ケリー

送信者：ジョー・ロジャーズ
宛先：リチャード・カイザー，ケリー・ピーターソン
日付：9月19日
件名：いい考えだね

ーーーーーーーーーーーーーーーーーーーーーーーーーーーーーーーーーーー

こんにちは，

それはすばらしい考えだよ，ケリー。ぼくのおじさんが花屋さんをやっているから，彼に花について聞いてみたよ。彼はぼくたちに何本かヒマワリをくれるよ。月曜日の放課後，ぼくが彼のお店からヒマワリを受け取って，それから㉕リチャードの家に持っていくよ。リチャードは火曜日の朝，授業の前にタナガワ先生にカードと花を渡すことができるよね。また，先生が学校に戻ってくるとき，彼のために何かを計画しようよ。「お帰りなさい，タナガワ先生！」と書いた掲示を作ることができるよね。

また明日，

ジョー

㉓ **いつタナガワ先生は腰を痛めましたか。**
  1 月曜日にです。　　　　　　　2 水曜日にです。
  3 木曜日にです。　　　　　　　4 土曜日にです。

☑ リチャードのEメールの下線部㉓に注目。He was working in his garden on Thursday afternoon, and he got a strained back.（木曜日の午後，彼は庭仕事をしていて，ぎっくり腰になってしまったんだ。）とあるので，3が適切。

㉔ **ケリーは明日の夜，何をするつもりですか。**
  1 カードを作ります。　　　　　2 プレゼントを買います。
  3 タナガワ先生に電話をします。　4 日本語の授業を受けます。

☑ ケリーのEメールの下線部㉔に注目。I'll make it（＝the card）on my computer tomorrow night（私が明日の夜コンピューターでそれを作る）とあるので，1が適切。

㉕ **だれがリチャードの家にヒマワリを持っていきますか。**
  1 リチャードです。　　　　　　2 リチャードの母親です。
  3 ジョーです。　　　　　　　　4 ジョーのおじさんです。

☑ ジョーのEメールの下線部㉕に注目。I'll take them（＝some sunflowers）to Richard's house（ぼくがリチャードの家にそれらを持っていくよ）と言っているので，3が適切。

WORDS&PHRASES

□ **date**—日付　□ **subject**—件名，主題　□ **hear about ～**—～について聞く

□ **Japanese**—日本語(の)　□ **talk to ～**—～と話す　□ **wife**—妻

□ **hurt**—hurt(～を傷つける)の過去形　□ **back**—背中，腰　□ **until**—～まで(ずっと)

□ **maybe**—たぶん　□ **sad**—悲しい　□ **think**—思う　□ **sunflower**—ヒマワリ

□ **sign**—～に署名する　□ **take**—～を持っていく　□ **bring**—～を持ってくる

□ **great**—すばらしい　□ **uncle**—おじ　□ **own**—～を所有する

□ **ask**—～にたずねる　□ **plan**—～を計画する　□ **come back**—戻る

□ **say**—～と書いてある　□ **welcome back**—お帰りなさい

3C

（問題　p.078 ～ 079）

本文の意味

エドウィン・ランド

　多くの人々が写真を撮ることが好きです。最近，人々はたいていスマートフォンやデジタルカメラを使って写真を撮るので，すぐに自分たちの写真を見ることができます。デジタル写真の前は，人々はたいてい自分たちの写真を見るためには待たなければなりませんでした。彼らはフィルムで写真を撮り，そのフィルムをお店に送りました。それから，だれかがそのフィルムを現像して，その写真を紙にプリントしたのです。これはたいてい数日かかりました。しかし，当時はずっと早く写真を手に入れる1つの方法がありました。人々はインスタントカメラを使うことができたのです。

　㉚エドウィン・ランドという名前の科学者が最初のインスタントカメラを作りました。ランドは1909年にアメリカのコネチカット州に生まれました。㉖子どものころ，彼はラジオや時計のようなものを使って遊ぶのを楽しみました。ランドはものがどのように動くのかを理解するのが好きだったので，ハーバード大学で科学を研究しました。1932年，彼はジョージ・ホイールライトと一緒に会社を始め，彼らはその会社をランド=ホイールライト研究所と呼びました。㉗1937年，その会社名はポラロイドへと変わりました。

　ある日，ランドは家族と休暇を取っていました。彼は娘の写真を撮りました。㉘彼女は彼に，「なぜ今，写真を見ることができないの？」とたずねました。このことが彼にあるアイデアを与えたのでした。ランドは1947年にインスタントカメラを作りました。それは1分未満で写真を現像しプリントしたのです。

　ランドの会社は1948年に60台のインスタントカメラを作りました。そのカメラはとても人気があり，㉙それらは1日で売り切れました。その会社はより多くのインスタントカメラを作り，アメリカ中の客たちがそれらを買いました。その後，人々はすぐに自分たちの写真を見ることができるようになりました。

(26) エドウィン・ランドは子どものころに何をするのが好きでしたか。
1 ラジオや時計で遊ぶことです。
2 紙でものを作ることです。
3 会社を始めることを夢見ることです。
4 よい学校に入るために勉強することです。

📝 下線部㉖に When he was a child, he enjoyed playing with things like radios and clocks. (子どものころ，彼はラジオや時計のようなものを使って遊ぶのを楽しみました。)とあるので，1が適切。

(27) 1937年に何が起こりましたか。
1 ランドがハーバード大学に入りました。
2 ランドがジョージ・ホイールライトに会いました。
3 ランド=ホイールライト研究所が名前を変えました。
4 ポラロイドが新しい種類のカメラを作りました。

📝 下線部㉗に In 1937, the company name was changed to Polaroid. (1937年，その会社名はポラロイドへと変わりました。)とあるので，3が適切。the company は直前の文の Land-Wheelwright Laboratories を指す。

(28) だれがランドにインスタントカメラのアイデアを与えましたか。
1 彼の娘です。   2 彼の妻です。
3 客です。   4 友達です。

📝 下線部㉘に This gave him an idea. (このことが彼にあるアイデアを与えたのでした。)とあり，Thisはその直前にある She(＝His daughter) asked him, "Why can't I see the photo now?" (彼女は彼に，「なぜ今，写真を見ることができないの？」とたずねました。)を指すことから，1が適切。

(29) 最初のインスタントカメラは…
1 値段が高すぎました。
2 とても早くすべて売れました。
3 1日しか使えませんでした。
4 写真をプリントするのに数分かかりました。

📝 下線部㉙に they(＝the cameras) were sold out in one day (それらは1日で売り切れました)とあるので，2が適切。

(30) **この話は何に関するものですか。**
1 デジタルカメラの歴史。
2 有名な写真のコレクション。
3 最初のカメラ付きのスマートフォン。
4 特別なカメラを作った男性。

📝 この英文は，第1段落の最後でフィルムで写真を撮っていた時代でもインスタントカメラを使えば早く写真を手に入れることができたと述べられており，第2段落以降で最初のインスタントカメラを作った人物に関する記述が続いている。下線部㉚に A scientist named Edwin Land made the first instant camera. (エドウィン・ランドという名前の科学者が最初のインスタントカメラを作りました。) とあるので，**4**が適切。

📖 WORDS&PHRASES

□ **photo**―写真　□ **these days**―最近　□ **usually**―たいてい
□ **smartphone**―スマートフォン　□ **digital camera**―デジタルカメラ
□ **had to ～**―**have to ～**（～しなければならない）の過去形　□ **wait**―待つ
□ **film**―フィルム　□ **sent**―**send**（～を送る）の過去形　□ **someone**―だれか
□ **develop**――～を現像する　□ **print**――～を印刷する
□ **took**―**take**（〈時間〉がかかる）の過去形　□ **a few**― 2, 3の　□ **in those days**―当時
□ **quickly**―すばやく　□ **like**――～のような　□ **understand**――～を理解する
□ **work**―動く　□ **company**―会社　□ **on vacation**―休暇を取って
□ **built**―**build**（～を作る）の過去形　□ **less than ～**――～未満
□ **popular**―人気のある　□ **sold**―**sell**（～を売る）の過去形・過去分詞
□ **be sold out**―売り切れである　□ **more**―**many**（多くの）の比較級
□ **customer**―客　□ **be able to ～**――～することができる　□ **right away**―すぐに

ライティング

4

（問題　p.080）

質問の意味

あなたは夏にお祭りに行くのが好きですか。

解答例1

No, I don't.　First, it's too hot in summer, so I don't want to go to festivals.
Second, festivals are often very crowded.　I don't like going to crowded places.

(30 語)

解答例1の意味

いいえ，好きではありません。まず，夏は暑すぎるので，私はお祭りに行きたくありません。次に，お祭りはしばしばとても混んでいます。私は混んでいる場所に行くのが好きではありません。

✎ Do you like ～ing? という質問に対しては，まずYesかNoで答える。次に，First, ～. でその理由を述べる。3文目で，Second, ～. を使って，もう1つの理由を付け加えるとよい。

解答例2

Yes, I do.　I have two reasons.　First, festivals are exciting and fun because I can
eat many kinds of food and play games with my friends.　Also, I like watching
fireworks very much.

(34 語)

解答例2の意味

はい，好きです。2つ理由があります。まず，お祭りは友達と一緒に多くの種類の食べ物を食べたり，ゲームをしたりすることができるのでわくわくして楽しいです。また，私は花火を見るのもとても好きです。

✎ YesかNoで答えたあと，2文目でI have two reasons. と2つの理由を述べることを示す。First, ～. で1つ目の理由を述べ，Also, ～. で2つ目の理由を付け加えるとよい。

リスニングテスト第1部 （問題　p.081 ～ 082）

〈例題〉

A:I'm hungry, Annie.	「おなかがすいたよ，アニー。」
B:Me, too. Let's make something.	「私も。何か作りましょう。」
A:How about pancakes?	「パンケーキはどう？」
1　On the weekend.	1　「週末に。」
2　For my friends.	2　「私の友達のためよ。」
3　That's a good idea.	3　「それはいい考えね。」

No.1

A:I want to go to China.	「中国に行きたいな。」
B:I've been there.	「私はそこへ行ったことがあるよ。」
A:Really? When did you go?	「本当？　いつ行ったの？」
1　The food was good.	1　「食べ物がおいしかったよ。」
2　When I was 19.	2　「19歳のときだよ。」
3　Not at all.	3　「全然ないよ。」

No.2

A:I'd like to send this package to Toronto.	「この小包をトロントに送りたいのですが。」
B:Sure.	「かしこまりました。」
A:How long will it take to get there?	「あちらに着くのにどれくらいかかりますか。」
1　Yesterday afternoon.	1　「昨日の午後です。」
2　Two or three days.	2　「2，3日です。」
3　About ten dollars.	3　「約10ドルです。」

✓　How long will it take to ～?は「～するのにどれくらい（の時間が）かかりますか。」という意味なので，期間を答えている2が適切。

No.3

A:I heard you joined the softball club.	「きみがソフトボール部に入ったと聞いたよ。」
B:Yeah. We had our first game yesterday.	「そうなんだ。昨日，初めての試合だったの。」
A:How was it?	「それはどうだった？」
1　We lost, but it was fun.	1　「負けたけれど，楽しかったよ。」
2　No, but we will next time.	2　「いいえ，でも次回はそうするよ。」

3 Every Sunday at two o'clock. | 3 「毎週日曜日の2時にね。」

No.4

A: I'll cook dinner tonight.	「今夜ぼくが夕食を作るよ。」
B: Thanks.	「ありがとう。」
A: What do you want to have?	「何が食べたい？」
1 Anything is OK.	1 「何でもいいよ。」
2 In about an hour.	2 「約1時間後にね。」
3 I haven't started.	3 「まだ始めてないんだ。」

No.5

A: Which university did you go to?	「あなたはどこの大学に通っていたの？」
B: Linwood.	「リンウッド大学だよ。」
A: Did you have a good experience there?	「そこではよい経験をしたの？」
1 It's next to the bridge.	1 「それは橋の隣だよ。」
2 I'll go tomorrow.	2 「明日行くつもりだよ。」
3 I enjoyed it a lot.	3 「とても楽しかったよ。」

No.6

A: Do you want to go hiking tomorrow?	「明日ハイキングに行かない？」
B: OK. When do you want to meet?	「いいよ。いつ会いたい？」
A: Around seven. Is it too early?	「7時ごろがいいな。早すぎるかな？」
1 Not at all.	1 「全然だよ。」
2 In the mountains.	2 「山の中でだよ。」
3 For a while.	3 「しばらくの間だよ。」

No.7

A: Here's a gift from Hawaii.	「ハワイのお土産だよ。」
B: Thanks! How was your trip?	「ありがとう！　旅行はどうだった？」
A: It rained all week.	「1週間ずっと雨が降ったよ。」
1 I'm OK, thanks.	1 「私は大丈夫，ありがとう。」
2 That's too bad.	2 「それはお気の毒に。」
3 It's my first time.	3 「初めてだったんだ。」

旅行はどうだったかを聞かれたAが It rained all week.（1週間ずっと雨が
降ったよ。）と言ったことに対する返答。旅行中ずっと雨だったのは残念なこ
となので，**2**が適切。

No.8

🔊 *A:* Oh no! I left my history textbook at home!

B: You can borrow mine.

A: Really?

  1 **Yeah, I don't need it today.**

  2 No, it's easier than science.

  3 Yes, you should become a teacher.

「まずい！　家に歴史の教科書を置いてきてしまったよ！」
「ぼくのを借りてもいいよ。」
「本当？」
1「うん，今日は必要ないから。」
2「いや，それは理科よりも簡単だよ。」
3「うん，きみは先生になるべきだよ。」

No.9

🔊 *A:* You can play the guitar well.

B: Thanks.

A: How often do you practice?

  1 I have two guitars.

  2 Three years ago.

  3 **Every day after school.**

「あなたは上手にギターを弾くことができるのね。」
「ありがとう。」
「どれくらいの頻度で練習するの？」
1「ぼくは2本ギターを持っているよ。」
2「3年前だよ。」
3「放課後毎日だよ。」

📝 How often ～?（どれくらいの頻度で～か。）は頻度をたずねる疑問文。Every day（毎日）と頻度を答えている**3**が適切。

No.10

🔊 *A:* I bought some cookies today.

B: Great.

A: Would you like some?

  1 **I'll just have one, thanks.**

  2 You're a good cook.

  3 Let's make them together.

「今日クッキーを買ったよ。」
「すばらしい。」
「少し食べない？」
1「1枚だけもらうよ，ありがとう。」
2「きみは料理が上手だね。」
3「一緒にそれを作ろうよ。」

リスニングテスト第2部 （問題 p.083〜084）

No.11

A: Are you going to start writing your history report tonight?
B: No, I'll start it tomorrow morning.
A: We need to finish it by Tuesday afternoon, right?
B: Yeah.

Question **When will the boy start writing his report?**

- -

A: あなたは今夜，歴史のレポートを書き始める予定なの？
B: いや，明日の朝，始めるつもりだよ。
A: 火曜日の午後までに仕上げる必要があるんだよね？
B: そうだね。

質問 **少年はいつレポートを書き始める予定ですか。**
1 今夜です。 　　　　　　　　　2 明日の朝です。
3 火曜日の午後です。 　　　　　4 火曜日の夜です。

- -

今夜，歴史のレポートを書き始める予定かと聞かれたB（少年）がI'll start it（＝my history report）tomorrow morning（明日の朝，始めるつもりだよ）と答えていることから，**2**が適切。

📖 WORDS & PHRASES

□ **start ～ing**――～し始める 　　□ **need to ～**――～する必要がある

No.12

A: I like your hat, Bob.
B: Thanks. My mom's friend gave it to me.
A: Really?
B: Yes. She bought it in Toronto.

Question **Who gave the hat to Bob?**

- -

A: あなたの帽子，いいですね，ボブ。
B: ありがとう。お母さんの友達がぼくにくれたんだよ。
A: 本当？
B: うん。彼女はそれをトロントで買ったんだ。

質問 **だれがその帽子をボブにあげましたか。**
1 ボブの父親です。 　　　　　　2 ボブの友達です。
3 ボブの母親です。 　　　　　　4 ボブの母親の友達です。

- -

A（女性）にかぶっている帽子をほめられたB（ボブ）が My mom's friend gave it（＝the hat）to me.（お母さんの友達がぼくにくれたんだよ。）と言っていることから，**4**が適切。

📖 WORDS&PHRASES
□ **really**―本当に　　□ **Toronto**―トロント（カナダの主要都市）

No.13

🔈 *A:* How was your trip to the mountains?
B: We couldn't ski. There wasn't enough snow.
A: Oh no! What did you do?
B: We went hiking.
Question **Why couldn't the man go skiing?**

- -

A: 山への旅行はどうでしたか。
B: 私たちはスキーができなかったんです。十分な雪がなかったんですよ。
A: なんてこと！　あなたがたは何をしたのですか。
B: 私たちはハイキングに行きました。
質問 **なぜ男性はスキーに行けなかったのですか。**
1　あまりに高価すぎました。
2　彼は山から遠くにいました。
3　彼はひどい頭痛がしました。
4　十分な雪がありませんでした。

- -

 旅行はどうだったかと聞かれたB（男性）が We couldn't ski.（私たちはスキーができなかったんです。）と言ったあとに，There wasn't enough snow.（十分な雪がなかったんですよ。）とその理由を続けているので，**4**が適切。

📖 WORDS&PHRASES
□ **trip**―旅行　　□ **enough**―十分な　　□ **Oh no!**―なんてことだ！

No.14

🔈 *A:* I didn't see you in the office last week.
B: I just got back from Japan, Alice.
A: Was it a business trip?
B: Yeah, but I did some sightseeing, too.
Question **What did the man do last week?**

- -

A: 先週，事務所であなたに会わなかったね。
B: ちょうど日本から戻ってきたところだよ，アリス。
A: 出張だったの？

B: そうだけど，観光もしたよ。

質問 **男性は先週，何をしましたか。**

1 彼は出張に行きました。

2 彼は日本語の教科書を買いました。

3 彼はアリスの家族を訪ねました。

4 彼は新しい事務所をさがしました。

 先週会わなかったB（男性）から，ちょうど日本から戻ってきたと言われたA（アリス）がWas it a business trip?（出張だったの？）とたずねたのに対し，BはYeah（そうだよ）と答えているので，1が適切。

📖 WORDS&PHRASES

☐ **get back**—戻る，帰る　☐ **business trip**—出張　☐ **sightseeing**—観光

No.15

🔊
A: Where's Sam?

B: He's still at his friend's house. I have to go and pick him up at six.

A: I'll make dinner, then.

B: Thanks, honey.

Question **What does the woman need to do?**

A: サムはどこにいるかな？

B: 彼はまだ友達の家にいるわ。6時に彼を車で迎えに行かなければならないの。

A: それじゃあ，ぼくが夕食を作るよ。

B: ありがとう，あなた。

質問 **女性は何をする必要がありますか。**

1 サムを迎えに行くことです。

2 家を掃除することです。

3 夕食を買うことです。

4 彼女の友達に電話することです。

 サムの居場所を聞かれたB（女性）がI have to go and pick him（＝Sam）up at six.（6時に彼を車で迎えに行かなければならないの。）と言っていることから，1が適切。

📖 WORDS&PHRASES

☐ **still**—まだ　☐ **pick ～ up**—～を車で迎えに行く

No.16

🔊
A: Excuse me.

B: Yes. May I help you?

A: Yes. Do you have any books about China?

B: We have one, but someone is borrowing it at the moment.

Question **Where are they talking?**

A: すみません。

B: はい。何かおさがしですか。

A: はい。中国についての本はありますか。

B: 1冊ありますが，今どなたかが借りていますね。

質問 彼らはどこで話をしていますか。

1 スーパーマーケットでです。　　　2 銀行でです。

3 図書館でです。　　　　　　　　　4 空港でです。

 中国についての本があるかをたずねたA（男性）に対してB（女性）がWe have one（＝a book about China），but someone is borrowing it at the moment. （1冊ありますが，今どなたかが借りていますね。）と答えていることから，図書館での会話と考えられるので，**3**が適切。

■■ WORDS&PHRASES

□ **May I help you?**―何かおさがしですか。　　□ **borrow**―～を借りる

No.17

🔊 *A:* Dad, can you get me some apples at the store? I need three.

B: Sure. Anything else?

A: Two bananas, please.

B: OK. I'll be back by 4:30.

Question **How many apples does the girl need?**

A: お父さん，お店でいくつかリンゴを買ってきてもらえる？　　3個必要なの。

B: もちろんだよ。ほかに何か買ってくるかい？

A: バナナを2本お願い。

B: わかったよ。4時30分までに帰るよ。

質問 少女は何個リンゴが必要ですか。

1 2個です。　　　　　　　　　　　2 3個です。

3 4個です。　　　　　　　　　　　4 5個です。

 A（少女）が最初にB（父親）にリンゴを買ってきてくれるように頼んだあとでI need three.（3個必要なの。）と言っていることから，**2**が適切。

■■ WORDS&PHRASES

□ **Anything else?**―ほかに何かありますか。　　□ **be back**―戻る，帰る

No.18

A: This math homework is hard.

B: Yeah. Shall we ask Mr. Kim about it this afternoon?

A: Let's ask Meg first. She's good at math.

B: OK.

Question   **What will they do first?**

A: この数学の宿題は難しい。

B: そうだね。今日の午後，それについてキム先生に質問しようか。

A: 最初にメグに質問しよう。彼女は数学が得意だからね。

B: そうだね。

質問   **彼らは最初に何をするでしょうか。**

1　キム先生にEメールを送ります。

2　数学のテストを受けます。

3　彼らの宿題についてメグに質問します。

4　彼らの教科書をさがします。

数学の宿題について，Mr. Kim に質問しようと提案したB（少年）に対して，A（少女）がLet's ask Meg first.（最初にメグに質問しよう。）と言い，Bが OK.（そうだね。）と応じていることから，3が適切。

📖 WORDS & PHRASES

□ **hard**—難しい　　□ **be good at 〜**—〜が得意である，上手である

No.19

A: How was the food at today's picnic?

B: Delicious, Mom. I liked the potato salad the best.

A: Were there any sandwiches?

B: Yes, and there was vegetable pizza, too.

Question   **What was the boy's favorite food at the picnic?**

A: 今日のピクニックの食べ物はどうだった？

B: とてもおいしかったよ，お母さん。ポテトサラダが一番好きだったな。

A: サンドイッチはあった？

B: うん，それと野菜のピザもあったよ。

質問   **ピクニックで少年の一番好きな食べ物は何でしたか。**

1　ピザです。　　　　　　　　　　2　サンドイッチです。

3　ポテトサラダです。　　　　　　4　野菜スープです。

ピクニックの食べ物について聞かれたB（少年）がI liked the potato salad

the best.（ポテトサラダが一番好きだったな。）と言っているので，**3**が適切。

No.20

A: Are you going to give Christmas cards to your friends this year?

B: Yes, Dad.

A: Shall I buy some for you at the bookstore?

B: No, I'm going to make them tonight.

Question　**What is the girl going to do tonight?**

- -

A: 今年は友達にクリスマスカードをあげる予定かい？

B: うん，お父さん。

A: 本屋さんで何枚か買ってあげようか。

B: ううん，今夜作る予定よ。

質問　**少女は今夜，何をする予定ですか。**

1　書店で働きます。

2　友達と買い物に行きます。

3　クリスマスプレゼントを買います。

4　カードを作ります。

- -

✓　A（父親）に今年はクリスマスカードを友達にあげるのかと聞かれたB（少女）が，I'm going to make them（＝Christmas cards）tonight.（今夜それらを作る予定よ。）と言っていることから，**4**が適切。

リスニングテスト第3部 （問題 p.085〜086）

No.21

🔊 Attention, shoppers. Today is the first day of our 10-day sale. Large chairs are only $25, and small ones are only $14. They've never been so cheap!

> Question **How much are small chairs today?**

お知らせいたします，お客様。本日は10日間のセールの初日です。大きないすはたった25ドルで，小さいものはたった14ドルです。今までこれほど安かったことはありません！

> 質問 今日，小さないすはいくらですか。

1　10ドルです。　　　　　　　　2　14ドルです。
3　25ドルです。　　　　　　　　4　40ドルです。

✍ small ones are only $14（小さいものはたった14ドルです）と言っており，onesはchairsを指すことから，**2**が適切。

📖 WORDS&PHRASES
□ **Attention, 〜.**—お知らせいたします。　　□ **never**—一度も〜ない

No.22

🔊 Kenji is from Japan, but now he lives in the United States. He studies English at a university there. In winter, he often visits Canada to go skiing.

> Question **Where does Kenji go to university?**

ケンジは日本出身ですが，今はアメリカに住んでいます。彼はそこの大学で英語を勉強しています。冬は，彼はスキーに行くためによくカナダを訪れます。

> 質問 ケンジはどこで大学に通っていますか。

1　カナダでです。　　　　　　　　2　アメリカでです。
3　日本でです。　　　　　　　　　4　イングランドでです。

✍ He studies English at a university there.（彼はそこの大学で英語を勉強しています。）と言っており，thereはin the United Statesを指すことから，**2**が適切。

📖 WORDS&PHRASES
□ **university**—大学　　□ **go skiing**—スキーに行く

No.23

🔊 There's a big park near my office. I go there after work every Wednesday and run for an hour. Sometimes my friends from work join me.

Question **What does the man do every Wednesday?**

私の会社の近くには大きな公園があります。私は毎週水曜日に仕事のあとにそこ
へ行き，1時間走ります。ときどき仕事の友人が私の仲間に加わります。

質問 その男性は毎週水曜日に何をしますか。

1 彼は公園で走ります。
2 彼は友人に電話します。
3 彼は遅くまで仕事をします。
4 彼は歩いて会社に行きます。

✒ I go there after work every Wednesday and run for an hour. (私は毎週水
曜日に仕事のあとにそこへ行き，1時間走ります。)と言っており，go there
は go to the big park ということなので，1が適切。

📖 WORDS&PHRASES
□ **office**―会社，事務所　　□ **join**―〜に加わる，参加する

No.24

🔊 Yesterday afternoon, Keith and his sister Julia were sitting on the beach.
Suddenly, a dolphin jumped out of the water. They were very excited and ran
home to tell their parents.

Question **Why were Keith and Julia excited?**

昨日の午後，キースと彼の姉[妹]のジュリアが海辺で座っていました。突然，イ
ルカが水中から跳び出しました。彼らはとても興奮して，両親に伝えるために走っ
て家に帰りました。

質問 なぜキースとジュリアは興奮したのですか。

1 水が温かかった。
2 彼らは有名な水泳の選手に会いました。
3 彼らはイルカを見ました。
4 彼らは新しいペットを買いました。

✒ Suddenly, a dolphin jumped out of the water. (突然，イルカが水中から跳
び出しました。)が興奮した理由だと考えられるので，3が適切。

📖 WORDS&PHRASES
□ **suddenly**―突然　　□ **dolphin**―イルカ　　□ **excited**―興奮した

No.25

🔊 I'm good at remembering people's faces, but I often forget their names. Now, when I meet people for the first time, I write their names in a small notebook. I hope it helps.

Question **What is the man's problem?**

私は人の顔を覚えるのは得意ですが，よく名前を忘れます。今は，初めて人に会うときに，小さなノートに彼らの名前を書きます。それが役に立つとよいのですが。

質問 **男性の問題は何ですか。**

1 彼はノートをなくしました。
2 彼は人の名前を忘れます。
3 彼のノートは小さすぎます。
4 彼は書くのが得意ではありません。

📝 人の顔を覚えるのが得意だと言ったあとにbutが続いていることに注目する。butのあとは対立する内容が続くため，I often forget their（＝people's）names（私はよく名前を忘れます）が問題点だとわかるので，2が適切。

📖 WORDS&PHRASES
□ **remember**――〜を覚えている　　□ **forget**――〜を忘れる　　□ **for the first time**――初めて

No.26

🔊 Pamela will go to Mexico in July. She'll buy her tickets this weekend because there will be a sale on tickets to Mexico then. She already has a passport, and she'll use her friend's suitcase.

Question **What will Pamela do this weekend?**

パメラは7月にメキシコに行きます。彼女は今週末にチケットを買います，なぜならそのときにメキシコ行きのチケットの安売りがあるからです。彼女はすでにパスポートを持っていて，友達のスーツケースを使う予定です。

質問 **今週末パメラは何をするでしょうか。**

1 チケットを数枚買います。　　　2 メキシコに行きます。
3 パスポートを手に入れます。　　4 スーツケースをきれいにします。

📝 She'll buy her tickets this weekend（彼女は今週末にチケットを買います）と言っており，SheはPamelaを指すことから，1が適切。

📖 WORDS&PHRASES
□ **because**――〜なので，なぜなら　　□ **sale**――安売り，セール　　□ **already**――すでに

No.27

John went camping last weekend. He took a warm blanket and a jacket, but he forgot to take a hat. Luckily, he could buy one at a store near the camping area.

| Question | **What did John forget to take?**

ジョンは先週末キャンプに行きました。彼は暖かい毛布と上着を持っていきましたが，帽子を持っていくのを忘れました。幸運にも，彼はキャンプ場の近くの店で帽子を買うことができました。

| 質問 | ジョンは何を持っていくのを忘れましたか。

1 テントです。
2 上着です。
3 帽子です。
4 毛布です。

✓ he (= John) forgot to take a hat (彼は帽子を持っていくのを忘れました)と言っているので，3が適切。

📖 WORDS&PHRASES
□ **go camping**― キャンプに行く   □ **forget to 〜**―〜するのを忘れる

No.28

I'm going to make curry and rice tonight. I'll go to the supermarket and get some meat this afternoon. I already have lots of vegetables, and I bought some rice yesterday.

| Question | **What will the man buy this afternoon?**

私は今夜カレーライスを作る予定です。今日の午後，スーパーマーケットに行き，肉を買うつもりです。すでに野菜はたくさんあり，昨日は米を買いました。

| 質問 | 今日の午後，男性は何を買うでしょうか。

1 米です。   2 カレーです。
3 肉です。   4 野菜です。

✓ I'll go to the supermarket and get some meat this afternoon. (今日の午後，スーパーマーケットに行き，肉を買うつもりです。)と言っているので，3が適切。

📖 WORDS&PHRASES
□ **be going to 〜**―〜する予定だ   □ **lots of 〜**―多くの〜

No.29

🔊 My best friend is Ken. I first met him at my brother's birthday party. They are in the same rock band. After I met Ken, I started listening to rock music, too.

Question **Where did the girl meet Ken?**

私の親友はケンです。私は兄[弟]の誕生日会で初めて彼に会いました。彼らは同じロックバンドに入っています。ケンに出会ってから，私もロックを聞き始めました。

質問 **少女はどこでケンに会いましたか。**

1 ロックのコンサートでです。　　2 楽器店でです。
3 彼女の兄[弟]の学校でです。　　4 誕生日会でです。

✎ I first met him at my brother's birthday party.（私は兄[弟]の誕生日会で初めて彼に会いました。）と言っており，him は Ken を指すことから，4 が適切。

📖 WORDS&PHRASES
□ **best friend**—親友　　□ **first**—初めて　　□ **the same**—同じ　　□ **after**—〜したあとに

No.30

🔊 Mark got up early twice this week. On Tuesday night, he couldn't do all of his homework, so he finished it early on Wednesday morning. And on Friday, he went for a walk before breakfast.

Question **When did Mark go for a walk?**

マークは今週，2回早く起きました。火曜日の夜，彼は宿題を全部はすることができなかったので，水曜日の早朝に終えました。そして金曜日，彼は朝食前に散歩に行きました。

質問 **マークはいつ散歩に行きましたか。**

1 火曜日の夜にです。　　　　　2 水曜日の朝にです。
3 木曜日の夜にです。　　　　　4 金曜日の朝にです。

✎ And on Friday, he went for a walk before breakfast.（そして金曜日，彼は朝食前に散歩に行きました。）と言っており，he は Mark を指すことから，4 が適切。

📖 WORDS&PHRASES
□ **could**—**can**（〜できる）の過去形　　□ **go for a walk**—散歩に行く

一次試験・筆記 [p.088 − p.096]

1
(1) 3	(2) 2	(3) 1	(4) 4	(5) 1	(6) 1	(7) 3	(8) 4
(9) 2	(10) 1	(11) 3	(12) 3	(13) 2	(14) 4	(15) 1	

2 (16) 4　(17) 3　(18) 2　(19) 1　(20) 4

3A (21) 2　(22) 4

3B (23) 3　(24) 2　(25) 1

3C (26) 1　(27) 4　(28) 1　(29) 3　(30) 1

4　（解答例1）
Yes, I do. I have two reasons. First, I like eating while I look at beautiful flowers. Second, food tastes better when I eat it outside on sunny days.

（解答例2）
No, I don't. First, there are many kinds of insects outside, so I can't relax and enjoy eating in parks. Also, it is difficult to bring food there.

一次試験・リスニング [p.097 − p.102]

第**1**部　[No.1] 1　[No.2] 1　[No.3] 3　[No.4] 3　[No.5] 1
　　　　[No.6] 1　[No.7] 2　[No.8] 2　[No.9] 2　[No.10] 1

第**2**部　[No.11] 1　[No.12] 1　[No.13] 2　[No.14] 4　[No.15] 2
　　　　[No.16] 3　[No.17] 3　[No.18] 4　[No.19] 4　[No.20] 4

第**3**部　[No.21] 3　[No.22] 2　[No.23] 3　[No.24] 1　[No.25] 4
　　　　[No.26] 2　[No.27] 4　[No.28] 2　[No.29] 1　[No.30] 3

(1)　校長はスピーチコンテストの入賞者に賞を与えました。
　　　1　デザイン　　2　間違い　　3　賞, 賞品　　4　首都

　　✓　the winners of the speech contest（スピーチコンテストの入賞者）にあげるものとしては，「賞」という意味の3が適切。

　　　📖 WORDS&PHRASES
　　　□ **principal**―校長　　□ **winner**―入賞者　　□ **speech contest**―スピーチコンテスト

(2)　*A*：すみません。ベイカーズタウンにはどのように行けばいいですか。
　　　B：10分ほどこの道をまっすぐ車で行ってください。
　　　1　突然　　2　まっすぐに　　3　永久に　　4　ついに

　　✓　空所の前後にある drive（車を運転して行く）と, down this road（この道路に沿って）とつながるものとしては，「まっすぐに」という意味の2が適切。

　　　📖 WORDS&PHRASES
　　　□ **get to 〜**―〜に到着する　　□ **road**―道路　　□ **about**―約

(3)　*A*：明日の夜は忙しい？
　　　B：うん。夜遅くまでピアノの練習をするつもりなの。日曜日にピアノのコンクールに参加するんだ。
　　　1　〜まで（ずっと）　　2　〜の上に　　3　〜について　　4　〜以来

　　✓　until［till］late at night で「夜遅くまで」という意味を表すので，1が適切。

　　　📖 WORDS&PHRASES
　　　□ **practice**―〜を練習する　　□ **take part in 〜**―〜に参加する
　　　□ **competition**―コンクール

(4)　カレンは今週末に仕事をしなければならないので，とても怒っています。彼女は日曜日にコンサートを見る予定がありました。
　　　1　役に立つ　　2　明るい　　3　きれいな　　4　怒った

　　✓　コンサートを見る予定があったカレンが週末に仕事をしなければならなくなってしまったときの気持ちを表す語としては，「怒った」という意味の4が適切。

　　　📖 WORDS&PHRASES
　　　□ **have[has] to 〜**―〜しなければならない　　□ **weekend**―週末

(5) **A:** お母さん，私はめがねが必要だと思う。黒板がはっきり見えないんだ。
B: わかったわ。来週，眼科の先生に診てもらいましょう。
1 はっきりと　　2 非常に　　3 静かに　　4 ゆっくり

📝 Aは前の文でめがねが必要だと言っており，めがねが必要な理由としては，黒板がよく見えないことだと考えられるので，「はっきりと」という意味の1が適切。

WORDS&PHRASES
□ **glasses** — めがね　　□ **blackboard** — 黒板　　□ **go to see a doctor** — 医者に診てもらう

(6) **A:** お会いできてうれしかったです。Eメールのアドレスをうかがってもよろしいですか。
B: もちろんです。私もちょうど同じことをたずねようとしていました。
1 アドレス　　2 海，大洋　　3 社会　　4 コート

📝 空所の直前のyour e-mailとのつながりを考えると，「アドレス」という意味の1が適切。Could I ~?は「~してもよろしいですか」と丁寧に許可を求めるときの表現。

WORDS&PHRASES
□ **It was nice to meet you.** — お会いできてうれしかったです。　　□ **just** — ちょうど

(7) **A:** 本屋さんで何か見つけたの？
B: うん，見つけたよ。音楽史についての本を買ったよ。
1 何も~ない　　2 だれも~ない　　3 何か　　4 ほかの

📝 選択肢から「何か，あるもの」を表す語が入ると推測できる。疑問文で「何か」という意味になる3が適切。

WORDS&PHRASES
□ **find** — ~を見つける　　□ **bookstore** — 書店　　□ **bought** — buy(~を買う)の過去形
□ **history** — 歴史

(8) 仕事のあと，雨が激しく降っていたので，ジャネットの友達は彼女を家まで車で送りました。
1 先端　　2 星　　3 眺め　　4 乗ること

📝 〈give + 人 + a ride〉で「(人)を車で送る」という意味を表すので，4が適切。

WORDS&PHRASES
□ **give ~ a ride** — (人)を車で送る　　□ **because** — ~なので　　□ **hard** — 激しく

(9) 学校の初日，体育館は多くの新入生と彼らの家族でいっぱいでした。

　　1　pull（～を引く）の過去分詞　　　2　fill（～をいっぱいにする）の過去分詞
　　3　order（～を注文する）の過去分詞　4　show（～を見せる）の過去分詞

　✔️　be filled with ～で「～でいっぱいである」という意味を表すので，2 が適切。

📖 WORDS&PHRASES

　□ first ― 最初の　　　□ gym ― 体育館

(10) A：昨夜きみに電話してみたんだよ。

　　　B：ごめんね，姉[妹]と電話で話をしていたんだ。

　　1　～で　　2　～のために　　3　～として　　4　～の

　✔️　talk on the phone で「電話で話す」という意味を表すので，1 が適切。

📖 WORDS&PHRASES

　□ try ～ing ―（試しに）～してみる　　□ call ― ～に電話する　　□ on the phone ― 電話で

(11) 小さな男の子は木に大きなクモを見たとき，大急ぎで母親のところに逃げました。

　　1　sit（座る）の過去形　　　　　　2　pick（～を選び取る）の過去形
　　3　run（走る）の過去形　　　　　　4　wash（～を洗う）の過去形

　✔️　run away で「逃げる」という意味を表すので，3 が適切。

📖 WORDS&PHRASES

　□ spider ― クモ　　　□ quickly ― 急いで，すばやく

(12) A：あなたとクリスはどのように出会ったのですか。

　　　B：私たちはカナダで一緒に育ったんです。実は，私たちは30年以上前に出会いました。

　　1　～へ　　2　～のあとに　　3　（in fact で）実は　　4　～の近くに

　✔️　in fact で「実は」という意味を表すので，3 が適切。

📖 WORDS&PHRASES

　□ grew ― grow（成長する）の過去形　　□ together ― 一緒に　　□ over ― ～より多い

(13) 私はこの野球のバットをプロ野球の選手にもらいました。

　　1　give の過去形　　　　　　　　　2　give の過去分詞
　　3　～を与える　　　　　　　　　　4　give の ing 形

　✔️　空所の直前に be 動詞の過去形の was があり，あとには行為者の by（～によっ

て)があることから，受け身(be動詞＋過去分詞)の文だとわかるので，過去分詞の2が適切。

📖 WORDS&PHRASES
　□ **by**―〜によって　　□ **professional**―プロの

(14)　*A:* 昨夜，最悪な映画をテレビで見たよ。すごく退屈だったよ。
　　　B: 私も同じ映画を見たと思う。
　　　1　ひどすぎる　　　　　　　2　**bad**(悪い)の比較級
　　　3　ひどく　　　　　　　　　4　**bad**(悪い)の最上級

- -

　✒️　空所の直前に**the**があることから，最上級がふさわしいと判断できるので，「最も悪い」という意味の4が適切。

📖 WORDS&PHRASES
　□ **movie**―映画　　□ **boring**―退屈な　　□ **the same**―同じ

(15)　*A:* リサ，また赤ちゃんが泣いているの？
　　　B: ええ，マット。なぜ寝ないのかわからないのよ。
　　　1　なぜ　　2　そのとき　　3　何を　　4　どちらを

- -

　✒️　I don't know why 〜 (私はなぜ〜かはわからない)とすると，あとの she won't go to sleep (彼女が寝ない)と意味がつながるので，「なぜ」という意味の1が適切。

📖 WORDS&PHRASES
　□**again**―また　　□**won't**―**will not**の短縮形　　□**go to sleep**―寝る

(16)　**男性**：以前イングランドに行ったことがありますか。
　　　女性：実は，私はそこで生まれました。私が8歳のとき，私の家族は日本に引っ越してきたんです。
　　　　　1　私には時間がありません。
　　　　　2　私には姉がいます。
　　　　　3　私の英語の先生に聞いてみますね。
　　　　　4　私はそこで生まれました。

　✓　男性からイングランドに行ったことがあるかをたずねられた女性の発言なので，イングランドについて答えている「私はそこで生まれました。」という意味の4が適切。there は in England を表す。

　📖 WORDS&PHRASES
　　□ **have been to ～**―～に行ったことがある　　□ **before**―以前に　　□ **actually**―実は，実際

(17)　**女性**：すみません。この地域にパン屋さんはありますか。
　　　男性：ごめんなさい，わかりません。私はここの出身ではないんですよ。
　　　　　1　気に入ってくれてうれしいです。
　　　　　2　とてもおいしいです。
　　　　　3　私はここの出身ではないんですよ。
　　　　　4　私の番でした。

　✓　女性からこの地域にパン屋さんがあるかをたずねられた男性が，Sorry, I don't know.（ごめんなさい，わかりません。）と答えていることから，続く文としてはその理由にあたる「私はここの出身ではありません。」という意味の3が適切。

　📖 WORDS&PHRASES
　　□ **bakery**―パン店　　□ **area**―地域，区域

(18)　**少女1**：日曜日，私と水族館に行かない？
　　　少女2：ぜひ行きたいわ。私，魚にすごく興味があるんだ。
　　　　　1　それは私のではないよ。
　　　　　2　ぜひ行きたいわ。
　　　　　3　今日はこれで終わりです。
　　　　　4　きっとうまくいくよ。

　✓　水族館に行くことを誘われた少女2が，空所の直後で I'm really interested in fish.（私，魚にすごく興味があるんだ。）と言っていることから，行きたいという意味にあたる2が適切。I'd love to のあとには go to the aquarium with you on Sundayが省略されている。

📖 WORDS&PHRASES
□ aquarium―水族館　　□ be interested in ～―～に興味がある　　□ really―本当に

(19)　*兄[弟]：* 図書館に行く準備はできてる？
　　　妹[姉]： ううん。お母さんからまずお皿を洗うように頼まれたの。先に行ってて。
　　　兄[弟]： わかったよ。向こうで会おう。

　　　　　1　先に行ってて。
　　　　　2　よくできたね。
　　　　　3　それを持っていていいよ。
　　　　　4　その本は読んだよ。

📝 兄[弟]から図書館に行く準備ができているかを聞かれている場面。空所のあ
　　とに兄[弟]がI'll see you there.（向こうで会おう。）と言っていることから，妹
　　[姉]は母親から頼まれた皿洗いをしてから図書館に行くと考えられるので，「先
　　に行ってください。」と相手を促している1が適切。

📖 WORDS&PHRASES
□ be ready to ～―～する準備ができている　　□ ask … to ～―…に～するよう頼む
□ wash the dishes―食器を洗う　　□ keep―～を持っている

(20)　*姉[妹]：* お母さんの誕生日にケーキを買おう。
　　　弟[兄]： もっといい考えがあるんだ。ケーキを作ろうよ！

　　　　　1　ぼくのパーティーだったんだよ。
　　　　　2　おいしいケーキ屋さんを知っているよ。
　　　　　3　彼女が間違えたんだ。
　　　　　4　もっといい考えがあるんだ。

📝 姉[妹]から母親の誕生日にケーキを買うことを提案された弟[兄]が，空所の直
　　後でLet's make one（＝a cake）!（ケーキを作ろうよ！）と別の提案をしている
　　ことから，「私にはもっといい考えがあります。」という意味の4が適切。

📖 WORDS&PHRASES
□ Let's ～.―～しましょう。　　□ better―good(よい)の比較級
□ make a mistake―間違える

本文の意味

レッドビル書店の新しいカフェ

11月1日から，レッドビル書店の新しいカフェで本が読めるようになります。_㉑カフェは2階の書店内にできます。ケーキと飲み物を楽しみにおいでください！

ケーキ
キャロットケーキ，ストロベリーケーキ，チョコレートケーキ
飲み物
コーヒー，紅茶，ソフトドリンク

_㉒本を2冊購入すると，無料でコーヒーか紅茶を1杯受け取れます！

私どもの書店には選べる本は3万冊以上あります。また，カレンダーや雑誌，新聞も販売しています。カフェは午前6時に開店しますので，仕事に行く前に新聞を読みにいらしてください。

(21) この掲示は何についてですか。
1 11月1日に閉店する書店。　　2 書店内に開店するカフェ。
3 カフェのオーナーが書いた本。　4 多くのレシピがのっている雑誌。

✔ 下線部㉑に The café will be inside the bookstore on the second floor.（カフェは2階の書店内にできます。）とあるので，2が適切。

(22) 2冊の本を買う人は…をもらいます。
1 無料の雑誌　　　　　　　　2 無料の新聞
3 無料のケーキ　　　　　　　4 無料の飲み物

✔ 下線部㉒に，If you buy two books, you'll receive a cup of coffee or tea for free!（本を2冊購入すると，無料でコーヒーか紅茶を1杯受け取れます！）とあるので，4が適切。

📖 WORDS&PHRASES

□ **inside**—〜の内部に　　□ **come and 〜**—〜しに来る　　□ **receive**—〜を受け取る
□ **a cup of 〜**—1杯の〜　　□ **for free**—無料で　　□ **more than 〜**—〜より多くの
□ **choose**—〜を選ぶ　　□ **sell**—〜を売る　　□ **calendar**—カレンダー
□ **magazine**—雑誌　　□ **newspaper**—新聞　　□ **notice**—掲示，はり紙
□ **written**—**write**（〜を書く）の過去分詞　　□ **owner**—オーナー，所有者
□ **recipe**—レシピ

本文の意味

1月3日

親愛なる　おばあちゃん,

　おばあちゃん，おじいちゃん，お元気ですか。2人とも元気で，暖かくして過ごしているといいな。今, 天候はとても寒いですね。今年のクリスマスは会えなくて寂しかったです。きれいなカードとお金を送ってくれてありがとう。㉓すてきな紙とペンを買うためにそのお金を使いました。それらを使うときはいつもあなたがたのことを思い出します。

　私はすばらしい冬休みを過ごしました。私の友達のミアのことを覚えていますか。おばあちゃんは去年彼女に会いましたね。ところで，冬休みの間，㉔私はミアと彼女の家族と一緒に山梨へスキーに行きました。私たちは大阪から山梨まで車で旅行しました。途中で名古屋に立ち寄りました。私たちはそこで名古屋城と鉄道博物館に行きました。夜は，ミアのお母さんが夕食に麺類を私たちに買ってくれました。私の食べた麺類には油でいためた牛肉が入っていました。とてもおいしかったです。

　私たちは名古屋に一晩滞在して，それから山梨に行きました。山梨での初日，ミアと彼女の妹と一緒にスキーのレッスンを受けました。私たちはたくさん転んだけれど，とても楽しかったです。旅行が終わるまでに，私はとても速くスキーで山を滑り降りることができました。私たちは山梨で大みそかを過ごし，1月1日にそこのお寺に行きました。

　クリスマスにおばあちゃんとおじいちゃんに会わなかったので，㉕夏には2人に会いに行けるといいな。会いに行けると思いますか。私は本当にそう願っています。

愛を込めて,
サラ

---

(23)　サラは祖父母からもらったお金をどのように使いましたか。
　　1　休暇に出かけるためにです。
　　2　クリスマスケーキを買うためにです。
　　3　紙とペンを買うためにです。
　　4　友達にプレゼントを買うためにです。

- -

　✓　下線部㉓に注目。I used the money to buy some nice paper and pens.（すてきな紙とペンを買うためにそのお金を使いました。）とあるので，3が適切。

(24) サラは山梨で何をしましたか。
1 彼女は城に行きました。
2 彼女はスキーをしに行きました。
3 彼女は麺類を食べました。
4 彼女は博物館に行きました。

✓ 下線部㉔に注目。I went skiing in Yamanashi **with Mia and her family**（私はミアと彼女の家族と一緒に山梨へスキーに行きました）とあることから，**2**が適切。第3段落の2文目，**On the first day** in Yamanashi, I took a skiing lesson … （山梨での初日，私はスキーのレッスンを受けました）からも，サラがスキーをしたことが読み取れる。

(25) サラは夏に何をしたいと思っていますか。
1 祖父母を訪ねます。　　　2 お寺に行きます。
3 アルバイトを見つけます。　4 山梨に帰ります。

✓ 下線部㉕に注目。I hope I can come and see you both in the summer（夏には2人に会いに行けるといいな）とあるので，**1**が適切。you both は直前の you（= Grandma）and Grandpaを指す。

📖 WORDS&PHRASES
□ **How are ～ doing?**──～はお元気ですか。　　□ **hope**──～を望む
□ **well**──体調がよい　　□ **warm**──暖かい　　□ **weather**──天気，天候　　□ **cold**──寒い
□ **miss**──～がいなくて寂しく思う　　□ **Thank you for ～ing.**──～してくれてありがとう。
□ **think of ～**──～を思い出す　　□ **great**──すばらしい　　□ **winter vacation**──冬休み
□ **remember**──～を覚えている　　□ **during**──～の間に　　□ **go skiing**──スキーに行く
□ **travel**──旅行する　　□ **from A to B**──AからBまで　　□ **on the way**──途中で
□ **castle**──城　　□ **noodles**──麺類　　□ **fried**──油でいためた　　□ **beef**──牛肉
□ **fell**──**fall**(落ちる)の過去形　　□ **fall over**──転ぶ
□ **by the end of ～**──～の終わりまでに　　□ **spent**──**spend**(～を過ごす)の過去形
□ **temple**──寺　　□ **grandparents**──祖父母

本文の意味

チャレンジャー海淵(かいえん)

　ほとんどの人々は世界で最も高い場所の名前を知っています。それはエベレスト山で，アジアのネパールとチベットの間にある山です。しかし，世界で最も低い場所を知っている人はあまり多くありません。そこはチャレンジャー海淵と呼ばれ，太平洋の海底にあります。₃₀チャレンジャー海淵は水深約1万984メートルです。₂₆マリアナ海溝と呼ばれる太平洋の一部で，日本の南方に位置しています。₂₇海洋のこの部分は長さが約2550キロメートル，幅が約69キロメートルあります。チャレンジャー海淵はマリアナ海溝の端，グアムと呼ばれる島の近くにあります。

　科学者たちはチャレンジャー海淵について多くのことは知りません。₂₈ほとんどの潜水艦にとっては，水圧があまりに高いので，そこに行くのは安全ではありません。昔，科学者たちは魚やほかの動物はそのような場所では生きることができないと考えていました。また，₃₀太陽からの光がなく，チャレンジャー海淵はとても冷たいです。たいてい摂氏1度から4度の間です。

　₂₉1960年，2人の人が初めてチャレンジャー海淵まで行きました。彼らは特別な潜水艦でそこまで行きました。この潜水艦は水圧の高い場所で移動することができました。その人たちは海底に到着するのに5時間かかりましたが，約20分間しかそこに滞在することができませんでした。そのとき，彼らは2種類の海の生き物を見ました。現在，科学者たちはそのような深い場所で動物が生きられることを知っています。

(26)　**マリアナ海溝はどこにありますか。**
　　1　太平洋にです。
　　2　グアム島にです。
　　3　ネパールとチベットの間にです。
　　4　日本の湖の底にです。

　📝　下線部㉖に in a part of the Pacific Ocean called the Mariana Trench（マリアナ海溝と呼ばれる太平洋の一部）とあるので，1が適切。

(27)　**マリアナ海溝はどれくらいの幅がありますか。**
　　1　約2550メートルです。
　　2　約1万984メートルです。
　　3　約20キロメートルです。
　　4　約69キロメートルです。

㉘ **なぜ人々にとってチャレンジャー海淵は危険なのですか。**
　1 水圧が非常に高いです。
　2 危険な動物や魚がそこにすんでいます。
　3 人の目には光があまりに明るすぎます。
　4 人には水があまりに熱すぎます。

☑ 下線部㉘に It isn't safe to go there (=to the Challenger Deep) because the water pressure is too high for most submarines. (ほとんどの潜水艦にとっては, 水圧があまりに高いので, そこに行くことは安全ではありません。) とあるので, 1が適切。

㉙ **1960年, 2人の人が…**
　1 特別な潜水艦をなくしました。
　2 海底の地図を描きました。
　3 チャレンジャー海淵に行きました。
　4 海中に山を見つけました。

☑ 下線部㉙に In 1960, two people traveled to the Challenger Deep for the first time. (1960年, 2人の人が初めてチャレンジャー海淵まで行きました。) とあるので, 3が適切。

㉚ **この話は何に関するものですか。**
　1 海洋の暗く非常に深い場所。
　2 潜水艦の歴史。
　3 特別でとてもおいしい種類の魚。
　4 アジアのハイキングに行く場所。

☑ 本文全体を通して, 世界で最も低い場所である the Challenger Deep (チャレンジャー海淵) について述べられている。下線部㉚に The Challenger Deep is about 10,984 meters deep in the ocean. (チャレンジャー海淵は水深約1万984メートルです。) や, there is no light from the sun (太陽からの光がない) と書かれていることから, 1が適切。

□ **most**—ほとんどの　　□ **Mount Everest**—エベレスト山　　□ **Nepal**—ネパール
□ **Tibet**—チベット　　□ **lowest**—**low**(低い)の最上級　　□ **bottom**—底
□ **south**—南　　□ **ocean**—海洋，海　　□ **call**—～と呼ぶ　　□ **kilometer**—キロメートル
□ **long**—長さが～で　　□ **wide**—幅が～で　　□ **near**—～の近くに　　□ **island**—島
□ **Guam**—グアム　　□ **scientist**—科学者　　□ **much**—多くのこと　　□ **safe**—安全な
□ **too**—あまりに～すぎる　　□ **high**—高い　　□ **in the past**—昔は
□ **thought**—**think**(～と思う)の過去形　　□ **other**—ほかの
□ **such a ～**—そのような～　　□ **light**—光　　□ **sun**—太陽　　□ **usually**—たいてい
□ **between A and B**—AとBの間(に)　　□ **for the first time**—初めて
□ **take**—(時間)がかかる　　□ **kind**—種類　　□ **dangerous**—危険な　　□ **dark**—暗い

ライティング

4

（問題 p.096）

質 問 の 意 味

あなたは公園で食事をすることが好きですか。

解 答 例 1

Yes, I do. I have two reasons. First, I like eating while I look at beautiful flowers. Second, food tastes better when I eat it outside on sunny days.　（29語）

解答例1の意味

はい，好きです。2つ理由があります。1つ目は，私はきれいな花を見ながら食べるのが好きです。2つ目は，晴れた日に外で食べ物を食べるとよりおいしく感じます。

� Do you like ～ing? という質問に対しては，まずYesかNoで答える。2文目でI have two reasons. と理由を2つ述べることを示したあとに，First, ～. で1つ目の理由を，Second, ～. で2つ目の理由を付け加えるとよい。〈taste＋形容詞〉で「～な味がする」という意味。

解 答 例 2

No, I don't. First, there are many kinds of insects outside, so I can't relax and enjoy eating in parks. Also, it is difficult to bring food there.　（28語）

解答例2の意味

いいえ，好きではありません。まず，外には多くの種類の虫がいるので，私は公園ではリラックスして食事を楽しむことができません。また，そこへ食べ物を持っていくことは大変です。

▪ YesかNoで答えたあと，2文目で，First, ～. と1つ目の理由を述べ，3文目で，Also, ～. と2つ目の理由を述べるとよい。soは「それで，だから」という意味で，理由・結果を表すときに使う。

リスニングテスト第1部 （問題 p.097 〜 098）

〈例題〉

A: I'm hungry, Annie.
B: Me, too. Let's make something.
A: How about pancakes?
  1 On the weekend.
  2 For my friends.
  3 That's a good idea.

「おなかがすいたよ，アニー。」
「私も。何か作りましょう。」
「パンケーキはどう？」
1「週末に。」
2「私の友達のためよ。」
3「それはいい考えね。」

No.1

A: I like the book you lent me.
B: Did you finish it?
A: No. Can I keep it longer?
  1 Sure. Give it back to me next week.
  2 Yes. I always study hard.
  3 OK. It was five dollars.

「きみが貸してくれた本，気に入ってるよ。」
「読み終わったの？」
「ううん。もっと借りていていい？」
1「もちろん。来週，私に返してね。」
2「ええ。いつも一生懸命勉強しているよ。」
3「いいよ。5ドルだったよ。」

No.2

A: How did you do on the science test?
B: I did well.
A: Did you study for a long time?
  1 For about five hours.
  2 It was difficult.
  3 Math is my favorite subject.

「理科のテストはどうだった？」
「よくできたよ。」
「長い時間勉強したの？」
1「だいたい5時間ね。」
2「難しかったわ。」
3「数学は私の大好きな科目なんだ。」

No.3

A: Excuse me.
B: Yes, ma'am?
A: Where are the lockers in this station?
  1 For 200 yen a day.
  2 To Kyoto and Osaka.
  3 Beside the ticket machines.

「すみません。」
「はい，お客様。」
「この駅でロッカーはどこにありますか。」
1「1日200円です。」
2「京都と大阪までです。」
3「券売機のそばです。」

◢ Where 〜?（どこに〜か？）は場所をたずねる疑問文。「券売機のそばです。」

とロッカーのある場所を答えている**3**が適切。

No.4

A: When did you get this computer, Grandpa?

B: In December.

A: Was it a Christmas present?

  1   No, I'm still learning.

  2   No, this one's fine.

  3   **No, I bought it myself.**

「いつこのコンピューターを手に入れたの，おじいちゃん？」

「12 月だよ。」

「クリスマスプレゼントだったの？」

  1 「いや，今でも勉強しているよ。」

  2 「いや，これでかまわないよ。」

  3 「いや，自分で買ったんだよ。」

No.5

A: Look at all these leaves.

B: Yeah. There are a lot.

A: I'll need another bag.

  1   **I'll get you one.**

  2   It was last weekend.

  3   You're welcome.

「これら全部の葉っぱを見て。」

「うん。たくさんあるね。」

「もう 1 枚袋が必要だわ。」

  1 「ぼくが 1 枚持ってくるよ。」

  2 「それは先週末だったんだ。」

  3 「どういたしまして。」

No.6

A: Has Grandma seen the photos from our trip yet?

B: No. Let's e-mail them to her.

A: I don't know how.

  1   **I'll show you.**

  2   It's over here.

  3   She has some.

「おばあちゃんはぼくたちの旅行の写真をもう見たの？」

「いいえ。おばあちゃんに写真を E メールで送りましょう。」

「どうやったらいいのかわからないよ。」

  1 「教えてあげるよ。」

  2 「こっちにあるよ。」

  3 「彼女が少し持ってるよ。」

 E メールでの写真の送り方がわからないと A は言っているので，やり方を教えると答えている**1**が適切。show は言葉で教えるだけでなく，「何かを見せながら教える」という意味でも使う。

No.7

A: I have to make a speech tomorrow.

B: Good luck.

A: I hope my classmates like it.

  1   I took one, too.

「明日，スピーチをしなければならないの。」

「がんばってね。」

「クラスメイトが気に入ってくれるといいな。」

  1 「私も 1 つ取ったよ。」

2　I'm sure they will.

3　You're very early.

2「きっと気に入ってくれるよ。」

3「とても早いね。」

No.8

A : Can I help you, ma'am?

B : Yes.　Do you sell badminton rackets?

A : Sorry.　We don't.
　1　Yes, I'm on the team.

　2　OK, thanks anyway.

　3　Well, I'll think about it.

「何かお手伝いいたしましょうか，お客様。」

「はい。バドミントンのラケットは売っていますか。」

「すみません。扱っておりません。」
　1「はい，私はそのチームに入っています。」

　2「わかりました，とにかくありがとう。」

　3「ええと，それについて考えてみます。」

買い物の場面。Ｂが買いたい商品はなかったが，対応してくれたＡ（店員）に対してお礼を言っている**2**が適切。**Thanks anyway.** は「とにかくありがとう。」という意味。

No.9

A : I'm going ice-skating on Saturday.
B : Great.
A : Do you want to go with me?
　1　I like your jacket.
　2　Sorry, but I'm busy then.
　3　I don't have any.

「土曜日にスケートをしに行く予定なの。」
「いいね。」
「私と一緒に行かない？」
　1「きみのジャケットいいね。」
　2「ごめん，その日は忙しいんだよ。」
　3「1つも持ってないんだ。」

No.10

A : We missed the train!
B : Don't worry about it.
A : When's the next one?
　1　It'll arrive in 10 minutes.
　2　I lost my ticket.
　3　I went by bus.

「電車に乗り遅れちゃったよ！」
「心配しないで。」
「次の電車はいつかな？」
　1「10分後に到着するよ。」
　2「切符をなくしちゃったよ。」
　3「バスで行ったんだ。」

When's(When is) ～?（～はいつですか。）は，時をたずねる疑問文。「10分後に」と電車が到着するまでの時間を答えている**1**が適切。

No.11

A: Do you want to go to a movie?
B: Sure, Mom. Can we eat lunch first? I'm hungry.
A: OK. I'll make sandwiches.
B: Great.

Question　**What is the boy's mother going to do now?**

A: 映画に行かない？
B: うん，お母さん。まず，お昼を食べない？　ぼく，おなかがすいてるんだ。
A: いいわよ。サンドイッチを作るわね。
B: いいね。

質問　**少年の母親は今，何をしようとしていますか。**

1　昼食を作ります。　　　　　　　2　レストランで食事をします。
3　映画に行きます。　　　　　　　4　サンドイッチを買います。

　B（息子）から，まずはお昼を食べようと提案されたA（母親）が，OK. I'll make sandwiches.（いいわよ。サンドイッチを作るわね。）と答えているので，1が適切。

📖 WORDS&PHRASES

□ **go to a movie**—映画に行く　　□ **hungry**—空腹の　　□ **sandwich**—サンドイッチ

No.12

A: Excuse me. Is that your dog?
B: Yes.
A: Sorry, but you can't bring dogs into this park.
B: Oh, I didn't know that. I'll get him and leave right away.

Question　**What will the woman do next?**

A: すみません。あれはあなたの犬ですか。
B: そうです。
A: 申し訳ありませんが，この公園には犬を連れてくることはできません。
B: あら，知らなかったわ。彼を連れてすぐに出ますね。

質問　**女性は次に何をするでしょうか。**

1　自分の犬と公園を出ます。
2　男性の犬をさがします。
3　男性に公園を案内します。

4 新しいペットを買います。

 B（女性）が最後の発言でI'll get him and leave right away.（彼を連れてすぐに出ますね。）と言っているので、1 が適切。him は B の犬を指している。

📖 WORDS&PHRASES

□ **bring**—～を連れてくる　　□ **leave**—去る，出る

No.13

🔊
A: When does the next bus to Madison leave?

B: In five minutes. The one after that comes in two hours.

A: OK. Three tickets for the next bus, please.

B: That'll be $12.

Question **How many tickets does the woman want to buy?**

A: マディソンへ行く次のバスはいつ出発しますか。

B: 5分後です。そのあとのバスは2時間後に来ます。

A: わかりました。次のバスのチケットを3枚ください。

B: 12ドルになります。

質問 **女性は何枚のチケットを買いたいのですか。**

1　2枚です。　　2　3枚です。　　3　5枚です。　　4　12枚です。

 A（女性）が2番目の発言でThree tickets for the next bus, please.（次のバスのチケットを3枚ください。）と言っているので、2 が適切。

📖 WORDS&PHRASES

□ **in ～ minute(s)**—～分後に　　□ **hour**—時間，1時間

No.14

🔊
A: Have you ever been to Hokkaido?

B: Yes. My sister and I went there last year to visit our aunt.

A: Did you go hiking or skiing?

B: No, we didn't have time.

Question **Why did the boy go to Hokkaido last year?**

A: 今までに北海道に行ったことはある？

B: うん。去年おばを訪ねるために姉［妹］とぼくはそこへ行ったよ。

A: ハイキングかスキーには行ったの？

B: ううん，時間がなかったんだよ。

質問 **なぜ少年は去年，北海道に行ったのですか。**

1　スキーに行くためです。　　　　2　ハイキングに行くためです。

3 彼の姉[妹]に会うためです。　　4 彼のおばに会うためです。

 B（少年）が最初の発言で My sister and I went there (= to Hokkaido) last year to visit our aunt. (去年おばを訪ねるために姉[妹]とぼくはそこへ行ったよ。)と言っているので，4が適切。

No.15

🔊
A: When does band practice start on Saturday? At 9:30?
B: At nine. My dad's driving me. Do you want to ride with us?
A: Yes, please.
B: OK. We'll pick you up at 8:30.

Question **What time will they meet on Saturday?**

A: 土曜日，バンドの練習はいつ始まるの？　　9時30分？
B: 9時だよ。お父さんが私を車で送ってくれるんだ。一緒に乗っていかない？
A: うん，お願い。
B: わかったわ。8時30分に迎えにいくね。

質問 **土曜日，彼らは何時に会うでしょうか。**
1　8時にです。　　　　　　　　　2　8時30分にです。
3　9時にです。　　　　　　　　　4　9時30分にです。

 Bが最後の発言で We'll pick you up at 8:30. (〈あなたを〉8時30分に迎えにいくね。)と言っているので，2が適切。

No.16

🔊
A: Did you give Ms. Clark your social studies report?
B: Yes, Dad.
A: Good. Do you have any homework tonight?
B: I need to draw a picture of a flower for art class.

Question **What does the girl have to do tonight?**

A: クラーク先生に社会科のレポートを出したかい？
B: うん，お父さん。
A: よろしい。今夜は宿題はあるのかな？

B: 美術の授業のために花の絵をかく必要があるんだ。

質問 **今夜，少女は何をしなければなりませんか。**

1　レポートを書くことです。　　　2　社会科の勉強をすることです。

3　絵をかくことです。　　　　　　4　花を買うことです。

✓　A（父親）から今夜は宿題があるのかと聞かれたB（少女）がI need to draw a picture of a flower for art class.（美術の授業のために花の絵をかく必要があるんだ。）と言っているので，**3**が適切。

📖 WORDS&PHRASES

□ **social studies**—社会科　　□ **need to 〜**—〜する必要がある

No.17

🔊
A: We need some drinks for tomorrow night's party.

B: I've already bought some juice.

A: Really?

B: Yeah.　I got some this morning.　I'll buy some cola this afternoon.

Question　**When did the woman buy some juice?**

A: 明日の夜のパーティーのために飲み物が必要だね。

B: もうジュースを買ったわ。

A: 本当？

B: ええ。今朝買ったの。今日の午後にはコーラを買うつもりよ。

質問 **女性はいつジュースを買いましたか。**

1　昨日の朝です。　　　　　　　　2　昨晩です。

3　今朝です。　　　　　　　　　　4　今日の午後です。

✓　B（女性）が最初の発言でI've already bought some juice.（もうジュースを買ったわ。）と言ったあとに，2番目の発言でI got some this morning.（今朝買ったの。）と言っているので，**3**が適切。someはsome juiceのこと。

📖 WORDS&PHRASES

□ **already**—すでに，もう　　□ **bought**—buy（〜を買う）の過去形・過去分詞

No.18

🔊
A: How was your weekend?

B: Good.　I went to the mall on Saturday.

A: Great.

B: Yesterday, I took some photos of trees at the park.

Question　**Where did the boy go yesterday?**

A: 週末はどうだった？

B: よかったよ。土曜日にショッピングモールに行ったんだ。

A: いいね。

B: 昨日は公園で木の写真を撮ったよ。

質問 **昨日，少年はどこへ行きましたか。**

1 ショッピングモールへです。　　2 少女の家へです。

3 園芸店へです。　　　　　　　　4 公園へです。

📝 A（少女）から週末はどうだったかを聞かれたB（少年）が，2番目の発言で Yesterday, I took some photos of trees at the park. (昨日は公園で木の写真を撮ったよ。）と言っているので，4が適切。

📖 WORDS&PHRASES
□ **weekend**—週末　　□ **mall**—ショッピングモール　　□ **photo**—写真

No.19

A: Are you taller than your father, Jason?

B: Yes, Grandma. He's 170 centimeters, and I'm 175 centimeters.

A: I'm only 160 centimeters.

B: You're taller than Mom.

Question **How tall is Jason?**

A: あなたはお父さんより背が高いの，ジェイソン？

B: うん，おばあちゃん。お父さんは170センチで，ぼくは175センチだよ。

A: 私は160センチしかないわ。

B: おばあちゃんはお母さんより背が高いよ。

質問 **ジェイソンの身長はどれくらいですか。**

1 160センチメートルです。　　　2 165センチメートルです。

3 170センチメートルです。　　　4 175センチメートルです。

📝 B（ジェイソン）が最初の発言で，I'm 175 centimeters (ぼくは175センチだよ）と言っているので，4が適切。1は祖母，3は父親の身長。

📖 WORDS&PHRASES
□ **taller**—**tall**（背が高い）の比較級　　□ **centimeter**—センチメートル

No.20

A: You can speak French well, Olivia.

B: Thanks, Ben.

A: Were you born in France?

B: No, but my older brother was.

A: フランス語が上手に話せるんだね，オリビア。
B: ありがとう，ベン。
A: きみはフランスで生まれたの？
B: いいえ，でも私の兄はそうだよ。

質問 **だれがフランスで生まれましたか。**

1 ベンです。 　　　　　　　　2 ベンの兄[弟]です。
3 オリビアです。 　　　　　　4 **オリビアの兄です。**

✓ 最初のやり取りからAがベン，Bがオリビアであることがわかる。フランスで生まれたのかと聞かれたB（オリビア）がNo, but my older brother was.（いいえ，でも私の兄はそうだよ〈＝フランスで生まれた〉。）と言っているので，4が適切。wasのあとにはborn in Franceが省略されている。

📖 WORDS&PHRASES

□ **French**—フランス語　　□ **be born**—生まれる　　□ **France**—フランス

リスニングテスト第3部

(問題　p.101 〜 102)

No.21

I can't swim at all, so I decided to take lessons. In the future, I want to take my son to Hawaii and swim with him in the sea. He loves swimming.

Question　**What did the woman decide to do?**

私はまったく泳ぐことができないので，レッスンを受ける決心をしました。将来，私は息子をハワイに連れていき，彼と一緒に海で泳ぎたいと思っています。彼は泳ぐことが大好きです。

質問 **女性は何をする決心をしましたか。**
1　海のそばに家を買うことです。
2　ハワイに引っ越すことです。
3　水泳のレッスンを受けることです。
4　息子に泳ぎ方を教えることです。

最初に，I can't swim at all, so I decided to take lessons.（私はまったく泳ぐことができないので，レッスンを受ける決心をしました。）と言っており，女性は泳げるようになるためのレッスンを受けると考えられるので，3が適切。

📖 WORDS&PHRASES
□ **not 〜 at all**—まったく〜ない　　□ **decide to 〜**—〜する決心をする
□ **take**—（授業など）を受ける，（人を）〜に連れていく　　□ **in the future**—将来（は）

No.22

Last night, I had a party in my apartment. After the party, I cleaned my living room, but I was too tired to wash the dishes. I have to do that this morning.

Question　**What does the man need to do this morning?**

昨夜，私は自分のアパートでパーティーをしました。パーティーのあと，リビングルームを掃除しましたが，あまりに疲れていたので皿を洗うことができませんでした。今朝それをしなければなりません。

質問 **今朝，男性は何をしなければいけませんか。**
1　リビングルームを掃除することです。
2　皿を洗うことです。
3　パーティーのための食べ物を買うことです。
4　新しいアパートをさがすことです。

最後に，I have to do that this morning.（今朝それをしなければなりません。）

と言っているが，do that は wash the dishes（皿を洗う）を指しているので，
2が適切。

No.23

🔈 Yesterday, my school had a speech contest. My friends' speeches were really good. Jenny's and Sara's speeches were both about their hobbies. Donna's was about her mother. It was my favorite one.

Question **Whose speech did the boy like the best?**

- -

昨日，ぼくの学校ではスピーチコンテストがありました。友達のスピーチはとても
もよかったです。ジェニーとサラのスピーチは両方とも彼女たちの趣味について
でした。ドナのスピーチは彼女の母親についてでした。それがぼくの一番好きな
スピーチでした。

質問 **少年はだれのスピーチが一番気に入りましたか。**

1 ジェニーのです。　　　　　　　2 サラのです。

3 ドナのです。　　　　　　　　　4 彼の母親のです。

- -

✔️ 最後で It was my favorite one.（それがぼくの一番好きなスピーチでした。）
と言っているが，It は直前の文の Donna's を，one は speech を指している
ので，3が適切。

No.24

🔈 Paul went to the library to study after school today. When he got home, his mother was angry. She said he should always call her if he goes somewhere after school.

Question **Why was Paul's mother angry?**

- -

ポールは今日の放課後，勉強するために図書館に行きました。家に帰ると，母親
が怒っていました。彼女は，もし彼が放課後どこかに行くなら，必ず自分に電話
をすべきだと言いました。

質問 **なぜポールの母親は怒っていたのですか。**

1 ポールは彼女に電話をしませんでした。

2 ポールは一生懸命に勉強しませんでした。

3 ポールは図書館のカードをなくしました。

4 ポールは学校に遅刻しました。

No.25

Greg's favorite holiday is Christmas. This year, he got a bicycle, and his sister Peggy got a dress. Greg's mother gave his father a new computer. He was very happy.

Question　**Who got a computer for Christmas?**

グレッグの大好きな休日はクリスマスです。今年，彼は自転車をもらい，姉[妹]のペギーはドレスをもらいました。グレッグの母親はグレッグの父親に新しいコンピューターをあげました。彼はとても喜びました。

質問　**だれがクリスマスにコンピューターをもらいましたか。**

1　グレッグです。　　　　　　　2　グレッグの姉[妹]です。
3　グレッグの母親です。　　　　4　グレッグの父親です。

> Greg's mother gave his father a new computer.（グレッグの母親は彼の父親に新しいコンピューターをあげました。）と言っていることから，**4** が適切。

📖 WORDS&PHRASES

□ **holiday** — 休日　　□ **bicycle** — 自転車　　□ **dress** — ドレス

No.26

I played rugby this afternoon, and now my leg hurts. My mom will take me to the doctor tomorrow morning. My next rugby game is on Saturday. I hope I can play.

Question　**When will the boy go to the doctor?**

ぼくは今日の午後ラグビーをして，今は脚が痛みます。明日の朝，お母さんがぼくをお医者さんに連れていってくれます。ぼくの次のラグビーの試合は土曜日です。ぼくはプレーできることを願っています。

質問　**いつ少年はお医者さんに行きますか。**

1　今日の午後です。　　　　　　2　明日の朝です。
3　明日の午後です。　　　　　　4　次の土曜日です。

✒️ My mom will take me to the doctor tomorrow morning. (明日の朝，お母さんがぼくをお医者さんに連れていってくれます。)と言っているので，2が適切。

📖 WORDS&PHRASES
□ **rugby**─ラグビー　　□ **hurt**─痛む

No.27

🔊 My mom loves vegetables. She loves eating potatoes and lettuce, and she grows onions in our garden. I think carrots are delicious, but I don't like other kinds of vegetables.

Question **What vegetable does the girl like?**

私のお母さんは野菜が大好きです。彼女はジャガイモとレタスを食べるのが大好きで，庭でタマネギを育てています。私はニンジンはとてもおいしいと思いますが，ほかの種類の野菜は好きではありません。

質問 **少女はどんな野菜が好きですか。**

1　ジャガイモです。　　　　　　　2　レタスです。
3　タマネギです。　　　　　　　　4　ニンジンです。

✒️ 最後に，I think carrots are delicious, but I don't like other kinds of vegetables. (私はニンジンはとてもおいしいと思いますが，ほかの種類の野菜は好きではありません。)と言っているので，4が適切。

📖 WORDS&PHRASES
□ **vegetable**─野菜　　□ **potato**─ジャガイモ　　□ **lettuce**─レタス
□ **grow**─〜を育てる　　□ **onion**─タマネギ　　□ **carrot**─ニンジン　　□ **other**─ほかの

No.28

🔊 I love art. I draw pictures every day, and I take an art class every Monday. I also take my two daughters to an art museum once a month.

Question **How often does the woman take an art class?**

私は美術が大好きです。私は毎日絵をかき，毎週月曜日に美術の授業を受けています。私はまた月に1回，2人の娘を美術館に連れていきます。

質問 **女性はどれくらいの頻度で美術の授業を受けていますか。**

1　毎日です。　　　　　　　　　　2　週に1回です。
3　週に2回です。　　　　　　　　4　月に1回です。

✒️ I take an art class every Monday (私は毎週月曜日に美術の授業を受けています)と言っているので，2が適切。

No.29

🔊

Henry always gives his family books for Christmas.　Last year, he got a book about gardening for his wife and one about animals for his daughter.　This year, he'll give them books about traveling.

Question **What did Henry give his daughter for Christmas last year?**

- -

ヘンリーはいつもクリスマスに家族に本をあげます。去年,彼は妻にガーデニングについての本を,娘には動物についての本を買いました。今年は,彼女たちに旅行についての本をあげる予定です。

質問 **去年クリスマスにヘンリーは娘に何をあげましたか。**

1　動物についての本です。　　　　2　ガーデニングについての本です。
3　旅行についての本です。　　　　4　クリスマスについての本です。

- -

✔️　Last year, he(＝Henry) got a book about gardening for his wife and one (＝a book) about animals for his daughter.(去年,彼は妻にガーデニングについての本を,娘には動物についての本を買いました。)と言っているので,
1が適切。

No.30

🔊

Welcome to Dirkby Department Store.　Today, we have some special events.　There will be a piano concert at two on the fourth floor.　And on the fifth floor, we have a sale on clothes.

Question **Where will the piano concert be held?**

- -

ダークビーデパートへようこそ。本日,いくつかの特別なイベントがあります。4階で2時からピアノのコンサートがあります。そして5階では,衣料品のセールがあります。

質問 **ピアノのコンサートはどこで開催されますか。**

1　2階でです。　　　2　3階でです。　　　3　4階でです。　　　4　5階でです。

- -

✔️　There will be a piano concert at two on the fourth floor.(4階で2時からピアノのコンサートがあります。)と言っているので,**3**が適切。

英検 **3** 級

一次試験・筆記 [p.104 − p.112]

1 (1) **3** (2) **1** (3) **2** (4) **3** (5) **4** (6) **1** (7) **4** (8) **2**

(9) **3** (10) **1** (11) **4** (12) **2** (13) **2** (14) **3** (15) **4**

2 (16) **2** (17) **3** (18) **2** (19) **2** (20) **3**

3A (21) **1** (22) **3**

3B (23) **1** (24) **3** (25) **2**

3C (26) **4** (27) **3** (28) **2** (29) **1** (30) **1**

4 （解答例1）

I like to watch TV on Sunday mornings. First, there are interesting TV programs on Sunday mornings. Second, I can enjoy watching TV with my friends because we don't have club activities on Sunday mornings.

（解答例2）

I like to take a walk in the park on Sunday mornings. It is because getting up early and walking is good for my health. Also, I can enjoy many kinds of flowers and trees.

一次試験・リスニング [p.113 − p.118]

第1部 [No.1] **2** [No.2] **2** [No.3] **1** [No.4] **2** [No.5] **3**

[No.6] **1** [No.7] **2** [No.8] **1** [No.9] **3** [No.10] **1**

第2部 [No.11] **3** [No.12] **2** [No.13] **3** [No.14] **2** [No.15] **4**

[No.16] **4** [No.17] **1** [No.18] **2** [No.19] **1** [No.20] **3**

第3部 [No.21] **2** [No.22] **3** [No.23] **1** [No.24] **3** [No.25] **3**

[No.26] **2** [No.27] **4** [No.28] **1** [No.29] **3** [No.30] **4**

(1)　*A*：もうお母さんの誕生日プレゼントを包んだの？
　　　B：いいえ，今夜やるつもりだよ。
　　　1　contact（〜と連絡をとる）の過去分詞　　　2　invite（〜を招待する）の過去分詞
　　　3　wrap（〜を包む）の過去分詞　　　　　　　　4　climb（〜に登る）の過去分詞

　　　☑　空所の直後にある Mom's birthday present（お母さんの誕生日プレゼント）と
　　　　　のつながりを考えると，「〜を包む」という意味の3が適切。
　　　📖 WORDS&PHRASES
　　　　□ **yet** —（疑問文で）もう　　□ **tonight** — 今夜　　□ **invite** — 〜を招待する

(2)　この前の金曜日，私たちはチームの新メンバーを歓迎する特別な昼食をとりました。
　　　彼はその会社で働き始めたばかりです。
　　　1　特別な　　2　深い　　3　弱い　　4　低い

　　　☑　空所の直後にあるlunch（昼食）を説明する形容詞としては，「特別な」という
　　　　　意味の1が適切。have a 〜 lunch で「〜な昼食をとる」という意味。
　　　📖 WORDS&PHRASES
　　　　□ **welcome** — 〜を歓迎する　　□ **start 〜ing** — 〜し始める

(3)　*A*：もうお皿を洗いましたか。
　　　B：はい，もう洗って，台所の床も掃除しましたよ。
　　　1　まもなく　　2　もう，すでに　　3　外に　　4　〜前に

　　　☑　Aからお皿を洗ったかと聞かれたBが答えている場面。andのあとで台所の床
　　　　　も掃除したと言っていることから，お皿は洗い終わったと考えられるので，「も
　　　　　う，すでに」という意味の2が適切。
　　　📖 WORDS&PHRASES
　　　　□ **dish** — お皿　　□ **floor** — 床　　□ **soon** — まもなく　　□ **already** — もう，すでに

(4)　明日，私たちは子ども向けの動物園に行く予定です。彼らはそこでいくつかの動物
　　　にふれることができます。
　　　1　〜を建てる　　2　〜を閉じる　　3　〜にふれる　　4　叫ぶ

　　　☑　空所の直後の some of the animals（いくつかの動物）とのつながりを考えると，
　　　　　「〜にふれる」という意味の3が適切。
　　　📖 WORDS&PHRASES
　　　　□ **zoo** — 動物園　　□ **animal** — 動物　　□ **there** — そこで　　□ **build** — 〜を建てる

(5) **毎日約30分間走るのが好きな人がいます。なぜならそれが健康によいと思っているからです。**

1 恐れて　　2 高価な　　3 混雑した　　4 健康によい

✔️ 空所の前にある**it**は to run for about 30 minutes every day（毎日約30分間走ること）を表し，それに続く形容詞としては「健康によい」という意味の**4**が適切。

📖 WORDS&PHRASES
□ **about**―約　　□ **minute**―（時間の）分　　□ **because**―～なので　　□ **afraid**―恐れて

(6) **私の友達のピーターは賢いです。彼は数学のテストでいつもよい点数を取ります。**

1 賢い　　2 天気のよい　　3 明白な　　4 早い

✔️ 空所には友達のピーターを説明する形容詞が入るが，次の文で，数学のテストでいつもよい点数を取ると言っていることから，「賢い」という意味の**1**が適切。

📖 WORDS&PHRASES
□ **always**―いつも　　□ **score**―点数　　□ **math**―数学　　□ **clever**―賢い

(7) **この漫画本はおもしろいです。私は読んでいるときにたくさん笑いました。**

1 drive（～を運転する）の過去形　　2 borrow（～を借りる）の過去形
3 hear（～を聞く）の過去形　　4 laugh（笑う）の過去形

✔️ 1文目でこの漫画本はおもしろいと言っていることから，そこから考えられる動作は「笑う」なので，**4**が適切。

📖 WORDS&PHRASES
□ **comic book**―漫画本　　□ **funny**―おもしろい　　□ **a lot**―たくさん

(8) **ケイタはカナダに引っ越したとき，あまり英語を話すことができませんでした。しかし今，彼はとても上手に話します。**

1 欠席で　　　　　　　　　　2 （be able to ～で）～することができる
3 怒った　　　　　　　　　　4 別の

✔️ 〈be able to ＋動詞の原形〉で「～することができる」という意味なので，**2**が適切。

📖 WORDS&PHRASES
□ **move to ～**―～に引っ越す　　□ **absent**―欠席で　　□ **angry**―怒った

(9) トムの母親は彼にメッセージを残しました。彼女は彼に夕食の前に犬の散歩をする
ように言いました。
1 meet（～に会う）の過去形　　　　2 close（～を閉める）の過去形
3 leave（～を残す）の過去形　　　　4 hold（～を手に持つ）の過去形

- -

☑ leave a messageで「メッセージを残す」という意味を表すので，3が適切。

📖 WORDS&PHRASES
□ tell＋人＋to＋動詞の原形—（人）に～するように言う　　□ walk a dog—犬の散歩をする

(10) A：あなたがこのヨーグルトを作ったの，おばあちゃん？
B：そうよ，簡単よ。牛乳からできているのよ。
1 ～から　　2 ～の下に　　3 ～の前に　　4 ～の上に

- -

☑ be made from ～で「（原料）からできている」という意味を表すので，1が適切。

📖 WORDS&PHRASES
□ yogurt—ヨーグルト　　□ grandma—おばあちゃん　　□ easy—簡単な

(11) ミホはいつも家から昼食を持ってくるので，昼食にあまりお金を使いません。
1 ～を捕まえる　　2 滞在する　　3 ～を知っている　　4 ～を使う

- -

☑ 〈spend＋お金＋on ～〉で「～に（お金）を使う」という意味を表すので，4が
適切。

📖 WORDS&PHRASES
□ bring—～を持ってくる　　□ home—家　　□ catch—～を捕まえる

(12) 昨日，マークは病気で寝ていたので，今日は仕事に行きませんでした。
1 ～の上の方に　　2 ～の中に　　3 ～を横切って　　4 ～の上に

- -

☑ be sick in bedで「病気で寝ている」という意味を表すので，2が適切。

📖 WORDS&PHRASES
□ be sick in bed—病気で寝ている　　□ go to work—仕事に行く　　□ today—今日（は）

(13) A：あなたは本当にすてきな家を持っていますね，ボブ。
B：ありがとう。それは祖父によって建てられました。
1 ～を建てる　　　　　　　　2 buildの過去分詞
3 ～を建てること　　　　　　4 buildのing形

- -

☑ 空所の直前にbe動詞のwas，直後にby ～（～によって）があることから，受動

態（be動詞＋過去分詞）の文だとわかるので，2が適切。

(14) 私たちの学校はペットボトルを集めるイベントを計画しています。地元の芸術家が
それらを再生利用して芸術作品にする予定です。
1 recycle（～を再生利用する）の３人称単数現在形
2 recycleの過去形・過去分詞
3 ～を再生利用する
4 recycleのing形

✍ 助動詞willのあとの動詞は原形にするので，3が適切。〈recycle A into B〉で「A
を再生利用してBにする」という意味。

(15) A： 空港行きの次のバスがいつ出るかわかりますか。
B： はい。15分後です。
1 どちら[の]　　2 だれ[が]　　3 どこに[へ]　　4 いつ

✍ BがIn 15 minutes.（15分後です。）と答えていることから，時に関して質問し
たと考えられるので，「いつ」という意味の4が適切。

⒃　**父：宿題は終わったの？**

　　娘：いいえ，まだなの。夕食後に終わらせるつもりよ。

　　　　1　そんなに悪くないわ。

　　　　2　まだなの。

　　　　3　とてもおなかがいっぱいよ。

　　　　4　私はここの出身よ。

✓　父親から宿題が終わったかと聞かれた娘の返答。空所の直前にNoがあることから，宿題はまだ終わっていないことがわかるので，**2**が適切。

> 📖 WORDS&PHRASES
>
> □ **finish**ー〜を終える　　□ **bad**ー悪い　　□ **not yet**ーまだです
> □ **full**ーおなかがいっぱいの

⒄　**女性：すみません。この帽子が気に入っています。試着してもいいですか。**

　　店員：もちろんです。鏡は向こうにあります。

　　　　　1　ご親切にどうもありがとうございます。

　　　　　2　よい一日を。

　　　　　3　鏡は向こうにあります。

　　　　　4　いつも開いています。

✓　女性が帽子を試着してもいいかとたずねたのに対して，店員が対応している場面なので，つながりを考えると**3**が適切。

> 📖 WORDS&PHRASES
>
> □ **try 〜 on**ー〜を試着する　　□ **salesclerk**ー店員　　□ **Certainly.**ーもちろんです。

⒅　**少女1：あなたがバイオリンを持っていたなんて知らなかったわ。どれくらいの頻度でそれを弾くの？**

　　少女2：月に1，2度だけよ。

　　　　　1　いつそれを買ったの？

　　　　　2　どれくらいの頻度でそれを弾くの？

　　　　　3　それはプレゼントだったの？

　　　　　4　それは高価なものなの？

✓　少女2が月に1，2度だけと頻度を答えていることから，頻度をたずねている**2**が適切。play itのitはthe violinを指す。

> 📖 WORDS&PHRASES
>
> □ **violin**ーバイオリン　　□ **once**ー1回　　□ **twice**ー2回　　□ **month**ー（暦の）月

(19) **受付係**：グリーンウッド・ジャズ・フェスティバルにようこそ。チケットをお持ちですか，お客様。

女　性：いいえ。どこで買えますか。

受付係：向こうの青いテントでです。

　　　1　それらは何色ですか。
　　　2　どこで買えますか。
　　　3　私の席はどこですか。
　　　4　それらはいくらですか。

✎　受付係からチケットを持っているかと聞かれた女性が，いいえと答えていること，そのあとで受付係が場所を示していることから，チケットの購入場所を聞いたと考えられるので，2が適切。one は a ticket を表している。

📖 WORDS&PHRASES
□ **ticket**―チケット　　　□ **ma'am**―（女性の）お客様，奥様　　　□ **over there**―向こうに

(20) **母親**：なぜあなたの野球帽がソファーの上にあるの？　自分の部屋に持っていきなさい。

息子：今日かぶる予定なんだ。3時に練習があるんだよ。

　　　1　ぼくたちはまた勝ったよ。
　　　2　向こうで探したの？
　　　3　今日かぶる予定なんだ。
　　　4　見に来てくれる？

✎　母親からソファーの上に野球帽がある理由を聞かれた息子の言葉。空所の直後で野球の練習があると言っていることから，そのときにかぶることが考えられるので，3が適切。

📖 WORDS&PHRASES
□ **baseball**―野球　　　□ **take**―～を持っていく　　　□ **practice**―練習　　　□ **again**―また

アイススケートレッスン

㉑放課後に新しい活動をしてみませんか。

㉑ベリルシティ・スポーツセンターには生徒たちのための午後のレッスンがあります。
アイススケートが得意である必要はありません。初心者歓迎です。一生懸命練習すれ
ば，スケートがとても上手になりますよ！

場所： ベリルシティ・スポーツセンター１階
費用： １時間のレッスンで 18 ドル
レッスンスケジュール： ㉒毎週火曜日，木曜日，金曜日の午後４時から５時まで
（スポーツセンターは毎週水曜日が休館です。）

もし興味がありましたら，ジェニー・ハーディング宛てにＥメールを送るか，平日の
午前８時から午後６時の間に電話をかけてください。

ジェニー・ハーディング
電話番号：555-8778
メールアドレス：ice-skating@berrylsports.com

(21) **このお知らせはだれに向けたものですか。**
   1 新しい活動をしてみたいと思っている生徒たち。
   2 新しい仕事をしたいと思っているアイススケートのコーチたち。
   3 古いスケート靴を売りたいと思っている人たち。
   4 雪祭りに行きたいと思っている子どもたち。

✓　下線部㉑に Do you want to try a new activity after school?（放課後に新し
い活動をしてみませんか。）The Berryl City Sports Center has afternoon
lessons for students.（ベリルシティ・スポーツセンターには生徒たちのため
の午後のレッスンがあります。）とあるので，1 が適切。

(22) **アイススケートのレッスンは…行われます。**
   1 平日の午前８時に　　　　　　　2 毎週水曜日のみ
   3 週に３回　　　　　　　　　　　4 毎週末の午後に

✓　下線部㉒に Every Tuesday, Thursday, and Friday（毎週火曜日，木曜日，金
曜日）とあり，週３日行われるので，3 が適切。

3B

（問題　p.108 〜 109）

本文の意味

送信者：ベス・グリーン
宛先：ザ・ブック・ワーム
日付：9月4日
件名：本を探しています

- -

こんにちは,
私の名前はベスです，『森の中へ』という本を探しています。それは私の大好きな作家であるチャールズ・ヴァンスによって書かれたものです。私は先週金曜日にベイカーズヴィルにあるリーダーズ・ルール書店に行きましたが，そこでは売っていません。チャールズ・ヴァンスは 30 年前にその本を書いたので，少し古いものです。㉓土曜日に，友人の家に行き，彼が私にそちらのお店，ザ・ブック・ワームについて教えてくれました。彼はそちらでは古本を販売していると言っていました。昨日ウェブサイトをチェックして，そちらのメールアドレスを見つけました。そちらの書店には『森の中へ』はありますでしょうか。
敬具,
ベス・グリーン

送信者：ザ・ブック・ワーム
宛先：ベス・グリーン
日付：9月5日
件名：申し訳ありません

- -

こんにちは　グリーンさん,
私はサム・ウィンターズです，ザ・ブック・ワームのオーナーをしています。私もチャールズ・ヴァンスの本が大好きです。申し訳ありませんが，ただいま私の書店には『森の中へ』はありません。いくつかのオンラインショップをチェックしてみるのがいい

ですよ。たぶん www.warmwords.com で見つかると思います。また，図書館でその本を探しましたか。おそらく借りることができるでしょう。毎日多くの人が古本を私の店に持ってきて，私はよくそれらを買い取ります。㉔もしだれかが『森の中へ』を私の店に持ってきたら，買い取って，あなたにＥメールを送ります。

敬具，
サム・ウィンターズ

送信者：ベス・グリーン
宛先：ザ・ブック・ワーム
日付：９月６日
件名：ありがとうございます

こんにちは サムさん，
Ｅメールをありがとうございます。あなたが教えてくれたウェブサイトをチェックしました。㉕そこには『森の中へ』があったのですが，私にはあまりに値段が高すぎます。図書館もチェックしましたが，残念なことに，ありません。もしだれかがそれをあなたに売ったら，また私にＥメールを送ってください。
敬具，
ベス・グリーン

(23) **だれがベスにサムのお店について教えましたか。**
　　　1　彼女の友人です。　　　　　　　　　2　チャールズ・ヴァンスです。
　　　3　リーダーズ・ルールのオーナーです。　4　ある有名な作家です。

　　☑　ベス・グリーンからザ・ブック・ワームへの最初のＥメールの下線部㉓に注目。**On Saturday,** I went to my friend's house, and he told me about your store, **The Book Worm.**（土曜日に，友人の家に行き，彼が私にそちらのお店，ザ・ブック・ワームについて教えてくれました）とあるので，1が適切。

(24) **もしだれかがサムに『森の中へ』を売ったら彼は何をするでしょうか。**
　　　1　自分の家にそれをとっておきます。　　2　別の書店にそれを渡します。
　　　3　ベスにＥメールを送ります。　　　　　4　それを図書館に持っていきます。

　　☑　ザ・ブック・ワームからベス・グリーンへのＥメールの下線部㉔に注目。If someone brings *Into the Forest* to my store, I'll buy it, and then I'll send you an e-mail.（もしだれかが『森の中へ』を私の店に持ってきたら，買い取って，あなたにＥメールを送ります。）とあるので，3が適切。

(25) なぜベスは www.warmwords.com で『森の中へ』を買うつもりはないのですか。
1 そこにはそれがないです。
2 それは値段が高すぎます。
3 彼女はそれを図書館で見つけました。
4 彼女はインターネットで買い物をするのが好きではありません。

☑ ベス・グリーンからザ・ブック・ワームへの2番目のEメールの下線部⑤に注目。They（= www.warmwords.com）have it（= *Into the Forest*），but it's too expensive for me.（そこには『森の中へ』があったのですが，私にはあまりに値段が高すぎます。）とあることから，2が適切。

📖 WORDS&PHRASES

□ **worm**―虫　　□ **look for ～**―～を探す　　□ **forest**―森　　□ **favorite**―大好きな
□ **writer**―作家　　□ **ago**―～前に　　□ **used book**―古本
□ **Sincerely,**―（手紙やEメールで）敬具　　□ **owner**―オーナー，所有者
□ **right now**―ただいま　　□ **probably**―たぶん　　□ **maybe**―おそらく
□ **someone**―だれか　　□ **Best regards,**―（手紙やEメールで）敬具
□ **thanks for ～**―～をありがとう　　□ **expensive**―高価な
□ **sadly**―残念なことに　　□ **another**―別の

3C

（問題　p.110～111）

本文の意味

リリアン・ブランド

　リリアン・ブランドは1878年に生まれました。彼女は当時のほとんどの少女たちとは異なっていました。リリアンは狩り，釣り，そして乗馬を楽しみました。彼女はまた，武術を練習し，パリで美術を学びました。1900年に，彼女は父親とアイルランドに引っ越しました。㉖1908年には，彼女はロンドンの新聞社で働いていました。

　1909年に，リリアンのおじは彼女に葉書を送りました。そのうちの1枚にルイ・ブレリオの写真がついていました。ブレリオはパイロットで，彼は自分自身の飛行機を造りました。彼は飛行機でイギリス海峡を横断した最初の人物でした。彼の飛行機は着陸するときに事故にあいましたが，ブレリオはけがをしませんでした。彼の話はすぐに有名になりました。

　㉗リリアンはその葉書を見て飛行機に興味を持つようになりました。彼女は飛行機を設計して自分でそれを造ることを決めました。彼女は飛行機の胴体を造るために木材と簡素なものを使いました。それから，彼女はエンジンを買って飛行機に取りつけました。㉘彼女が飛行機を造るのに1年かかり，1910年に造り終えました。彼女はその飛行機を「メイフライ」と名づけました。それから，彼女は初めて飛行機を飛ば

しました。それは上空10メートルの高さで400メートル飛び続けました。

　リリアンは新しい飛行機を造りたいと思いました。しかしながら、㉙彼女の父親は飛行は娘には危険すぎると考えていたので、彼女は飛ぶのをやめました。それから、リリアンは結婚し、カナダに引っ越しました。1935年に、彼女はイングランドに戻り、1971年に亡くなるまで質素な生活を楽しみました。㉚今日、人々は彼女が自分自身の飛行機を造って操縦した最初の女性だったので彼女のことを覚えています。

㉖　ロンドンでのリリアン・ブランドの仕事は何でしたか。
　　1　彼女はレースで馬に乗りました。　2　彼女は芸術家でした。
　　3　彼女は武術を教えました。　　　　4　彼女は新聞社で働きました。

　　☑　下線部㉖に By 1908, she was working for newspapers in London.（1908年には、彼女はロンドンの新聞社で働いていました。）とあるので、4が適切。

㉗　どのようにしてリリアンは飛行機に興味を持ちましたか。
　　1　彼女は新聞である物語を読みました。
　　2　彼女はパイロットと友達になりました。
　　3　彼女は有名なパイロットの葉書をもらいました。
　　4　彼女はパリでルイ・ブレリオに会いました。

　　☑　下線部㉗に Lilian saw the postcard and became interested in planes.（リリアンはその葉書を見て飛行機に興味を持つようになりました。）とあり、第2段落の冒頭に、おじから届いた葉書の1枚にパイロットであるルイ・ブレリオの写真がついていたと書かれているので、3が適切。

㉘　リリアンは…に「メイフライ」という名前の飛行機を造り終えました。
　　1　1909年　　2　1910年　　3　1935年　　4　1971年

　　☑　下線部㉘に It took her one year to make the plane, and she finished it in 1910. She named the plane "Mayfly."（彼女が飛行機を造るのに1年かかり、1910年に造り終えました。彼女はその飛行機を「メイフライ」と名づけました。）とあるので、2が適切。

㉙　なぜリリアンは飛ぶことをやめたのですか。
　　1　彼女の父親は彼女にやめてほしいと思いました。
　　2　彼女は結婚したいと思いました。
　　3　彼女のおじがそれは危険だと言いました。
　　4　彼女は新しい趣味を見つけました。

✔ 下線部㉙に…her father thought that flying was too dangerous for his daughter, so she stopped flying.（彼女の父親は飛行は娘には危険すぎると考えていたので，彼女は飛ぶのをやめました。）とあるので，1が適切。

(30) この話は何に関するものですか。
1 自分自身の飛行機を造って操縦した最初の女性。
2 イングランドの有名な航空会社。
3 カナダのパイロットのための学校。
4 飛行機のエンジンの作り方。

✔ 第3段落に，リリアンがおじからもらった葉書をきっかけに，飛行機に興味を持ってから，飛行機を造り上げて飛ぶまでの状況が書かれていることと，下線部㉚にToday, people remember her because she was the first woman to build and fly her own plane.（今日，人々は彼女が自分自身の飛行機を造って操縦した最初の女性だったので彼女のことを覚えています。）とあることから，1が適切。

📖 WORDS&PHRASES
□ **be born**―生まれる　　□ **be different from** ～―～と異なる　　□ **most**―ほとんどの
□ **at that time**―そのころ，当時　　□ **martial art**―武術　　□ **newspaper**―新聞(社)
□ **postcard**―葉書　　□ **one of** ～―～のうちの一つ　　□ **person**―人
□ **fly**―～を飛ばす，操縦する　　□ **accident**―事故　　□ **land**―着陸する
□ **be hurt**―けがをする　　□ **decide to** ～―～することを決める　　□ **by** ～**self**―自分で
□ **wood**―木材　　□ **simple**―簡素な
□ **It take** ＋人＋時間＋ **to** ～. ―（人）が～するのに（時間）がかかる。
□ **for the first time**―初めて　　□ **however**―しかしながら　　□ **dangerous**―危険な
□ **daughter**―娘　　□ **stop** ～**ing**―～するのをやめる　　□ **get married**―結婚する
□ **return**―戻る　　□ **until**―～まで（ずっと）

ライティング

4

（問題　p.112）

質問の意味

あなたは毎週日曜日の朝に何をするのが好きですか。

解答例 1

I like to watch TV on Sunday mornings. First, there are interesting TV programs on Sunday mornings. Second, I can enjoy watching TV with my friends because we don't have club activities on Sunday mornings. （35 語）

解答例1の意味

私は毎週日曜日の朝にテレビを見るのが好きです。まず第1に，毎週日曜日の朝にはおもしろいテレビ番組があります。第2に，毎週日曜日の朝には部活がないので，私は友達とテレビを見て楽しむことができます。

✍ What do you like to do? という質問に対しては，I like to+動詞の原形 ～. という形で具体的に何をするのが好きかを答える。そして First, ～. でその理由を述べ，Second, ～. で2つ目の理由を付け加えるとよい。

解答例 2

I like to take a walk in the park on Sunday mornings. It is because getting up early and walking is good for my health. Also, I can enjoy many kinds of flowers and trees. （35 語）

解答例2の意味

私は毎週日曜日の朝に公園を散歩するのが好きです。早起きをして歩くことは健康によいからです。また，多くの種類の花や木を楽しむこともできます。

✍ I like to+動詞の原形 ～. という形で具体的に何をするのが好きかを答える。その理由を述べる際は，because を用いることができる。また，2つ目の理由を付け加える場合は Also, ～. を用いることができる。take a walk で「散歩する」の意味。

リスニングテスト第1部 （問題　p.113〜114）

〈例題〉

A:I'm hungry, Annie.	「おなかがすいたよ，アニー。」
B:Me, too. Let's make something.	「私も。何か作りましょう。」
A:How about pancakes?	「パンケーキはどう？」
1　On the weekend.	1　「週末に。」
2　For my friends.	2　「私の友達のためよ。」
3　**That's a good idea.**	3　「それはいい考えね。」

No.1

A:These grapes are delicious.	「このブドウはとてもおいしいね。」
B:You should take some home with you.	「ぜひ家にいくつか持って帰ってね。」
A:Is that OK?	「いいの？」
1　I'm hungry.	1　「おなかがすいているの。」
2　**Of course it is.**	2　「もちろんよ。」
3　Great job.	3　「よくやったわね。」

No.2

A:This artist's paintings are really interesting.	「このアーティストの絵はとても興味深いわ。」
B:I agree.	「同感だよ。」
A:Do you know where he's from?	「彼がどこの出身か知ってる？」
1　They're in the next room.	1　「彼らは隣の部屋にいるよ。」
2　**I think he's Canadian.**	2　「彼はカナダ人だと思うよ。」
3　I like the colors.	3　「色が好きだな。」

No.3

A:I hear you're moving to France.	「フランスに引っ越すんだってね。」
B:That's right.	「そうなの。」
A:What will you do there?	「向こうで何をするつもりなの？」
1　**I'm going to teach at a university.**	1　「大学で教える予定よ。」
2　I like Spanish food the best.	2　「スペイン料理が一番好きよ。」
3　I lost my passport.	3　「パスポートをなくしてしまったの。」

🖊 助動詞 will を用いた未来の疑問文なので，will のほかに，be going to を使って答えることができる。そのため，1が適切。

No.4

🔈 *A:* I'd like to send this package to Osaka. 「大阪にこの荷物を送りたいのですが。」

B: OK. Anything else? 「わかりました。ほかに何かありますか。」

A: No, that's all. 「いいえ，それだけです。」

1 I've been there. 1 「そこに行ったことがあります。」

2 That'll be 800 yen. 2 「800 円になります。」

3 It's over there. 3 「それは向こうにあります。」

No.5

🔈 *A:* Thanks for going shopping. 「買い物に行ってくれてありがとう。」

B: No problem. 「問題ないよ。」

A: What's this? Cookies weren't on the shopping list. 「これは何？　クッキーは買い物のリストにはなかったでしょ。」

1 For half an hour. 1 「30 分間だよ。」

2 I see many boxes. 2 「たくさんの箱が見えるよ。」

3 But I really wanted them. 3 「でもすごく欲しかったんだもん。」

No.6

🔈 *A:* I made this dress. 「私がこのドレスを作ったのよ。」

B: Really? 「本当？」

A: Yeah. What do you think of it? 「ええ。どう思う？」

1 It looks wonderful. 1 「すばらしいよ。」

2 I bought it yesterday. 2 「昨日買ったんだ。」

3 The party just started. 3 「パーティーは始まったばかりだ。」

- -

 What do you think of 〜?（〜をどう思いますか。）は，相手の意見や考えをたずねるときの表現。〈look＋形容詞〉（〜に見える）でドレスに対する感想を述べている 1 が適切。

No.7

🔈 *A:* Excuse me, Mr. Walker. 「すみません，ウォーカー先生。」

B: Hi, Tina. Can I help you? 「やあ，ティナ。何か用かい？」

A: Is Ms. Harper in the teachers' room? 「ハーパー先生は職員室にいらっしゃいますか。」

1 No, but you're a student. 1 「いいや，でもきみは生徒だよ。」

2 No, but she'll be back soon. 2 「いいや，でも彼女はすぐに戻ってくるよ。」

3 No, but I teach that subject. 3 「いいや，でも私はその科目を教えているよ。」

No.8

A: Is there a post office on this road? 「この通りに郵便局はあるかしら？」

B: Yes. 「うん，あるよ。」

A: Which side of the road is it on? 「この通りのどちら側にあるの？」

1 It's on the right.	1 「右側だよ。」
2 I like to drive.	2 「ぼくは運転するのが好きなんだ。」
3 I sent a letter.	3 「ぼくは手紙を送ったよ。」

No.9

A: Do you want some ice cream? 「アイスクリームを食べない？」

B: No, I've already had some today. 「いや，今日はもう食べたよ。」

A: When? 「いつ？」

1 Every day for one hour.	1 「毎日1時間だよ。」
2 When I was a student.	2 「学生のときだよ。」
3 Just after lunch.	3 「昼食のすぐあとだよ。」

No.10

A: What happened, Mark? 「何があったの，マーク？」

B: I hurt my leg at soccer practice. 「サッカーの練習で足をけがしたんだ。」

A: Oh no! I'll carry your bag. 「あらまあ！　私がかばんを運ぶわ。」

1 That's nice of you.	1 「親切にありがとう。」
2 It's a fun sport.	2 「それは楽しいスポーツだよ。」
3 You can play, too.	3 「きみもできるよ。」

けがをしている自分に対して相手から親切にしてもらい，それに対してお礼を述べていることから，1が適切。

リスニングテスト第2部

（問題　p.115〜116）

No.11

🔊
A: Mark, it's time for dinner. Are those Jessica's books on the table?
B: No, Mom. They're Dad's.
A: Can you move them?
B: Sure.

Question　**Whose books are on the table?**

A: マーク，夕食の時間よ。テーブルの上にあるのはジェシカの本？
B: 違うよ，お母さん。お父さんのだよ。
A: 移動させてくれる？
B: いいよ。

質問　だれの本がテーブルの上にありますか。

1　マークのです。　　　　　　　　2　ジェシカのです。
3　父親のです。　　　　　　　　　4　母親のです。

☑　母親からテーブルの上の本がジェシカのかとたずねられたB（マーク）が，
　　They're Dad's.（お父さんのだよ。）と答えていることから，**3**が適切。

📖 WORDS&PHRASES
　□ **It's time for 〜.**——〜の時間です。　　□ **move**——〜を移動させる

No.12

🔊
A: Let's go running this weekend.
B: OK, but I'm busy on Sunday.
A: How about after lunch on Saturday, then?
B: Perfect. I'll see you around two.

Question　**When will they go running?**

A: 今週末，走りに行きましょう。
B: いいよ，でもぼくは日曜日は忙しいんだ。
A: じゃあ，土曜日の昼食後はどう？
B: 完璧だ。2時頃会おう。

質問　いつ彼らは走りに行くつもりですか。

1　土曜日の朝にです。　　　　　　2　土曜日の午後にです。
3　日曜日の朝にです。　　　　　　4　日曜日の午後にです。

☑　Aから週末走ろうと誘われたBが日曜日は忙しいと言ったあとで，土曜日の

昼食後を提案され，Perfect.（完璧だ。）と言っていることから，２が適切。

No.13

A: Ken, can you go to the store for me? I need some carrots.

B: Sure, Mom. What are you making for dinner?

A: Beef and vegetable stew.

B: Sounds good.

Question **What does Ken's mother ask him to do?**

- -

A: ケン，お店に行ってくれる？　ニンジンが必要なのよ。

B: いいよ，お母さん。夕食に何を作る予定なの？

A: 牛肉と野菜のシチューよ。

B: いいね。

質問 ケンの母親は彼に何をするよう頼んでいますか。

1　夕食を作ることです。　　　　2　肉を買うことです。

3　ニンジンを買うことです。　　4　野菜を洗うことです。

- -

 A（母親）が最初に can you go to the store for me? I need some carrots.（お店に行ってくれる？　ニンジンが必要なのよ。）と言っていることから，ケンにニンジンを買いに行ってもらいたいことがわかるので，３が適切。

No.14

A: Mary, I can't study. Can you and your friends be quiet?

B: I'm sorry. We'll go downstairs and watch TV.

A: Thanks.

B: No problem.

Question **What does the boy ask Mary and her friends to do?**

- -

A: メアリー，勉強ができないよ。きみと友達，静かにしてくれない？

B: ごめんなさい。1 階へ行ってテレビを見るね。

A: ありがとう。

B: 問題ないわ。

質問 少年はメアリーと彼女の友達に何をするよう頼んでいますか。

1　テレビを見ることです。　　　　2　静かにすることです。

3　彼と遊ぶことです。　　　　　　4　彼と一緒に勉強することです。

📖 **WORDS&PHRASES**

□ **quiet**―静かな　　□ **I'm sorry.**―ごめんなさい。　　□ **downstairs**― | 階へ，階下へ

No.15

🔊 *A:* Let's take the bus to the gym today.

B: It's sunny, so why don't we ride our bikes?

A: Sorry, mine is broken. Do you want to walk?

B: OK.

Question   **How will they go to the gym?**

A: 今日はジムまでバスに乗ろうよ。

B: 晴れているから，自転車に乗って行かない？

A: ごめんなさい，私の自転車はこわれているの。歩いて行かない？

B: いいよ。

質問 **彼らはどうやってジムに行くつもりですか。**

1　電車でです。　　　　　　　　　2　自転車でです。

3　バスでです。　　　　　　　　　4　徒歩でです。

☑ AがDo you want to walk?（歩いて行かない？）とたずねたのに対して，Bが OK.（いいよ。）と応じていることから，**4**が適切。

📖 **WORDS&PHRASES**

□ **take**―（乗り物）に乗る　　□ **Why don't we ～?**―一緒に～しませんか。

No.16

🔊 *A:* You're good at playing the drums.

B: Thanks. I practice for two hours every day.

A: I'm in a rock band. Do you want to join it?

B: I'd love to.

Question   **What does the boy want the girl to do?**

A: きみはドラムを演奏するのが上手だね。

B: ありがとう。毎日２時間練習しているの。

A: ぼくはロックバンドに入っているんだ。きみ，入らない？

B: ぜひ入りたいわ。

質問 **少年は少女に何をしてもらいたいと思っていますか。**

1　彼と一緒にロックコンサートに行くことです。

2 彼にドラムをあげることです。

3 ドラムを演奏するのをやめることです。

4 彼のバンドに入ることです。

☑ A（少年）がI'm in a rock band. Do you want to join it?（ぼくはロックバンドに入っているんだ。きみ，入らない？）と誘っていることから，4が適切。itはa rock bandを指す。

📖 WORDS&PHRASES
□ **be good at ～ing**──～するのが上手である　　□ **practice**──練習する

No.17

🔊
A: Have you been to the new café by the library?

B: Yes. The coffee is delicious.

A: And how about the food?

B: It was expensive and not very healthy.

Question **What did the man say about the café?**

A: 図書館のそばの新しいカフェに行ったことはある？

B: うん。コーヒーがとてもおいしいよ。

A: 食べ物はどう？

B: 値段が高くてあまりヘルシーではなかったね。

質問 カフェについて男性は何と言っていましたか。

1 おいしいコーヒーがありました。

2 多くの雑誌がありました。

3 とてもおいしい食べ物がありました。

4 食べ物は安かったです。

☑ Aから新しいカフェに行ったことがあるかと聞かれたB（男性）が，Yes. The coffee is delicious.（うん。コーヒーがとてもおいしいよ。）と言っていることから，1が適切。

📖 WORDS&PHRASES
□ **have been to ～**──～に行ったことがある　　□ **delicious**──とてもおいしい

No.18

🔊
A: Those are cool shoes, Josh.

B: Thanks, Kristen. I got them yesterday at the mall by the hospital.

A: How much were they?

B: Only $50.

Question **What did Josh do yesterday?**

A: かっこいい靴ね，ジョシュ。

B: ありがとう，クリステン。病院のそばにあるショッピングモールで昨日買ったんだ。

A: いくらだったの？

B: たった 50 ドルだよ。

質問 **ジョシュは昨日，何をしましたか。**

1 彼は病院に行きました。

2 彼は靴を買いました。

3 彼は 50 ドルを見つけました。

4 彼はクリステンを訪ねました。

✎ A（クリステン）から靴をほめられたB（ジョシュ）が，I got them yesterday at the mall by the hospital.（病院のそばにあるショッピングモールで昨日買ったんだ。）と言っていることから，2 が適切。them は shoes を指している。

📖 **WORDS&PHRASES**

□ **cool**—かっこいい	□ **mall**—ショッピングモール	□ **hospital**—病院

No.19

🔊 *A:* The sky is so blue and clear today.

B: Yeah, there aren't any clouds. But tomorrow will be rainy.

A: Really? It just rained yesterday.

B: The weather has been strange recently.

Question **How is the weather today?**

A: 今日は空がとても青く澄みきっているね。

B: ええ，雲一つないわね。でも明日は雨が降るみたいよ。

A: 本当？ 昨日，雨が降ったばかりだよね。

B: 最近天気が変よね。

質問 **今日の天気はどうですか。**

1 晴れです。	2 雨です。
3 くもりです。	4 雪です。

✎ Aが最初に The sky is so blue and clear today.（今日は空がとても青く澄みきっているね。）と言っていることから，天気がよいことがわかるので，1 が適切。

📖 **WORDS&PHRASES**

□ **clear**—澄みきった	□ **any**—（否定文で）一つも（〜ない）	□ **cloud**—雲

No.20

A: Excuse me. What time does this store close today?

B: At seven.

A: I see. Does it close at seven every night?

B: No. On Sundays, it closes one hour earlier, at six.

| Question | **What time does the store close on Sundays?** |

A: すみません。今日こちらのお店は何時に閉まりますか。

B: 7時です。

A: わかりました。毎晩7時に閉まりますか。

B: いいえ。毎週日曜日は，1時間早く，6時に閉まります。

質問 **毎週日曜日に，そのお店は何時に閉まりますか。**

1　1時です。 　　　　　　　　　　 2　5時です。

3　6時です。 　　　　　　　　　　 4　7時です。

✔️　Aから毎晩7時に閉まるのかと聞かれたBがOn Sundays, it closes one hour earlier, at six.（毎週日曜日は，1時間早く，6時に閉まります。）と言っていることから，3が適切。itはthe storeを表す。

📖 WORDS&PHRASES
　□ **close**―閉まる 　　□ **every night**―毎晩 　　□ **I see.**―なるほど，わかりました。

リスニングテスト第3部 （問題 p.117〜118）

No.21

Last summer, Sarah and her family moved to a new city. At first, Sarah was lonely. But after she started school, she met many students. Now she has lots of friends, so she's happy.

> Question **Why is Sarah happy now?**

去年の夏，サラと彼女の家族は新しい市に引っ越しました。最初は，サラはさびしかったです。しかし，学校が始まると，彼女は多くの生徒に会いました。今では彼女は多くの友達がいるので，幸せです。

> 質問 **サラは今，なぜ幸せなのですか。**

1 彼女はもうすぐ引っ越します。　　2 彼女は多くの友達ができました。
3 彼女は学校を卒業しました。　　4 彼女は古い友達に会いました。

4文目で Now she has lots of friends, so she's happy.（今では彼女は多くの友達がいるので，幸せです。）と言っていることから，2が適切。soの前の部分が理由に当たる。

WORDS & PHRASES
□ **at first** ─ 最初は　　□ **lonely** ─ さびしい　　□ **after** ─ 〜したあとに

No.22

The ski jackets in my favorite shop are over \$300. But this week, they're 50 percent off. They're only \$150. I'll buy one tomorrow.

> Question **How much does a ski jacket cost this week?**

私の大好きなお店のスキーのジャケットは300ドル以上します。しかし今週，それらは50パーセントオフになっています。たった150ドルです。私は明日買うつもりです。

> 質問 **今週スキーのジャケットはいくらですか。**

1 50ドルです。　　　　　　　　2 100ドルです。
3 150ドルです。　　　　　　　　4 300ドルです。

1文目では，スキーのジャケットの定価は300ドル以上すると言っているが，2文目と3文目で But this week, they're 50 percent off. They're only \$150.（しかし今週，それらは50パーセントオフになっています。たった150ドルです。）と言っているので，3が適切。

No.23

I always do my homework before dinner. After dinner, I like to call my friends from school. I enjoy talking with them about music and movies.

Question　**What does the girl like to do after dinner?**

- -

私はいつも夕食前に宿題をします。夕食後，私は学校の友達と電話をするのが好きです。音楽や映画について彼らとおしゃべりをして楽しんでいます。

質問　**少女は夕食後に何をするのが好きですか。**

1　友達とおしゃべりをすることです。

2　映画を見ることです。

3　音楽雑誌を読むことです。

4　宿題をすることです。

- -

✔　2文目と3文目でAfter dinner, I like to call my friends from school. I enjoy talking with them about music and movies.（夕食後，私は学校の友達と電話をするのが好きです。音楽や映画について彼らとおしゃべりをして楽しんでいます。）と言っていることから，1が適切。

No.24

Attention, everyone. The train to Hampton Zoo will arrive one hour late. We're very sorry. If you're in a hurry, please go to the bus station across the road and take the Number 5 bus.

Question　**What is the problem?**

- -

皆様にお知らせいたします。ハンプトン動物園行きの電車は1時間遅れて到着する予定です。大変申し訳ございません。もしお急ぎの場合は，通りの向こうにあるバス発着所に行き，5番のバスにお乗りください。

質問　**問題は何ですか。**

1　バスが混んでいます。　　　　2　動物園が閉まっています。

3　列車が遅れる予定です。　　　4　チケットが売り切れています。

- -

✔　2文目でThe train to Hampton Zoo will arrive one hour late.（ハンプトン動物園行きの電車は1時間遅れて到着する予定です。）と言ったあとにWe're very sorry.（大変申し訳ございません。）と言っていることから，問題となっ

ていることとしては，３が適切。

No.25

🔊 Many people thought Simon would play tennis in junior high school because his mother was a famous tennis player. But Simon joined the soccer club. In high school, he wants to try volleyball.

Question　**Which club did Simon join in junior high school?**

- -

サイモンの母親は有名なテニスの選手だったので，多くの人たちがサイモンは中学校でテニスをするだろうと思っていました。しかしサイモンはサッカー部に入りました。高校では，彼はバレーボールをやってみたいと思っています。

質問　**サイモンは中学校でどの部活に入りましたか。**

1　テニス部です。　　　　　　　　　2　卓球部です。
3　サッカー部です。　　　　　　　　4　バレーボール部です。

- -

✔️　最初の文で，多くの人がサイモンは中学校でテニスをすると思っていたと言っているが，２文目でBut Simon joined the soccer club.（しかしサイモンはサッカー部に入りました。）と言っていることから，３が適切。

No.26

🔊 Jenny loves making cakes and cookies with her mother. They often listen to music while they bake. Her brother likes to help by cleaning the kitchen.

Question　**What does Jenny like to do?**

- -

ジェニーは母親とケーキやクッキーを作るのが大好きです。彼女たちは焼いている間によく音楽を聞きます。彼女の兄[弟]は台所の掃除をして手伝うのが好きです。

質問　**ジェニーは何をするのが好きですか。**

1　作曲をすることです。　　　　　　2　デザートを作ることです。
3　台所を掃除することです。　　　　4　料理番組を見ることです。

- -

✔️　冒頭でJenny loves making cakes and cookies with her mother.（ジェニーは母親とケーキやクッキーを作るのが大好きです。）と言っており，ケーキやクッキーはデザートなので，２が適切。

No.27

🔊 Oscar likes to paint pictures of bicycles and his dad's boat. His mom bought him a book about art, but his dad thinks he should study other subjects more.

Question　**What does Oscar enjoy doing?**

- -

オスカーは自転車や彼の父親のボートの絵をかくのが好きです。彼の母親は彼に美術の本を買ってあげましたが，父親は，彼がほかの科目をもっと勉強すべきだと思っています。

質問 **オスカーは何をして楽しんでいますか。**

1　釣りに行くことです。　　　　2　本を読むことです。

3　自転車に乗ることです。　　　4　絵をかくことです。

- -

☑　冒頭で Oscar likes to paint pictures of bicycles and his dad's boat.（オスカーは自転車や彼の父親のボートの絵をかくのが好きです。）と言っていることから，**4**が適切。

WORDS&PHRASES

□ **bought**—**buy**（～を買う）の過去形　□ **should**—～すべきである

No.28

🔊 I usually eat lunch with my friends at college, but my aunt and cousin are staying at my house now. Tomorrow, I'll meet my cousin for lunch. I'm going to take her to my favorite noodle shop.

Question　**Who will the girl have lunch with tomorrow?**

- -

私はたいてい大学で友達と昼食を食べますが，今，私のおばといとこがわが家に滞在しています。明日，私は昼食を食べるためにいとこに会う予定です。彼女を私の大好きなそば店に連れていく予定です。

質問 **明日少女はだれと一緒に昼食を食べますか。**

1　彼女のいとこです。　　　　　2　彼女の友達です。

3　彼女のおばです。　　　　　　4　彼女の先生です。

- -

☑　2文目で Tomorrow, I'll meet my cousin for lunch.（明日，私は昼食を食べるためにいとこに会う予定です。）と言っていることから，**1**が適切。

WORDS&PHRASES

□ **college**—大学　□ **aunt**—おば　□ **cousin**—いとこ　□ **noodle shop**—そば店

No.29

I wanted to go out with my friends last night, but I stayed home because my son caught a cold. My wife will be home tomorrow, so I'm going to meet my friends to see a movie.

Question　**Why did the man stay home last night?**

私は昨夜，友達と外出をしたかったのですが，息子がかぜをひいたので家にいました。明日は妻が家にいるので，私は映画を見るために友達に会う予定です。

質問　**なぜ男性は昨夜，家にいたのですか。**

1　彼の友達が忙しかったからです。
2　彼は夕食を作る必要があったからです。
3　彼の息子が具合が悪かったからです。
4　彼は映画を見たかったからです。

☑　1文目の後半で but I stayed home because my son caught a cold.（息子がかぜをひいたので家にいました。）と言っていることから，3が適切。

WORDS&PHRASES

□ **go out**―外出する　　□ **caught a cold**―**catch a cold**（かぜをひく）の過去形

No.30

Tomorrow, I'm going to a music festival with my friend from college. My friend lives far from my house, so we'll meet at the museum and walk from there. I'm really looking forward to it.

Question　**Where will the girl meet her friend?**

明日，私は大学の友達と音楽祭に行く予定です。私の友達は私の家から遠くに住んでいるので，私たちは博物館で待ち合わせてそこから歩いて行くつもりです。私はとても楽しみにしています。

質問　**少女はどこで友達に会うつもりですか。**

1　彼女の家でです。　　　　　2　大学でです。
3　お祭りでです。　　　　　　4　博物館でです。

☑　2文目で My friend lives far from my house, so we'll meet at the museum…（私の友達は私の家から遠くに住んでいるので，私たちは博物館で待ち合わせて…）と言っていることから，4が適切。

WORDS&PHRASES

□ **far from ～**―～から遠くに　　□ **look forward to ～**―～を楽しみにしている

英検 **3** 級

合格力チェックテスト 解答と解説

一次試験・筆記 [p.120 − p.129]

1　(1) 1　(2) 3　(3) 4　(4) 1　(5) 2　(6) 4　(7) 3　(8) 4
　　(9) 2　(10) 1　(11) 3　(12) 4　(13) 3　(14) 2　(15) 2

2　(16) 3　(17) 2　(18) 4　(19) 4　(20) 4

3A　(21) 2　(22) 3

3B　(23) 4　(24) 3　(25) 3

3C　(26) 4　(27) 1　(28) 3　(29) 2　(30) 4

4A　（解答例）
I want to visit Ise Jingu in Mie. Ise Jingu is a very famous shrine in Japan. Also, I want to eat big Ise lobsters and delicious Matsusaka beef.

4B　（解答例）
Yes, I went to Hokkaido with my family. We stayed there for five days. I enjoyed skiing with my brother in Niseko Ski Resort.

一次試験・リスニング [p.130 − p.135]

第 **1** 部　[No.1] 1　[No.2] 2　[No.3] 2　[No.4] 1　[No.5] 3
　　　　[No.6] 1　[No.7] 3　[No.8] 2　[No.9] 2　[No.10] 1

第 **2** 部　[No.11] 3　[No.12] 2　[No.13] 4　[No.14] 3　[No.15] 2
　　　　[No.16] 3　[No.17] 2　[No.18] 3　[No.19] 4　[No.20] 4

第 **3** 部　[No.21] 3　[No.22] 4　[No.23] 3　[No.24] 2　[No.25] 3
　　　　[No.26] 3　[No.27] 3　[No.28] 3　[No.29] 3　[No.30] 1

合格力診断チャートに得点を記入しよう!

下のチャートに合格力チェックテストの得点を記入しましょう。マークシートに記入した大問別の得点の合計を, チャートの中心からめもりを数えて印をつけ, 線で結びます。得点が低かった分野については, 右ページの「分野別弱点克服の方法」を参考に学習を進めましょう!

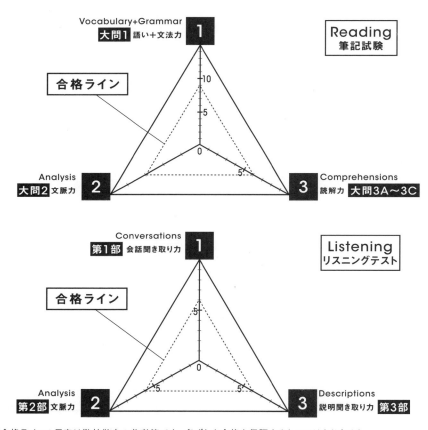

※合格ラインの目安は弊社独自の参考値です。必ずしも合格を保証するものではありません。

別冊p.24「ライティングテストってどんな問題?」を参考にして以下ができたかをチェックしよう!

Writing ライティング	☐ 自分の考えとその理由を2つ入れられた
	☐ 理由をFirst,（1つ目は）, Second,（2つ目は）などの表現を使って書けた
	☐ Eメールの質問の内容に対応した英文が書けた
	☐ スペルミスや単語の使い間違いをせずに英文が書けた
	☐ 文法的に正しい英文が書けた

分野別弱点克服の方法

英検では「読む」「聞く」「話す」「書く」の4つの能力がバランスよく求められます。3級合格に必要な正解数の目安は筆記試験，リスニングテストともに約6割。自身の弱点を把握(はあく)して，総合的な英語力アップを目指しましょう。

筆記試験

1 "語い＋文法力"が低かったあなたは…

英検合格には単語や文法の知識が必須。3級の単語帳などで，よく出る単語や表現を覚えましょう。音声を聞きながら学習すると，暗記効率も高まります。

2 "文脈力"が低かったあなたは…

問題の場面設定と登場人物の会話に注意し，聞かれている内容についてどのような受け答えが適切かを考えながら問題を解きましょう。過去問のいろいろな会話を読んで，適切な応答のしかたをおさえましょう。

3 "読解力"が低かったあなたは…

大問3A〜3Cは読解問題です。長い文にあせるかもしれませんが，実は英検の長文問題は掲示やEメール，説明文など，種類はそう多くありません。登場人物がいつ，どこで，何をするかなど，出題されやすい情報に注意しながら問題を解きましょう。

リスニングテスト

1 "会話聞き取り力"が低かったあなたは…

読めば意味のわかる会話でも，リスニングになるとわからなくなるものです。単語や熟語を覚えるときは，音声を聞きながら学習しましょう。単語が正しく聞き取れるようになれば，会話のテーマが何かを聞き逃すことも少なくなります。

2 "文脈力"が低かったあなたは…

第2部では，会話をしている状況や，登場人物がしようとしていることを理解することが特に大事です。時間や曜日，場所などを問う問題が多く出されるので，メモを取りながら，状況を整理して問題に答えましょう。

3 "説明聞き取り力"が低かったあなたは…

第3部は会話ではなく，短い文章の内容を問う問題です。音声を聞くときには，1回目で大まかな内容と質問の意味をつかむようにしましょう。2回目の音声は，質問に関わる部分に特に注意して聞くようにしましょう。

(1) トムの性格はお兄さん[弟さん]のジョンの性格とは違っていますが，彼らは同じ趣味を持ち，どこへでも一緒に行きます。
　　1　違った　　　2　難しい　　　3　とてもおいしい　　　4　危険な

　　☑　be different from 〜で「〜と違っている」という意味を表すので，1が適切。
　　📖 WORDS&PHRASES
　　　□ **character**—性格　　　□ **everywhere**—あらゆる所に

(2) *A*：私はこのランニングシューズがとても気に入っています。もう1足ほしいのですが。
　　B：申し訳ありませんが，そちらのシューズはもうございません。
　　1　ほかの　　　　　　　　　　　　2　すべての
　　3　もう1つの　　　　　　　　　　4　どれも

　　☑　空所のあとの pair of these の前に置いて「もう1足のシューズ」という意味になるようにする。「もう1つの」という意味の3が適切。other を入れる場合は，the other とすれば「もう一方の」という意味になる。
　　📖 WORDS&PHRASES
　　　□ **I'm afraid 〜 .**—申し訳ありませんが〜。　　　□ **anything**—何か，どれも

(3) *A*：とてもすてきな自転車を持っているわね，トーマス。いつ手に入れたの？
　　B：先週，おじいさんがぼくの誕生日にくれたんだ。
　　1　多くの　　　2　それぞれの　　　3　どの　　　4　とても

　　☑　〈such a ＋形容詞＋名詞〉で，「非常に〜な…，とても〜な…」と強調の意味を表すことから，4が適切。
　　📖 WORDS&PHRASES
　　　□ **gave**—give（〜を与える）の過去形

(4) *A*：すみません，市立図書館を探しているのですが。行き方を教えてくださいませんか。
　　B：ああ，私もそこへ行くところです。私についてきてください。
　　1　〜についていく　　　　　　　　2　〜に会う
　　3　〜に話す　　　　　　　　　　　4　〜に見せる

　　☑　道をたずねられ，「私もそこへ行くところです。私についてきてください。」と言っているので，「〜のあとについていく」という意味の1が適切。

□ **look for ～**―～を探す　　□ **follow**―～のあとについていく

(5)　*A*：雪が降り始めてきましたね。お帰りは十分に注意して運転してください。
　　B：そうします，ありがとう。
　　1 早く　　**2** 注意深く　　**3** 速く　　**4** 明るく

- -

✔　「雪が降り始めた」と「運転のしかた」を関連づけて考えると，「注意深く」という意味を表す**2**が適切。**1**や**4**は drive という動詞と合わない。**3**の fast は「速く」という意味で drive と合うが，雪が降り始めたという状況には合わない。

□ **on the way home**―家に帰る途中で　　□ **carefully**―注意深く

(6)　私の父の職場はこのビルの中です。それは4階にあります。
　　1 エレベーター　　**2** 計画　　**3** 習慣　　**4** 階

- -

✔　1文目で父親の職場の場所を述べているので，「階」という意味を表す**4**が適切。on the ～ floor で「～階に」という意味。

□ **fourth**―4番目の　　□ **floor**―階

(7)　*A*：英語スピーチコンテストに私たちの親を招待するのはどうでしょうか。
　　B：それはいい考えですね。さっそく手紙を書き始めましょう。
　　1 話すこと　　**2** ～を終わらせること　　**3** ～を招待すること　　**4** 答えること

- -

✔　「私たちの親～すること」に合うものとして，「～を招待すること」という意味の**3**が適切。**1**の speak には，あとに with や to などの前置詞が必要。

□ **How about ～ing?**―～するのはどうですか。

(8)　私は駅に着いたときにいつも両親に電話をします。もしそうしないと，彼らは私のことを心配します。
　　1 ～を救う　　**2** 待つ　　**3** ～を持っている　　**4** 心配する

- -

✔　電話をするのは，両親を心配させないためと考えられるので，**4**が適切。worry about ～で「～を心配する」という意味を表す。

□ **get to ～**―～に着く　　□ **worry about ～**―～を心配する　　□ **save**―～を救う

メンバーたちがサッカートーナメントの決勝戦に勝ったとき，彼らは喜びでいっぱいでした。

1 覆<ruby>覆<rt>おお</rt></ruby>われて   **2** 満たされて

3 終わらされて   **4** 混雑して

☑️ be filled with ～で「～でいっぱいである」という意味を表す。優勝したので「喜びでいっぱいになる」と考えると，**2**が適切。

📖 WORDS&PHRASES

☐ **final game**—決勝戦   ☐ **tournament**—トーナメント   ☐ **happiness**—幸福，喜び

---

(10) 私は家の近くの新しいレストランでアップルパイを**1切れ**食べました。それはとてもおいしかったです。

1 1切れ   **2** 皿   **3** 注文   **4** 例

☑️ 空所の前後の a ～ of apple pie に注目する。パイなどを「1切れ」と言うときは a slice of や a piece of を使う。したがって，**1**が適切。

📖 WORDS&PHRASES

☐ **a slice of ～**—1切れの～

---

(11) **A**: 英語のテストのためにどのように勉強するべきですか。

B: まず**最初に**，多くの英語を読むべきです。

1 いつでも   **2** ～のあとに   **3** 最初に   **4** 早く

☑️ 空所のあとの of all に注目する。first of all で「まず最初に」という意味を表すので**3**が適切。

📖 WORDS&PHRASES

☐ **first of all**—まず最初に，何よりも先に

---

(12) タカシの家は私の家の近くです。私たちは一緒に育ったので，**お互い**をとてもよく知っています。

1 1つ   **2** 両方   **3** すべて   **4** （each other で）お互い

☑️ 「一緒に育ったので～をとてもよく知っている」という文脈に合うのは「お互い」なので，each other が適している。したがって，**4**が適切。

📖 WORDS&PHRASES

☐ **grew**—**grow**(成長する)の過去形   ☐ **grow up**—成長する，育つ

(13) スーザンはこの夏に日本旅行を計画しているので，英語で書かれたガイドブックを
買いました。
1 〜を書く　　　　　　　　　　2 write の3人称単数現在形
3 write の過去分詞　　　　　　4 write の ing 形

📝 a guidebook（ガイドブック）と in English（英語で）の関係から，「英語で書か
れた」という意味と判断する。過去分詞の written を入れると，「英語で書か
れた」が「ガイドブック」を後ろから説明する文となるので，3が適切。

📖 WORDS&PHRASES
□ plan ―〜を計画する　　□ written ―write（〜を書く）の過去分詞

(14) A : あなたは昨日，デパートにいたでしょ？
B : ええ，コートを探していたんです。
1 are not の短縮形　　　　　　2 were not の短縮形
3 did not の短縮形　　　　　　4 could not の短縮形

📝 「〜（して）いたよね？」と前の文に続けて相手に確認するときは，前の were
の否定の短縮形を使うので，2が適切。このような文を付加疑問文という。

📖 WORDS&PHRASES
□ look for 〜 ―〜を探す

(15) 今日の日本語[国語]のテストは先週のよりずっと簡単だったので，みんなリラック
スしていました。
1 簡単な　　　　　　　　　　　2 easy の比較級
3 easy の最上級　　　　　　　4 同じように簡単な

📝 空所のあとに than（〜より）があるので，比較級の2が適切。空所の前の
much は「もっと，ずっと」という意味で比較級を強める働きをしている。

📖 WORDS&PHRASES
□ relaxed ―リラックスした

(16) *女性1：* お誕生日おめでとう，シンディ。パーティーに招待してくれてありがとう。
　　 女性2： とんでもない。食べるものをいっぱい用意したわ。ご自由にどうぞ。
　　　　　 1　料理が上手ね。
　　　　　 2　ご親切にどうも。
　　　　　 3　ご自由にどうぞ。
　　　　　 4　おなかがいっぱいよ，ありがとう。

☑　パーティーに来た人に「食べるものをいっぱい用意したわ。」と言っているので，「ご自由にどうぞ。」という意味の**3**が適切。

　📖 WORDS&PHRASES
□ **prepare**―〜を準備する　　□ **full**―おなかがいっぱいの

(17) *男性：* ナンシーと話がしたいのですけど。今，家にいらっしゃいますか。
　　 女性： ええ，いますよ。ちょっと待ってください。彼女を呼びますから。
　　　　　 1　彼女は今，学校にいます。
　　　　　 2　ちょっと待ってください。
　　　　　 3　彼女はたった今，出かけました。
　　　　　 4　あとでかけ直してください。

☑　「家にいらっしゃいますか」と聞かれて「はい」と答えているので，その人を呼び出すために「ちょっと待ってください。」と言っている**2**が適切。

　📖 WORDS&PHRASES
□ **Just a minute.**―ちょっと待ってください。

(18) *コーチ：* この前の土曜日に野球の練習に来なかったね。何かあったのかい？
　　 生徒： ああ，ちょっと気分が悪かったのですが，今は大丈夫です。
　　 コーチ： それを聞いてうれしいよ。でも，今日は無理をしないで。
　　　　　 1　次の日曜日はどう？
　　　　　 2　いちばん好きなスポーツは何？
　　　　　 3　一生懸命に練習しなさい。
　　　　　 4　何かあったのかい？

☑　野球の練習に来なかった生徒が I felt a little sick（ちょっと気分が悪かった）と答えていることから，コーチが「何かあったのかい？」と理由をたずねている**4**が適切。

(19)　**少年：ぼくの野球のグローブを見なかった？**
　　　少女：いいえ，見てないわ。最後に持っていたのはどこ？
　　　少年：練習のあと，机の上のここに置いたんだ。
　　　　　1　これがあなたのグローブよ。
　　　　　2　あなたのを借りてもいいかしら？
　　　　　3　これは野球のバットよ。
　　　　　4　最後に持っていたのはどこ？

☑ 野球のグローブが見つからないという少年が，「練習のあと，机の上のここに
　置いたんだ。」と場所を答えていることから，「最後に持っていたのはどこ？」
　とたずねている**4**が適切。

(20)　**生徒：これはずいぶんたくさんの宿題ですね！　　それを明日までに終わらせなけれ**
　　　　　ばなりませんか。
　　　先生：いいえ，金曜日まででいいですよ。
　　　　　1　今日は金曜日ですよ。
　　　　　2　心配しないで。私ができます。
　　　　　3　私はここに昨日来ました。
　　　　　4　金曜日まででいいですよ。

☑ 「それ(＝宿題)を明日までに終わらせなければなりませんか。」と聞かれて，
　Noと答えているので，「金曜日まででいいですよ。」と答えている**4**が適切。

本文の意味

サンタ・クルーズ海浜公園

私たちの 100 周年記念のために，この夏，イベントを開きます。

● 歌のコンテスト

8月7日の歌のコンテストに参加してください。大観衆の前で歌ってください。上位3人の歌手あるいはグループが賞をもらえます。

> **ルール**
> - 1人，2人，あるいは3人で一緒に歌ってもかまいません。
> - ㉑海に関する言葉が，歌に入っていなければなりません。
> - 私どものウェブサイトにアクセスして申し込んでください。
> - 当日は，午前 10 時までに来てください。

● 特別な写真

㉒プロのカメラマンが3ドルであなたの写真を撮ります。「サンタ・クルーズ海浜公園 100 周年記念」という言葉が写真に書き込まれます。

(21) **コンテストに参加する人は全員が…**
1　楽器を演奏します。　　　　2　海についての歌を歌います。
3　1人で歌います。　　　　　4　賞をもらいます。

✔　下線部㉑に Words about the sea should be included in the song.（海に関する言葉が，歌に入っていなければなりません。）とあるので，**2** が適切。

(22) **人々は3ドルで何を買うことができますか。**
1　公園へのチケットです。　　2　歌の本です。
3　彼ら自身の写真です。　　　4　公園の歴史についての本です。

✔　下線部㉒に A professional photographer will take a photo of you for \$3.00.（プロのカメラマンが3ドルであなたの写真を撮ります。）とあるので，**3** が適切。

📖 WORDS & PHRASES

□ **anniversary**—記念日　　□ **join**—〜に参加する　　□ **in front of** 〜—〜の前で[に]
□ **audience**—聴衆，観客　　□ **prize**—賞　　□ **include**—〜を含む
□ **website**—ウェブサイト　　□ **sign up**—申し込む　　□ **by**—〜までに
□ **take a photo**—写真を撮る　　□ **written**—write（〜を書く）の過去分詞
□ **musical instrument**—楽器　　□ **alone**—1人で

送信者：ユリ・イトウ
宛先：ウェンディ・ハーディング
日付：7月11日
件名：淡路島訪問

....

親愛なるウェンディ，
学校で，私の祖父母が淡路島に住んでいるって話したでしょ。㉓私の家族と私は来週末に車で祖父母の家に行くの。一緒に行きましょう。もちろん，私たちと一緒にあなたは祖父母の家に泊まれるわ。土曜日に父が車で連れていってくれて，私たちは次の日に戻るの。とても大きな橋を渡るのよ。その橋から海が見えるわ。いちばんいいのは，その週末に花火大会があることよ！
あなたの友達，
ユリ

送信者：ウェンディ・ハーディング
宛先：ユリ・イトウ
日付：7月12日
件名：あなたのご家族との旅行

....

親愛なるユリ，
あなたの計画，すごくよさそう！　私は京都に来てから列車での旅行は何回かしたけれど，車での旅行はまだないの。あなたたちとぜひご一緒したいわ。家族に見せるためにすてきな写真をいっぱい撮りたい。あなたに1つ質問があるの。㉔日曜日，京都には何時に戻ってくるのかしら？　私の両親は行かせてくれると思うから，詳しいことを教えたいのよ。
あなたの友達，
ウェンディ

送信者：ユリ・イトウ
宛先：ウェンディ・ハーディング
日付：7月12日
件名：旅行の詳細

....

親愛なるウェンディ，

わかったわ，これが旅行の詳細よ：

その土曜日は，午前8時に出発したいの。私の家に7時45分までに来て。私の父は大学に入学するまで淡路島に住んでいたの。どこで写真を撮ればいいかを彼は知っているわ。いろいろな場所に連れていってくれるから，そこですてきな写真が撮れるわ。㉕日曜日の午後3時に祖父母の家を出発するわ。午後6時ごろには家に着くでしょう。

あなたの友達，

ユリ

㉓ ユリは自分の家族と一緒にウェンディに何をしようと誘っていますか。

1 京都を訪れます。　　　　　　　　2 学園祭に行きます。

3 彼女の祖父母を歓迎します。　　　4 車で旅行します。

✓ 下線部㉓に My family and I are going to go to my grandparents' house by car …. Please join us.（私の家族と私は…車で祖父母の家に行くの。一緒に行きましょう。）とあるので，4が適切。

㉔ ウェンディはユリに何についてたずねていますか。

1 島への行き方です。　　　　　　　2 どの列車に乗るかです。

3 いつ家に帰ってくるかです。　　　4 どこで写真を撮るかです。

✓ 下線部㉔に What time will we return to Kyoto on Sunday?（日曜日，京都には何時に戻ってくるのかしら？）とあるので，3が適切。

㉕ 日曜日の午後3時に，彼らは…

1 とても大きな橋を渡ります。　　　2 花火を見ます。

3 京都に向け出発します。　　　　　4 京都に着きます。

✓ 下線部㉕に At 3:00 p.m. on Sunday, we will leave my grandparents' house.（日曜日の午後3時に，祖父母の家を出発するわ。）とあるので，3が適切。4と混同しないように注意。京都の家に着くのは午後6時ごろ。

📖 WORDS&PHRASES

□ **by**─〜で，〜までに　　□ **drive**─〜を車に乗せていく　　□ **return**─戻る

□ **cross**─〜を渡る　　□ **best of all**─いちばんいいのは，特に

□ **fireworks**─花火大会，花火　　□ **trip**─旅行　　□ **since**─〜して以来

□ **never**─一度も〜ない　　□ **let**─…に〜させる

3C

本文の意味

フランスのエイプリルフールの日の伝統

　毎年春，フランスの子どもたちは4月1日を楽しみます。彼らは，魚の絵を人の背中にはりつけようとするのです。最初に，㉖子どもたちは多くの魚の絵を用意します。紙から魚を1つずつ切り離します。それから，衣服にくっつくように，魚にテープをはります。子どもたちは自分の魚をできるだけ多くの人の背中にはりつけたいのです。彼らは人に捕まらないように，すばやく静かにそれをやろうとします。「エイプリル・フィッシュ」と叫んで逃げます。

　㉗ずっと昔，フランスでは新年を始めるいろいろな日付がありました。最も一般的だったのが3月25日でした。新年のパーティーは4月1日まで開かれ，人々はプレゼントを渡し合いました。㉘1564年に，王が新しい法律を作りました。それには，みんなが同じ新年の日，1月1日を使わなければならないとありました。しかし，その新しい法律を喜ばない人たちもいました。その人たちは，そのあとも4月1日にお祝いしたのです。これがエイプリルフールの始まりです。

　おそらく，4月1日の魚が新年の贈り物だったのでしょう。しかし，なぜ贈り物が魚だったのでしょうか。それにはどういう意味があったのでしょうか。古い新年の日や新年のパーティーはイースターに近いときでした。㉙イースターの前には，肉を食べない人もいましたが，魚は食べました。魚はその季節のうれしい贈り物なのでした。

　次第にいたずらが始まりました。人々は贈り物として魚に似たものをあげました。また，魚の絵をあげることも始まりました。今では，4月1日と紙の魚は，フランスの子どもたちにはとても関係があるのです。

(26)　フランスの子どもたちは4月1日に何を準備しますか。
　　1　贈り物の包装紙です。　　　　　2　釣り船です。
　　3　魚を食べるパーティーです。　　4　魚の絵です。

　☑　下線部㉖に children prepare many drawings of fish（子どもたちは多くの魚の絵を用意します）とあるので，4が適切。

(27)　過去において，4月1日は…時期でした。
　　1　新年のパーティーを開く　　　　2　夕食に肉を料理する
　　3　絵をかく　　　　　　　　　　　4　海に行く

　☑　下線部㉗の1文目に Long ago, …（ずっと昔，…）とあり，下線部㉗の3文目に New Year's parties were held till April 1 and ….（新年のパーティーは4月1日まで開かれ…。）とあることから，1が適切。

(28) 新年の日付を変えたのはだれですか。
1 子どもたちです。　　　　2 すべての人々です。
3 王様です。　　　　　　　4 お年寄りたちです。

✓ 下線部㉘に In 1564, the King made a new law.（1564年に，王が新しい法律
を作りました。）とあり，「それには，みんなが同じ新年の日，1月1日を使わ
なければならないとありました。」とあることから，3が適切。

(29) 昔，なぜイースターの時期に魚を食べる人がいたのですか。
1 子どもたちが春に多くの魚を捕まえました。
2 彼らは肉を食べられませんでした。
3 それが彼らがもらう唯一の贈り物でした。
4 王様が魚を食べるのが好きでした。

✓ 下線部㉙に Before Easter, some people did not eat meat, but they ate fish.
（イースターの前には，肉を食べない人もいましたが，魚は食べました。）とあ
るので，2が適切。

(30) この話は何についてのものですか。
1 子どもたちが食べるのが好きな食べ物。
2 魚を捕まえる最もよい方法。
3 新しい法律の作り方。
4 フランスの子どもたちの遊び。

✓ 全体の内容は，4月1日のエイプリルフールのときに，フランスの子どもたち
が魚の絵をかいて人の背中にはりつけて遊ぶというものなので，4が適切。

📖 WORDS&PHRASES

□ **tradition**—伝統　　□ **drawing**—絵　　□ **prepare**—〜を準備する
□ **as 〜 as possible**—できるだけ〜　　□ **quickly**—すばやく　　□ **quietly**—静かに
□ **caught**—**catch**（〜を捕まえる）の過去形・過去分詞　　□ **run away**—逃げる
□ **long ago**—昔　　□ **however**—しかしながら　　□ **still**—それでもなお
□ **celebrate**—〜を祝う　　□ **perhaps**—たぶん，おそらく　　□ **mean**—〜を意味する
□ **welcome**—うれしい，ありがたい　　□ **trick**—いたずら　　□ **truly**—本当に

ライティング対策 　質問の意味と解答例

4A
(問題　p.128)

質問の意味

あなたは日本でどこに行きたいですか。

解答例

I want to visit Ise Jingu in Mie.　Ise Jingu is a very famous shrine in Japan.
Also, I want to eat big Ise lobsters and delicious Matsusaka beef.　　　（29 語）

解答例の意味

私は三重県にある伊勢神宮を訪れたいです。伊勢神宮は日本でとても有名な神社
です。また，大きな伊勢エビとおいしい松阪牛を食べたいです。

✎ 「どこに行きたいか」という質問に対しては，1文目に I want to go to［visit］～. のよ
うに行きたい場所を書く。場所を言うときは，Ise Jingu in Mie（三重県の伊勢神宮）
のように「小さい場所」→「それを含む大きい場所」の順に書く。2文目以降はそ
の理由を述べよう。理由を2つ述べるときは，Also（また）を使って，そこへ行った
ら次に何をしたいかなどを付け加えると文が自然につながる。

4B
(問題　p.129)

解答例

Yes, I went to Hokkaido with my family.　We stayed there for five days.　I
enjoyed skiing with my brother at Niseko Ski Resort.　　　（24 語）

解答例の意味

うん，家族と北海道に行ったよ。私たちはそこに5日間滞在した。私はニセコスキー
リゾートで兄とスキーをして楽しんだよ。

✎ 友達（Alice）からの2つの質問（下線部）は，① How long did you stay there? （あなた
はそこ（＝北海道）にどれくらい滞在したのですか。）と，② And what did you enjoy?
（そしてあなたは何を楽しみましたか。）。①に対しては，主語を we にして，We
stayed there(=in Hokkaido) for ～ days. の形で答えよう。②に対しては，I enjoyed
～ing.（私は～をして楽しんだ）の形の英文を書く。

リスニングテスト第1部 （問題　p.130 〜 131）

No.1

A: What did you do on the weekend? 「あなたは週末に何をしたの？」
B: I went to the festival at my brother's high school. 「兄［弟］の高校の学園祭に行ったよ。」
A: Did you enjoy it? 「楽しかった？」
  1　Yes, I listened to many groups' music. 1「うん，多くのグループの音楽を聞いたんだ。」
  2　No, I went there by bus. 2「いや，そこへはバスで行ったんだ。」
  3　Yes, he's a high school student. 3「うん，彼は高校生なんだ。」

 「高校の学園祭に行った」と言う少年に「楽しかった？」と聞いているので，楽しかった理由を答えている**1**が適切。

No.2

A: Goodbye, I had a great time. 「さようなら，とても楽しかったよ。」
B: I did, too.　Please come again. 「私も楽しかったわ。また来てね。」
A: Thank you, I will.　Oh, it started snowing. 「ありがとう，そうするよ。あ，雪が降り始めたね。」
  1　I started driving last year. 1「私は去年運転を始めたわ。」
  2　Please drive carefully. 2「運転に気をつけて。」
  3　I have a driver's license. 3「私は運転免許証を持っているわ。」

 帰ろうとしている男性が「雪が降り始めたね」と言っているので，「運転に気をつけて。」と言っている**2**が適切。driver's license は「運転免許証」。

No.3

A: Did you go to see your brother's soccer game? 「お兄さん［弟さん］のサッカーの試合を見に行ったの？」
B: Of course I did. 「もちろん行ったよ。」
A: Did his team win? 「彼のチームは勝ったの？」
  1　It was a soccer game. 1「それはサッカーの試合だったよ。」
  2　Yes, it was a great game. 2「うん，すばらしい試合だった。」
  3　No, it was raining. 3「いや，雨が降っていたんだ。」

 女性が「彼（＝お兄さん［弟さん］）のチームは勝ったの？」と聞いているので，「うん，すばらしい試合だった。」と答えている**2**が適切。

No.4

A: Take your umbrella today, Mark.

B: It's a beautiful day outside.

A: No, the TV says it will rain later today.

   1 **In that case, I will.**

   2 It rained last Sunday, too.

   3 We bought a new TV.

「マーク，今日はかさを持っていきなさい。」

「外はいい天気だよ。」

「いいえ，テレビで今日はあとで雨が降るって言っているわ。」

  1　「それなら，持っていくよ。」

  2　「この前の日曜日も雨だったね。」

  3　「ぼくたちは新しいテレビを買ったんだ。」

No.5

A: I didn't know you had a sister.

B: She's a college student and lives in Tokyo.

A: How old is she?

   1 She likes baseball.

   2 She studies science.

   3 **She's 22.**

「きみにお姉さん[妹さん]がいるなんて知らなかったよ。」

「大学生で東京に住んでいるの。」

「何歳なの？」

  1　「彼女は野球が好きよ。」

  2　「彼女は科学を勉強しているわ。」

  3　「彼女は22歳よ。」

No.6

A: Have you ever seen a koala?

B: No, but I really want to see one someday.

A: There are koalas at the zoo in my city.

   1 **I should visit there.**

   2 I like koalas, too.

   3 They go to Australia.

「コアラを見たことがある？」

「いや，でもいつか本当に見てみたいなあ。」

「私の市にある動物園にコアラがいるわよ。」

  1　「そこに行かなきゃ。」

  2　「ぼくもコアラが好きだよ。」

  3　「彼らはオーストラリアに行くんだよ。」

No.7

A: I have to hurry to the station.

B: Then, you should catch a taxi.

A: How much is it?

   1 In 10 minutes or so.

   2 The bus will be cheaper.

   3 **Well, about 15 dollars.**

「急いで駅に行かなければならないんです。」

「でしたら，タクシーをつかまえたほうがいいでしょう。」

「いくらでしょうか。」

  1　「10分かそこらです。」

  2　「バスのほうが安いですよ。」

  3　「ええと，だいたい15ドルです。」

No.8

🔊
A: There are two of us. Do you have any tables open? | 「2人です。空いているテーブルはありますか。」
B: Yes, we have one by the window with a nice view. | 「はい，窓際にすてきな眺めのテーブルが1つございます。」
A: That's great! Thank you. | 「それはすばらしい！　ありがとうございます。」

1 I'm very hungry. | 1「私はとてもおなかがすいているんです。」

2 Follow me, please. | 2「こちらへどうぞ。」

3 Do you know the shop? | 3「そのお店をご存知ですか。」

No.9

🔊
A: I'm looking for a men's jacket. | 「男性用のジャケットを探しているんですが。」

B: How about that blue one? | 「あちらの青いのはいかがでしょうか。」
A: That looks nice. I want to try it on. | 「よさそうですね。試着してみたいです。」

1 We don't have a larger size. | 1「それより大きいサイズはございません。」

2 The fitting rooms are over there. | 2「試着室はあちらにございます。」

3 That jacket is not on sale. | 3「そのジャケットはセール品ではございません。」

- -

☑ 衣料品店で試着してみたいと言う男性客に試着室の場所を教えている**2**が適切。try ～ on は「～を試着する」という意味。

No.10

🔊
A: Dad, I'm at the station, and it's raining. | 「お父さん，私，駅にいるんだけど，雨が降っているの。」
B: Don't you have an umbrella? | 「かさは持っていないのかい？」
A: No. Can you pick me up? | 「持っていないわ。迎えに来てくれる？」

1 OK, I'll come right now. | 1「わかった，すぐに行くよ。」
2 Sorry, the train was late. | 2「ごめん，電車が遅れてしまって。」
3 I'll catch the last train. | 3「私は最終電車に乗るよ。」

- -

☑ 娘が「かさがないから迎えに来て」と駅から電話してきているので，それに応じている**1**が適切。駅にいる設定なので，**2**や**3**の train に惑わされないこと。〈pick ＋ 人 ＋ up〉は「（人）を車で迎えに行く」という意味。

リスニングテスト第2部 （問題 p.132 ～ 133）

No.11

A: We have a foreign student in my class. He is from Taiwan.
B: We have two. One is from France, and the other from Korea.
A: The student in my class is going back home next month.
B: Sorry to hear that.

Question **Who is going back home?**

A: ぼくのクラスには外国人の生徒がいるよ。彼は台湾出身なんだ。
B: 私たちのところには2人いるわよ。1人はフランス出身で，もう1人は韓国
出身。
A: ぼくのクラスの生徒は来月故郷に帰るんだよ。
B: それは残念ね。

質問 **だれが故郷に帰りますか。**

1　カナダ出身の生徒です。　　　　2　フランス出身の生徒です。
3　台湾出身の生徒です。　　　　　4　韓国出身の生徒です。

✔ だれが故郷に帰るかをたずねている。AはHe is from Taiwan.（彼〈＝外国
人の生徒〉は台湾出身なんだ。）と言った上で，The student in my class is
going back home（ぼくのクラスの生徒は故郷に帰るんだよ）と言っている
ので，3が適切。2と4はBのクラスにいる生徒たち。

No.12

A: Hello, can I rent a car today? I want a small car.
B: OK. For how long, sir? For one day?
A: No, eight hours. How much will it be?
B: It's seven dollars an hour.

Question **How long will the man need a car?**

A: こんにちは，今日車を借りられますか。小さい車がいいのですが。
B: かしこまりました。どのくらいの時間ですか，お客様。1日ですか。
A: いや，8時間です。いくらになりますか。
B: 1時間当たり7ドルです。

質問 **男性はどのくらいの時間，車が必要ですか。**

1　1日です。　　　　　　　　　2　8時間です。
3　7時間です。　　　　　　　　4　1時間です。

車を必要とする時間をたずねている。車を借りたいと言う男性が「どのくらいの時間ですか，お客様。」と聞かれて，eight hours（8時間です）と答えているので2が適切。どの数字が正解に相当するのかを聞き取ることがポイント。

No.13

A: When does the next express train to Springhill come?

B: In thirty minutes. But a local train to Dayton comes in five minutes.

A: If I take the train to Dayton, how do I get to Springhill?

B: After two minutes at Dayton, you can catch another local to Springhill.

Question **How long will the woman wait at Dayton?**

A: スプリングヒル行きの次の急行列車はいつ来ますか。

B: 30分後です。ですが，デイトン行きの普通列車は5分後に来ますよ。

A: もしデイトン行きの列車に乗ったら，どうやってスプリングヒルに行けますか。

B: デイトンで2分後にスプリングヒル行きの別の普通列車に乗れますよ。

質問 **女性はデイトンでどのくらいの時間待ちますか。**

1　15分です。　　　　　　　　　　2　5分です。

3　30分です。　　　　　　　　　　4　2分です。

デイトン駅で列車を待つ時間をたずねている。Bが After two minutes at Dayton, you can catch another local to Springhill.（デイトンで2分後にスプリングヒル行きの別の普通列車に乗れますよ。）と言っているので，4が適切。2は，今いる駅でデイトン行きの列車が来るまでの時間。

No.14

A: How do you like baseball practice, Henry?

B: It's fun. But it's a little hard, and I'm always tired.

A: Do you have practice every day?

B: No. I don't have it on Saturdays and Sundays.

Question **When does Henry have baseball practice?**

A: ヘンリー，野球の練習はどう？

B: 楽しいよ。でも，ちょっときついんだよ，それで，ぼくはいつも疲れているよ。

A: 毎日練習があるの？

B: いや。毎週土曜日と日曜日にはないよ。

質問 **ヘンリーはいつ野球の練習がありますか。**

1　毎日です。　　　　　　　　　　2　毎週土曜日と日曜日にです。

3　平日にです。　　　　　　　　　4　週末にです。

野球の練習日をたずねている。「毎日練習があるの？」と聞かれてヘンリーは I don't have it on Saturdays and Sundays.（毎週土曜日と日曜日にはないよ。）と答えていることから，「平日」に練習があるとわかるので，3が適切。

No.15

A: Sorry, I'm going to be late. I'm still on the bus.

B: Aren't you driving your car?

A: No, something is wrong with my car.

B: I see. Take your time.

| Question | **Where is the man now?**

A: ごめんね，遅れそうなんだ。まだバスの中だよ。

B: 車で来ているんじゃないの？

A: いや，ぼくの車の調子が悪くてね。

B: わかったわ。あわてないでね。

質問 **男性は今どこにいますか。**

1 彼の車の中にいます。 2 バスの中にいます。

3 車の修理工場にいます。 4 女性と一緒にいます。

 男性が今いる場所をたずねている。男性は I'm still on the bus.（まだバスの中だよ。）と言っているので，2が適切。

No.16

A: Come down, Daniel. Dinner is ready.

B: Just a minute, Mom. I cleaned my room, and I'm doing my homework.

A: Good boy. Wash your hands before dinner, OK?

B: I know, Mom. I will.

| Question | **What is Daniel doing now?**

A: 下りてきなさい，ダニエル。夕食ができているわよ。

B: ちょっと待って，お母さん。ぼくは部屋を掃除して，今，宿題をしているところなんだ。

A: いい子ね。夕食の前に手を洗いなさい，いい？

B: わかっているよ，お母さん。そうするよ。

質問 **ダニエルは今，何をしていますか。**

1 夕食を食べています。 2 部屋を掃除しています。

3 宿題をしています。 4 手を洗っています。

✔ ダニエルが今，何をしているのかをたずねている。ダニエルは I'm doing my homework(今，宿題をしているところなんだ)と言っているので，3が適切。

No.17

🔊
A: What are you going to give Grandma for her birthday?
B: I'm still thinking. Last year, I gave her flowers.
A: Yes, they were nice roses. I'm drawing a picture of her this year.
B: Nice idea. Then I'll give her the same.

Question **What will the boy give his grandmother for her birthday?**

- -

A: あなたはおばあちゃんの誕生日に何をあげるつもり？
B: まだ考え中なんだ。去年は彼女にお花をあげたんだよ。
A: そうね，すてきなバラだったわ。私は，今年は彼女の絵をかいているところよ。
B: いい考えだね。じゃあ，ぼくも同じのをあげよう。

質問 **少年は誕生日におばあさんに何をあげますか。**

1　花です。　　　　　　　　　　　2　祖母の絵です。
3　バラの絵です。　　　　　　　　4　写真のアルバムです。

- -

✔ 少年がおばあさんの誕生日にあげるものをたずねている。少年は I'll give her the same(ぼくも同じの〈＝祖母の絵〉をあげよう)と言っているので，2が適切。1は去年のプレゼント。

No.18

🔊
A: Matt, are you going to go to Anna's birthday party tonight?
B: No, I can't.
A: Oh, what's the matter? Don't you like parties?
B: I like parties. I have to take care of my sister.

Question **Why can't Matt go to the party?**

- -

A: マット，今夜のアナの誕生日パーティーには行くつもり？
B: ううん，行けないんだ。
A: えっ，どうしたの？　パーティーは好きじゃないの？
B: パーティーは好きだよ。妹の面倒を見なきゃならないんだ。

質問 **マットはなぜパーティーに行けないのですか。**

1　彼は招待を受けませんでした。　　2　彼は今，具合が悪いです。
3　彼は妹といなければなりません。　4　彼はパーティーが好きではありません。

- -

✔ マットがパーティーに行けない理由をたずねている。「どうしたの？」と聞かれて，マットは I have to take care of my sister.(妹の面倒を見なきゃな

らないんだ。）と答えているので，3が適切。

No.19

A: Is that your new bicycle, Susan?
B: Yes, I even named it. Its name is Windy.
A: It sounds fast.
B: It is. And also, it's very light.

Question **What are they talking about?**

A: スーザン，それはきみの新しい自転車？
B: そう，名前もつけたのよ。ウィンディって名前よ。
A: 速そうな響きだね。
B: 速いのよ。それにまた，とても軽いの。

質問 **彼らは何について話していますか。**

1 新しいペットです。 　　　　2 今日の天気です。
3 速いランナーです。 　　　　4 自転車です。

何について話しているかをたずねている。初めに Is that your new bicycle, Susan?(スーザン，それはきみの新しい自転車？)と聞いていて，そのあとも自転車の話が続いているので，4が適切。

No.20

A: Jenny, I can't come to the guitar practice.
B: What's wrong, Michael? Are you sick?
A: No, I'm all right, but I have to study for the test tomorrow.
B: I understand. Good luck!

Question **What is Michael's problem?**

A: ジェニー，ギターの練習に行けないよ。
B: どうしたの，マイケル？　具合が悪いの？
A: いや，ぼくは元気なんだけど，明日のテストの勉強をしなきゃならなくて。
B: わかったわ。がんばって！

質問 **マイケルの問題は何ですか。**

1 彼は頭痛がします。 　　　　2 彼は寝坊しました。
3 彼はギターをなくしました。　4 彼はテスト勉強をしなければなりません。

マイケルの問題が何かをたずねている。マイケルは I have to study for the test tomorrow(明日のテストの勉強をしなければならない)と言っているので，4が適切。

リスニングテスト第3部 （問題　p.134 ～ 135）

No.21

I'm on the soccer team at school. Every day after school, I start practicing at four thirty and finish at six. I get home at about seven. After dinner, I usually study until ten and go to bed.

| Question | **When does the boy arrive at his house?**

ぼくは学校でサッカー部に入っています。毎日放課後，4時30分に練習し始め，6時に終わります。7時ごろに帰宅します。夕食後は，たいてい10時まで勉強して，それから寝ます。

質問　**少年はいつ家に着きますか。**

1　4時30分にです。	2　6時にです。
3　7時ごろにです。	4　10時ごろにです。

☑ I get home at about seven.（ぼくは7時ごろに帰宅します。）と話しているので，**3**が適切。英文中のget home（帰宅する）と質問のarrive at his house（家に着く）は同じ意味で使われている。**1**は練習を始める時刻，**2**は練習が終わる時刻，**4**は寝る時刻。

■ WORDS&PHRASES

□ **usually**―ふだん，たいてい　　□ **until**―～まで（ずっと）

No.22

Attention, students. Today is the last day of our school festival. The winner of the class dance contest is Class 7-C. We will have a party at three thirty.

| Question | **What is the girl talking about?**

生徒の皆さん，お知らせいたします。今日は，学園祭の最終日です。クラス対抗ダンスコンテストの優勝は7年C組です。3時30分からパーティーを開きます。

質問　**少女は何について話していますか。**

1　学園祭の開会。
2　学園祭に生徒をどうやって招待するか。
3　夜のパーティー。
4　コンテストの優勝組。

☑ The winner of the class dance contest is Class 7-C.（クラス対抗ダンスコンテストの優勝は7年C組です。）と言っているので，**4**が適切。

No.23

🔊 A new student from Australia has come to John's class. They will have a party for the new student today. They will use their classroom and have some drinks and snacks. They will sing and dance.

[Question]　**What will John's class do today?**

- -

オーストラリアから新入生がジョンのクラスに来ました。今日，彼らは新入生のためにパーティーを開きます。彼らは教室を使って，飲み物を飲み軽食を食べます。歌ったりダンスをしたりします。

[質問] **ジョンのクラスは今日何をしますか。**

1　新入生を迎えます。　　　　　2　オーストラリアへ旅行をします。

3　パーティーを開きます。　　　4　教室を掃除します。

- -

✓　They will have a party for the new student today.(今日，彼ら〈＝ジョンのクラス〉は新入生のためにパーティーを開きます。)と言っているので，3が適切。

No.24

🔊 Mr. Tanaka likes taking pictures of old castles around Japan. This year, he took pictures of castles in Nagoya, Himeji and Kumamoto. They were beautiful. But his favorite picture is the one in Matsumoto.

[Question]　**Which picture does Mr. Tanaka like the best?**

- -

タナカさんは日本中の古い城の写真を撮るのが好きです。今年は，名古屋，姫路，そして熊本の城の写真を撮りました。それらはきれいでした。でも，彼のお気に入りの写真は松本の城です。

[質問] **タナカさんはどの写真がいちばん気に入っていますか。**

1　名古屋の城です。　　　　　2　松本の城です。

3　姫路の城です。　　　　　　4　熊本の城です。

- -

✓　最後に his favorite picture is the one in Matsumoto(彼〈＝タナカさん〉のお気に入りの写真は松本のものです)と言っているので，2が適切。

No.25

Good morning, class. As you know, we have a ball game tournament this afternoon. I can't wait to see you play. Please come to the gym after lunch.

Question **What is the woman looking forward to?**

- -

皆さん，おはようございます。ご存知のとおり，今日の午後，球技大会があります。皆さんがプレーするのを見るのが待ちきれません。昼食後に体育館に来てください。

質問 **女性は何を楽しみにしていますか。**

1 午後に遊ぶことです。　　　　　　2 ショッピングモールに行くことです。

3 いくつかの試合を見ることです。　4 昼食を食べることです。

- -

 I can't wait to see you play.（皆さんが〈球技大会で〉プレーするのを見るのが待ちきれません。）と話しているので，3 が適切。質問の look forward to ～（～を楽しみにする）と英文の can't wait to ～（～するのが待ちきれない）はほぼ同じ意味。

■ WORDS&PHRASES
□ **as you know**―ご存知のとおり　　□ **look forward to ～**―～を楽しみにする

No.26

Last Sunday, Nancy and Cindy went shopping. Nancy wanted to buy a nice hat, and Cindy was looking for a bag for her mother. There weren't any nice hats. Cindy bought a pretty bag.

Question **What did Cindy buy?**

- -

この前の日曜日，ナンシーとシンディは買い物に行きました。ナンシーはすてきな帽子を買いたくて，シンディは母親にあげるバッグを探していました。すてきな帽子はありませんでした。シンディはきれいなバッグを買いました。

質問 **シンディは何を買いましたか。**

1 ナンシーの帽子です。　　　　　　2 シンディのバッグです。

3 シンディの母親のバッグです。　　4 ナンシーの母親の帽子です。

- -

■ 「ナンシーはすてきな帽子を買いたかった」→ There weren't any nice hats.（すてきな帽子はありませんでした。），「シンディは母親にあげるバッグを探していた」→ Cindy bought a pretty bag.（シンディはきれいなバッグを買いました。）と言っているので，3 が適切。

■ WORDS&PHRASES
□ **look for ～**―～をさがす　　□ **bought**―buy（～を買う）の過去形

168

No.27

Yesterday, David came home early. He usually gets home at about six in the evening, but yesterday he didn't have tennis practice. He did his homework and went out for dinner with his family.

Question **Why did David come home early yesterday?**

昨日，デイビッドは早くに帰宅しました。彼はふつう夕方の6時ごろに帰宅しますが，昨日，彼はテニスの練習がありませんでした。彼は宿題をして，家族と一緒に夕食に出かけました。

質問 **デイビッドはなぜ昨日，早く帰宅したのですか。**

1 彼はかぜをひいていました。
2 彼は宿題がたくさんありました。
3 彼はテニスをしませんでした。
4 彼は家族のために夕食を作らなければなりませんでした。

☑ yesterday he didn't have tennis practice（昨日，彼〈＝デイビッド〉はテニスの練習がありませんでした）と言っているので，3が適切。

📖 WORDS&PHRASES
□ **go out (for ～)**―（～のために）外出する

No.28

Today, I had a piano concert. My parents, grandparents, and my friend Emma were planning to see my concert. This morning, my grandma called and said grandpa was sick. He didn't come.

Question **Who was absent from the concert?**

今日，私はピアノのコンサートがありました。両親，祖父母，そして友達のエマが私のコンサートを見る予定でした。今朝，祖母から電話があり，祖父が病気だと言ってきました。彼は来ませんでした。

質問 **コンサートを欠席したのはだれですか。**

1 少女の母親です。　　　　　2 少女の父親です。
3 少女の祖父です。　　　　　4 少女の友達です。

☑ my grandma called and said grandpa was sick. He didn't come.（祖母から電話があり，祖父が病気だと言ってきました。彼は来ませんでした。）と言っているので，3が適切。

📖 WORDS&PHRASES
□ **plan to ～**―～する予定だ　　□ **be absent from ～**―～を欠席する

No.29

My family moved to this city last month, and I had to change schools. At first, I wasn't happy because I had no friends at school. Now, I'm happy. I have a lot of friends in my class.

Question **What is the boy talking about?**

ぼくの家族は先月，この市に引っ越してきました，そしてぼくは転校しなければなりませんでした。最初，学校で友達がいなかったので楽しくありませんでした。今では楽しいです。クラスには友達がいっぱいいます。

質問 **少年は何について話していますか。**

1　彼の家族です。　　　　　　　　2　学校に遅刻したことです。
3　彼の新しい学校生活です。　　　4　彼の将来の計画です。

転校して，最初は友達がいなくて楽しくなかったけれど，今ではクラスに多くの友達がいるので楽しいと，新しい学校生活のことについて話しているので，3が適切。

WORDS&PHRASES

□ **move to 〜**――〜に引っ越す　　□ **be late for 〜**――〜に遅れる　　□ **future**―将来の

No.30

James started taking driving lessons three weeks ago. He goes to the driving school twice a week. This week, he started driving on the road. He has driven on the road only once so far.

Question **How many times has James driven on the road?**

ジェイムズは3週間前に運転の教習を受け始めました。彼は週に2回，自動車学校に行きます。今週，彼は路上で運転を始めました。今のところ，路上を運転したのは1回だけです。

質問 **ジェイムズは路上を何回運転しましたか。**

1　1回です。　　　　　　　　　　2　2回です。
3　3回です。　　　　　　　　　　4　4回です。

最後に He has driven on the road only once so far.（今のところ，路上を運転したのは1回だけです。）と言っているので，1が適切。2の twice は1週間に自動車学校に行く回数。

WORDS&PHRASES

□ **twice**―2回　　□ **driven**―**drive**（運転する）の過去分詞　　□ **once**―1回

英検 **3** 級

二次試験（面接）　意味と解答例

[問題：p.138 － p.147]

カードの意味

ペット

多くの人々はペットの犬を飼いたいと思っています。犬と遊ぶとくつろぐことができます。犬を散歩に連れていく時間がない人もいるので，彼らはハムスターや鳥のようなペットを飼います。

No.1

Please look at the passage. Why do some people get pets such as hamsters or birds?
（英文を見てください。なぜ一部の人はハムスターや鳥のようなペットを飼うのですか。）

解答例 **Because they don't have time to take dogs for walks.**
（彼らは犬を散歩に連れていく時間がないからです。）

- -

Some people don't have time to take dogs for walks, so they get pets such as hamsters or birds.（犬を散歩に連れていく時間がない人もいるので，彼らはハムスターや鳥のようなペットを飼います。）と書かれている。Why ～?（なぜ～か。）と理由を問う文には，Because ～.（なぜなら～だからです。）で答えるとよい。soの直前の部分が「理由」にあたる。また，答えの文では主語を代名詞に変えて答える。本問では，some people は they にする。

No.2

Please look at the picture. How many people are wearing hats?
（絵を見てください。何人の人が帽子をかぶっていますか。）

解答例 **Three people are wearing hats.**
（3人の人が帽子をかぶっています。）

- -

1人の女性と2人の少女が帽子をかぶっていることがわかる。〈How many＋名詞の複数形～?〉（いくつ［何人］～か。）という質問には，数を答える。

No.3

Please look at the man. What is he doing?
（男性を見てください。彼は何をしていますか。）

解答例 **He's cooking.**
（彼は料理をしています。）

☑ 男性を見ると，ソーセージを焼いているのがわかる。What is［are］〜 doing?（〜は何をしていますか。）という質問には，〈主語＋is［are］＋動詞の ing形〜.〉(現在進行形)を使って答える。

No.4

🔊 What did you do last Sunday?
（あなたはこの前の日曜日に何をしましたか。）

解答例 **I played with my cousins.**
（私はいとこと遊びました。）

☑ What did you do?（あなたは何をしましたか。）という質問には，動詞の過去 形を使って「したこと」を具体的に答える。

No.5

［1つ目の質問］

🔊 Do you like shopping in your free time?
（あなたはひまなときに買い物をするのが好きですか。）

解答例 **Yes, I do.** （はい，好きです。）
No, I don't. （いいえ，好きではありません。）

［2つ目の質問］
（あなたがYesで答えた場合）

🔊 What do you like to buy?
（あなたは何を買うのが好きですか。）

解答例 **I like to buy books.**
（私は本を買うのが好きです。）

（Noで答えた場合）

🔊 What do you want to do this summer?
（あなたは今年の夏に何をしたいですか。）

解答例 **I want to go to a foreign country.**
（私は外国に行きたいです。）

☑ Do you like〜?（あなたは〜が好きですか。）という質問には，Yes, I do. か No, I don't［do not］.で答える。
　 Yesで答えた場合，What do you like to buy?（あなたは何を買うのが好きで すか。）という質問には，具体的に買うものを答えるとよい。
　 Noで答えた場合，What do you want to do?（あなたは何をしたいですか。）と いう質問には，〈I want to ＋動詞の原形〜.〉を使って，具体的にしたいことを 答えるとよい。

歌うこと

歌うことはリラックスするよい方法になることがあります。多くの人々の前で歌うことを楽しむ人もいるので，彼らは歌のグループやバンドに参加します。歌のレッスンを受けることで人々はより上手に歌えるようになります。

No.1

Please look at the passage. Why do some people join singing groups or bands?
（英文を見てください。なぜ一部の人は歌のグループやバンドに参加するのですか。）

解答例 **Because they enjoy performing in front of many people.**
（彼らは多くの人々の前で歌うことを楽しむからです。）

- -

☑ Some people enjoy performing in front of many people, so they join singing groups or bands.（多くの人々の前で歌うことを楽しむ人もいるので，彼らは歌のグループやバンドに参加します。）と書かれている。Why ～?（なぜ～か。）と理由を問う文には，Because ～.（なぜなら～だからです。）で答えるとよい。soの直前の部分が「理由」にあたる。また，答えの文では主語を代名詞に変えて答える。本問では，some people は they にする。

No.2

Please look at the picture. How many books are there on the bench?
（絵を見てください。何冊の本がベンチの上にありますか。）

解答例 **There are two books on the bench.**
（ベンチの上には2冊の本があります。）

- -

☑ ベンチの上に2冊の本があるのがわかる。〈How many + 名詞の複数形～?〉（いくつ[何人]～か。）という質問には，数を答える。

No.3

Please look at the boy. What is he doing?
（少年を見てください。彼は何をしていますか。）

解答例 **He's drawing.**
（彼は絵をかいています。）

- -

☑ 少年を見ると，（色）鉛筆で絵をかいているのがわかる。What is［are］〜 doing?（〜は何をしていますか。）という質問には，〈主語＋is［are］＋動詞の ing形〜．（現在進行形）を使って答える。

No.4

🔊 Where do you often go on weekends?
（あなたは週末にどこによく行きますか。）

解答例 **I go to the shopping mall.**
（私はショッピングモールに行きます。）

☑ Where do you often go?（あなたはどこによく行きますか。）という質問には， 〈I go to＋場所を表す語．〉を使って自分のよく行く場所を答える。

No.5

［1つ目の質問］

🔊 Have you ever been to a beach?
（なたは今までに浜辺に行ったことがありますか。）

解答例 **Yes, I have.** （はい，行ったことがあります。）
No, I haven't. （いいえ，行ったことがありません。）
［2つ目の質問］
（あなたがYesで答えた場合）

🔊 Please tell me more.
（もっと私に話してください。）

解答例 **I went to a beach in Chiba.**
（私は千葉の浜辺に行きました。）
（Noで答えた場合）

🔊 What do you like to do when the weather is cold?
（あなたは天候が寒いときに何をするのが好きですか。）

解答例 **I go jogging.**
（私はジョギングに行きます。）

☑ Have you ever been to 〜?（あなたは今までに〜に行ったことがありますか。） という質問には，Yes, I have. かNo, I haven't［have not］. で答える。
Yesで答えた場合，Please tell me more.（もっと私に話してください。）とい う質問が続くので，行った場所の具体的な地名や，いつ行ったか，そこで何 をしたか，何回行ったかなどを答えるとよい。
Noで答えた場合，What do you like to do?（何をするのが好きですか。）とい う質問には，好きな行動を具体的に答えるとよい。

3級 2023年度 第2回

意味と解答例

カードA

[問題 p.140]

カードの意味

野球帽

野球帽は日本で人気があります。野球ファンは自分のお気に入りのチームを観戦するときに，球場でよくそれをかぶっています。一部の人々は強い日差しを心配するので，暑い夏の日に野球帽をかぶります。

No.1

Please look at the passage. Why do some people wear baseball caps on hot summer days?
（英文を見てください。なぜ一部の人々は暑い夏の日に野球帽をかぶるのですか。）

解答例 **Because they worry about strong sunlight.**
（彼らは強い日差しを心配するからです。）

- -

Some people worry about strong sunlight, so they wear baseball caps on hot summer days.（一部の人々は強い日差しを心配するので，暑い夏の日に野球帽をかぶります。）と書かれている。Why ～ ?（なぜ～か。）と理由を問う文には，Because ～ .（なぜなら～だからです。）で答えるとよい。so の直前の部分が「理由」にあたる。また，主語は代名詞に変えて答えるとよい。本問では some people は they にする。

No.2

Please look at the picture. How many people are sitting under the tree?
（絵を見てください。何人の人が木の下に座っていますか。）

解答例 **Two people are sitting under the tree.**
（2人の人が木の下に座っています。）

- -

男性と女性が木の下に座っているのがわかる。〈How many ＋名詞の複数形 ～ ?〉（いくつ［何人］～か。）は数をたずねるときの言い方。

No.3

Please look at the girl with long hair. What is she going to do?
（髪の長い女の子を見てください。彼女は何をするつもりですか。）

解答例 **She's going to throw the ball.**
（彼女はボールを投げるつもりです。）

� 女の子の吹き出し内の絵を見ると，ボールを投げている。What is ～ going to do?（～は何をするつもりですか。）には，be going to ～ を使って答える。

No.4

🔊 What time do you usually go to bed?
（あなたはたいてい何時に寝ますか。）

解答例 **I go to bed at ten.**
（私は 10 時に寝ます。）

▶ What time do you go to bed?（あなたは何時に寝ますか。）という質問には，〈I go to bed at ＋時刻.〉（私は～時に寝ます。）と答えるとよい。

No.5

［1つ目の質問］

🔊 Have you ever been to a zoo?
（あなたは今までに動物園に行ったことがありますか。）

解答例 **Yes, I have.** （はい，行ったことがあります。）
No, I haven't. （いいえ，行ったことがありません。）

［2つ目の質問］

（あなたがYesで答えた場合）

🔊 Please tell me more.
（もっと私に話してください。）

解答例 **I visited a zoo on Sunday.**
（私は日曜日に動物園を訪れました。）

（Noで答えた場合）

🔊 What do you like to do in winter?
（あなたは冬に何をするのが好きですか。）

解答例 **I go skiing with my friends.**
（私は友人とスキーをしに行きます。）

▶ Have you ever been to ～?（あなたは今までに～に行ったことがありますか。）という質問には，Yes, I have. か No, I haven't. で答える。
　Yesで答えた場合，Please tell me more.（もっと私に話してください。）という質問が続くので，いつ行ったのか，そこで何をしたか，何回行ったことがあるかなどを答えるとよい。
　Noで答えた場合の質問，What do you like to do in winter?（あなたは冬に何をするのが好きですか。）には，好きな行動を具体的に答える。

カードの意味

生花店

日本には多くの生花店があります。そこではさまざまな種類の色とりどりの花を売っています。多くの人々は自分の家に美しい花を飾っておくのが好きなので，彼らは季節ごとに花を買いに行きます。

No.1

🔊 Please look at the passage. Why do many people go shopping for flowers each season?
（英文を見てください。なぜ多くの人々は季節ごとに花を買いに行くのですか。）

解答例 **Because they like to keep beautiful flowers in their homes.**
（彼らは自分の家に美しい花を飾っておくのが好きだからです。）

- -

📝 Many people like to keep beautiful flowers in their homes, so they go shopping for flowers each season.（多くの人々は自分の家に美しい花を飾っておくのが好きなので，彼らは季節ごとに花を買いに行きます。）と書かれている。Why ～?（なぜ～か。）と理由を問う文には，Because ～.（なぜなら～だからです。）で答えるとよい。soの直前の部分が「理由」にあたる。また，主語は代名詞に変えること。本問では，many peopleはtheyにする。

No.2

🔊 Please look at the picture. Where is the cat?
（絵を見てください。猫はどこにいますか。）

解答例 **It's on the chair.**
（それは椅子の上にいます。）

- -

📝 猫が椅子の上にいるのがわかる。〈Where is + 主語 ?〉（～はどこにいる［ある］か。）は場所をたずねるときの言い方で，〈主語 + is + 前置詞 + 場所を表す語 .〉で答える。

No.3

🔊 Please look at the woman with long hair. What is she going to do?
（髪の長い女性を見てください。彼女は何をするつもりですか。）

解答例 **She's going to open a box.**
（彼女は箱を開けるつもりです。）

☑ 女性の吹き出し内の絵を見ると，箱を開けている。What is 〜 going to do?（〜は何をするつもりですか。）には，be going to 〜 を使って答える。

No.4

🔊 What time do you usually get up on weekdays?
（あなたはたいてい平日は何時に起きますか。）

解答例 **I get up at seven.**
（私は7時に起きます。）

☑ What time do you get up?（あなたは何時に起きますか。）の質問には，〈I get up at ＋時刻.〉（私は〜時に起きます。）と答える。

No.5

［1つ目の質問］

🔊 Are you a student?
（あなたは生徒ですか。）

解答例 **Yes, I am. （はい，そうです。）**
No, I'm not. （いいえ，ちがいます。）
［2つ目の質問］
（あなたがYesで答えた場合）

🔊 Please tell me more.
（もっと私に話してください。）

解答例 **I like to study math.**
（私は数学を勉強するのが好きです。）
（Noで答えた場合）

🔊 What are you going to do this evening?
（あなたは今晩何をする予定ですか。）

解答例 **I'm going to read a book. （私は本を読む予定です。）**

☑ Are you a student?（あなたは生徒ですか。）という質問には，Yes(, I am).
かNo,(I'm not).で答える。
　Yesで答えた場合，Please tell me more.（もっと私に話してください。）という質問が続くので，自分の好きな科目や所属している部活などを答えるとよい。
　Noで答えた場合の質問，What are you going to do this evening?（あなたは今晩何をする予定ですか。）には，〈I'm going to ＋動詞の原形 〜.〉で具体的に何をするかを答えるとよい。

3級 **2 0 2 2 年 度**
第 1 回

意味と
解答例

カードＡ
[問題 p.142]

カードの意味

アイスクリーム

アイスクリームは人気のあるデザートです。多くの人々は暑い夏の日に外でそれを食べます。人々はよくスーパーマーケットでアイスクリームを買いますし，家でさまざまな種類のアイスクリームを作るのが好きな人もいます。

No.1

🔊 Please look at the passage. What do some people like to do at home?
（英文を見てください。一部の人は家で何をするのが好きですか。）

解答例 **They like to make different kinds of ice cream.**
（彼らはさまざまな種類のアイスクリームを作るのが好きです。）

✓ some people like to make different kinds of ice cream at home（家でさまざまな種類のアイスクリームを作るのが好きな人もいます）と書かれている。What do[does] 〜 like to do?（〜は何をするのが好きですか。）という質問には，具体的にするのが好きなことを答える。また，答えの文では主語を代名詞に変えること。本問では，some people を they にする。

No.2

🔊 Please look at the picture. How many people are wearing caps?
（絵を見てください。何人の人が帽子をかぶっていますか。）

解答例 **Two people are wearing caps.**
（2人の人が帽子をかぶっています。）

✓ 2人の少年が帽子をかぶっていることがわかる。〈How many + 名詞の複数形〜?〉（いくつ［何人］〜か。）の質問には数を答える。

No.3

🔊 Please look at the woman. What is she going to do?
（女性を見てください。彼女は何をするつもりですか。）

解答例 **She's going to sit (down on the bench).**
（彼女はベンチに座るつもりです。）

✓ 女性の吹き出し内の絵を見ると，ベンチに座っている。What is 〜 going to

do?（〜は何をするつもりですか。）には，be going to 〜 を使って答える。

No.4

🔊 How did you come here today?
（今日あなたはどのようにしてここに来ましたか。）

解答例 **I walked.**
（私は歩いてきました。）

- -

☑ How did you come here today?（今日あなたはどのようにしてここに来ましたか。）という質問には，交通手段などを答える。I walked.（私は歩いてきました。）のほかに，〈I came here by ＋乗り物.〉（私は〜でここに来ました。）などの表現を使って答えてもよい。

No.5

［1つ目の質問］

🔊 Do you enjoy going shopping in your free time?
（あなたはひまなときに買い物に行くことを楽しみますか。）

解答例 **Yes, I do.** （はい，楽しみます。）
No, I don't. （いいえ，楽しみません。）
［2つ目の質問］
（あなたがYesで答えた場合）

🔊 Please tell me more.
（もっと私に話してください。）

解答例 **I like to buy clothes.**
（私は洋服を買うのが好きです。）
（Noで答えた場合）

🔊 Where would you like to go next weekend?
（あなたは来週末どこに行きたいですか。）

解答例 **I'd like to go to a museum.**
（私は博物館に行きたいです。）

- -

☑ Do you enjoy 〜 ing?（あなたは〜するのを楽しみますか。）という質問には，Yes, I do. か No, I don't. で答える。
Yesで答えた場合，Please tell me more.（もっと私に話してください。）という質問が続くので，好きなことや楽しむことを具体的に答えるとよい。
Noで答えた場合の質問，Where would you like to go?（あなたはどこへ行きたいですか。）には，I'd like to go to 〜 .を使って，具体的に行きたい場所を答えるとよい。

カードの意味

山に登ること

山に登ることはわくわくすることがあります。多くの人々は自然の写真を撮るのが好きなので，山に登るときはカメラを持っていきます。人々はいつも地図と暖かい衣類も持っていくべきです。

No.1

🔊 Please look at the passage. Why do many people carry a camera with them when they climb mountains?
（英文を見てください。なぜ多くの人々は山に登るときにカメラを持っていくのですか。）

解答例 **Because they like taking photos of nature.**
（彼らは自然の写真を撮るのが好きだからです。）

- -

📝 Many people like taking photos of nature, so they carry a camera with them when they climb mountains.（多くの人々は自然の写真を撮るのが好きなので，山に登るときはカメラを持っていきます。）と書かれている。Why ~?（なぜ~か。）と理由を問う文には，Because ~ .（なぜなら~だからです。）で答えるとよい。so の直前の部分が「理由」にあたる。また，答えの文では主語は代名詞に変えること。本問では，many people は they にする。

No.2

🔊 Please look at the picture. How many birds are flying?
（絵を見てください。何羽の鳥が飛んでいますか。）

解答例 **Three birds are flying.**
（3羽の鳥が飛んでいます。）

- -

📝 3羽の鳥が飛んでいることがわかる。〈How many +名詞の複数形~?〉（いくつ［何人］~か。）という質問には，数を答える。

No.3

🔊 Please look at the woman with long hair. What is she going to do?
（長い髪の女性を見てください。彼女は何をするつもりですか。）

解答例 **She's going to eat (a sandwich).**
（彼女はサンドイッチを食べるつもりです。）

▶ 女性の吹き出し内の絵を見ると，サンドイッチを食べている。What is 〜 going to do?（〜は何をするつもりですか。）には，be going to 〜 を使って答える。

No.4

🔊 What do you want to do this summer?
（今年の夏，あなたは何をしたいですか。）

解答例 **I want to visit my grandparents.**
（私は祖父母を訪ねたいです。）

▶ What do you want to do?（あなたは何をしたいですか。）という質問には，I want to 〜.（私は〜したいです。）を使って具体的に自分のしたいことを答えるとよい。

No.5

[1つ目の質問]

🔊 Do you like to eat at restaurants?
（あなたはレストランで食事をするのは好きですか。）

解答例 **Yes, I do.** （はい，好きです。）
No, I don't. （いいえ，好きではありません。）

[2つ目の質問]

（あなたがYesで答えた場合）

🔊 Please tell me more.（もっと私に話してください。）

解答例 **I like to go to Chinese restaurants.**
（私は中華料理店に行くのが好きです。）

（Noで答えた場合）

🔊 Why not?（なぜ好きではないのですか。）

解答例 **I like to eat at home.**
（私は家で食事をするのが好きです。）

▶ Do you like to 〜?（あなたは〜することが好きですか。）という質問には，Yes, I do. か No, I don't. で答える。

Yesで答えた場合，Please tell me more.（もっと私に話してください。）という質問が続くので，好きなレストランの種類や自分の好きなメニューを答えるとよい。

Noで答えた場合の質問，Why not?（なぜ好きではないのですか。）には，レストランで食事をするのが好きではない理由や，それに代わる好きなことを具体的に答えるとよい。

カードの意味

中華料理店

日本には多くの中華料理店があります。そこではたいてい麺類やほかの人気のある中華料理を売っています。一部の人々はおいしい中華料理を自宅で食べたいと思っているので，テイクアウトの食べ物を中華料理店に注文します。

No.1

Please look at the passage. Why do some people order take-out food from Chinese restaurants?
（英文を見てください。なぜ一部の人々はテイクアウトの食べ物を中華料理店に注文するのですか。）

解答例 **Because they want to eat delicious Chinese meals at home.**
（彼らは自宅でおいしい中華料理を食べたいと思っているからです。）

Some people want to eat delicious Chinese meals at home, so they order take-out food from Chinese restaurants. （一部の人々はおいしい中華料理を自宅で食べたいと思っているので，テイクアウトの食べ物を中華料理店に注文します。）と書かれている。Why ～？（なぜ～か。）と理由を問う文には，Because ～ .（なぜなら～だからです。）で答えるとよい。soの直前の部分が「理由」にあたる。

No.2

Please look at the picture. How many people are holding cups?
（絵を見てください。何人の人がカップを持っていますか。）

解答例 **Two people are holding cups.**
（2人の人がカップを持っています。）

女性と女の子がカップを手に持っているのがわかる。〈How many + 名詞の複数形～？〉（いくつ［何人］～か。）という質問には数を答える。

No.3

Please look at the man wearing glasses. What is he going to do?
（めがねをかけている男性を見てください。彼は何をするつもりですか。）

解答例 **He's going to close the window.**

（彼は窓を閉めるつもりです。）

✔️ 男性の吹き出し内の絵を見ると，窓を閉めている。What is 〜 going to do?（〜 は何をするつもりですか。）には，be going to 〜 を使って答える。

No.4

🔊 What time do you usually get up in the morning?
（あなたはたいてい朝何時に起きますか。）

解答例 **I get up at six.**
（私は6時に起きます。）

✔️ What time do you get up?（あなたは何時に起きますか。）という質問には，〈I get up at ＋時刻 .〉（私は〜時に起きます。）と答えるとよい。

No.5

［1つ目の質問］

🔊 Have you ever been to the beach?
（あなたは今までに浜辺に行ったことがありますか。）

解答例 **Yes, I have.（はい，あります。）**
No, I haven't.（いいえ，ありません。）

［2つ目の質問］
（あなたがYesで答えた場合）

🔊 Please tell me more.（もっと私に話してください。）

解答例 **I went to the beach near my house.**
（私は家の近くの浜辺に行きました。）

（Noで答えた場合）

🔊 What are you going to do this evening?（あなたは今晩何をする予定ですか。）

解答例 **I'm going to watch a movie.**
（私は映画を見る予定です。）

✔️ Have you ever been to 〜?（あなたは今までに〜に行ったことがありますか。）という質問には，Yes, I have. か No, I haven't. で答える。
Yesで答えた場合，Please tell me more.（もっと私に話してください。）という質問が続くので，行った場所の細かな情報を付け加えるほかに，そこで何をしたか，何回行ったことがあるかなどを答えてもよい。
Noで答えた場合の質問，What are you going to do this evening?（あなたは今晩何をする予定ですか。）には，〈I'm going to ＋動詞の原形〜 .〉で具体的に何をするかを答える。

カードの意味

ビーチバレー

ビーチバレーはわくわくするスポーツです。暑い夏の日に（ビーチバレーを）プレーするのは楽しいです。多くの人々は自分の大好きな選手を見るのが好きなので，彼らはプロのビーチバレーの大会に行くのを楽しみます。

No.1

🔊 Please look at the passage. Why do many people enjoy going to professional beach volleyball tournaments?
（英文を見てください。なぜ多くの人々はプロのビーチバレーの大会に行くのを楽しむのですか。）

解答例 **Because they like seeing their favorite players.**
（彼らは自分の大好きな選手を見るのが好きだからです。）

- -

📝 Many people like seeing their favorite players, so they enjoy going to professional beach volleyball tournaments.（多くの人々は自分の大好きな選手を見るのが好きなので，彼らはプロのビーチバレーの大会に行くのを楽しみます。）と書かれている。Why ～?（なぜ～か。）と理由を問う文には，Because ～.（なぜなら～だからです。）で答えるとよい。soの直前の部分が「理由」にあたる。また，主語は代名詞に変えること。本問では，many peopleはtheyにする。

No.2

🔊 Please look at the picture. How many people are wearing sunglasses?
（絵を見てください。何人の人がサングラスをかけていますか。）

解答例 **Two people are wearing sunglasses.**
（2人の人がサングラスをかけています。）

- -

📝 男性と女性がサングラスをかけているのがわかる。〈How many ＋ 名詞の複数形～ ?〉（いくつ[何人]～か。）という質問には数を答える。

No.3

🔊 Please look at the girl with long hair. What is she going to do?
（髪の長い女の子を見てください。彼女は何をするつもりですか。）

解答例 **She's going to wash her hands.**

（彼女は手を洗うつもりです。）

- -

☑ 女の子の吹き出し内の絵を見ると，水道で手を洗っている。What is ~ going to do?（～は何をするつもりですか。）には，be going to ~ を使って答える。

No.4

🔊 What kind of TV programs do you like?
（あなたはどんな種類のテレビ番組が好きですか。）

解答例 **I like quiz shows.**
（私はクイズ番組が好きです。）

- -

☑ What kind of ~ do you like?（あなたはどんな種類の～が好きですか。）という質問には，固有名詞ではなく，「種類・ジャンル」を答える。本問の場合は，具体的な番組名ではなく，クイズ番組のほか，スポーツ番組（sports programs），ドラマ（dramas）などと答えるとよい。

No.5

［1つ目の質問］

🔊 Do you have any plans for the winter vacation?
（あなたは冬休みの計画はありますか。）

解答例 **Yes, I do.（はい，あります。）**
No, I don't.（いいえ，ありません。）
［2つ目の質問］
（あなたがYesで答えた場合）

🔊 Please tell me more.（もっと私に話してください。）

解答例 **I'm going to visit Kobe.（私は神戸を訪れる予定です。）**
（Noで答えた場合）

🔊 What time do you usually get up on weekends?
（あなたはたいてい週末は何時に起きますか。）

解答例 **I get up at eight.（私は8時に起きます。）**

- -

☑ Do you have any plans for the winter vacation?（あなたは冬休みの計画はありますか。）という質問には，Yes, I do. か No, I don't. で答える。
Yesで答えた場合，Please tell me more.（もっと私に話してください。）という質問が続くので，〈I'm going to ＋動詞の原形～ .〉などで具体的に何をするかを答える。
Noで答えた場合の質問，What time do you usually get up on weekends?（あなたはたいてい週末は何時に起きますか。）には，〈I get up at ＋時刻 .〉（私は～時に起きます。）と答えるとよい。

カードの意味

かさ

かさはとても便利です。かさは人々が雨の日にぬれないようにするのを助けます。デパートではさまざまな種類のカラフルなかさを売っているし、コンビニエンスストアは安くてシンプルなかさを買うのによい場所です。

No.1

🔈 Please look at the passage. What do department stores sell?
（英文を見てください。デパートは何を売っていますか。）

解答例 **They sell different kinds of colorful umbrellas.**
（さまざまな種類のカラフルなかさを売っています。）

　✎ Department stores sell different kinds of colorful umbrellas（デパートはさまざまな種類のカラフルなかさを売っている）と書かれている。What do［does］～ sell?（～は何を売っていますか。）という質問には、具体的に売っているものを答える。答えの文では主語を代名詞に変えて答える。本問では、department stores は they にする。

No.2

🔈 Please look at the picture. How many cars are there in front of the store?
（絵を見てください。お店の前には何台の車がありますか。）

解答例 **There are two cars in front of the store.**
（お店の前には2台の車があります。）

　✎ お店の前に2台の車が止まっているのがわかる。〈How many ＋名詞の複数形～?〉（いくつ［何人］～か。）という質問には、数を答える。

No.3

🔈 Please look at the girl wearing a cap. What is she doing?
（帽子をかぶっている少女を見てください。彼女は何をしていますか。）

解答例 **She's running.**
（彼女は走っています。）

　✎ 少女を見ると、お店の前を走っているのがわかる。What is［are］～ doing?（～

は何をしていますか。）という質問には，〈主語＋is［are］＋動詞のing形〜．〉
（現在進行形）を使って答える。

No.4

🔊 How many hours do you sleep every night?
（あなたは毎晩何時間寝ますか。）

解答例 **I sleep about eight hours.**
（私は約８時間寝ます。）

✓ How many hours do you 〜?（あなたは何時間〜しますか。）という質問には，
〜 hour(s)を使って動作をする時間を答える。aboutは「約〜」という意味
を表す。

No.5

［１つ目の質問］

🔊 Do you like to travel?
（あなたは旅行するのが好きですか。）

解答例 **Yes, I do.**（はい，好きです。）
No, I don't.（いいえ，好きではありません。）
［２つ目の質問］
（あなたがYesで答えた場合）

🔊 Please tell me more.
（もっと私に話してください。）

解答例 **I'd like to visit Kyushu.**
（私は九州を訪れてみたいです。）
（Noで答えた場合）

🔊 What are you planning to do tomorrow?
（あなたは明日何をする予定ですか。）

解答例 **I'm planning to see a movie.**
（私は映画を見る予定です。）

✓ Do you like to travel?（あなたは旅行するのが好きですか。）という質問には，
Yes, I do. かNo, I don't［do not］. で答える。
Yesで答えた場合，Please tell me more.（もっと私に話してください。）とい
う質問が続くので，行ってみたい旅行先や，行ったことのある旅行先を，具
体的に答えるとよい。
Noで答えた場合，What are you planning to do?（あなたは何をする予定です
か。）という質問には，I'm planning to 〜. を使って具体的な予定を答える。

3級

**2022年度
第3回**

意味と
解答例

カードB

[問題 p.147]

ギターを弾くこと

ギターを弾くことは人気のある趣味です。多くの人々は自分の大好きな歌を演奏する方法を身につけたいと思っているので，彼らは毎日ギターを弾く練習をします。ギターの先生のレッスンを受ける人もいます。

No.1

🔊 Please look at the passage. Why do many people practice playing the guitar every day?
（英文を見てください。なぜ多くの人々は毎日ギターを弾く練習をするのですか。）

解答例 **Because they want to learn how to play their favorite songs.**
（彼らは自分の大好きな歌を演奏する方法を身につけたいからです。）

- -

📝 Many people want to learn how to play their favorite songs, **so they practice playing the guitar every day.**（多くの人々は自分の大好きな歌を演奏する方法を身につけたいと思っているので，彼らは毎日ギターを弾く練習をします。）と書かれている。Why 〜?（なぜ〜か。）と理由を問う文には，Because 〜.（なぜなら〜だからです。）で答えるとよい。soの直前の部分が「理由」にあたる。また，答えの文では主語を代名詞に変えて答える。本問では，many people は they にする。

No.2

🔊 Please look at the picture. How many children are there under the tree?
（絵を見てください。何人の子どもが木の下にいますか。）

解答例 **There are two children under the tree.**
（木の下には2人の子どもがいます。）

- -

📝 男の子と女の子が1人ずつ木の下にいることがわかる。〈How many + 名詞の複数形〜?〉（いくつ[何人]〜か。）という質問には，数を答える。

No.3

🔊 Please look at the boy wearing a cap. What is he going to do?
（帽子をかぶっている少年を見てください。彼は何をするつもりですか。）

解答例 **He's going to kick the ball.**
（彼はボールをけるつもりです。）

☑ 少年の吹き出し内の絵を見ると，ボールをけっている。What is[are] ～ going to do?（～は何をするつもりですか。）には，be going to ～ を使って答える。

No.4

🔊 What did you do last weekend?
（あなたは先週末に何をしましたか。）

解答例 **I went to a basketball game.**
（私はバスケットボールの試合に行きました。）

☑ What did you do?（あなたは何をしましたか。）という質問には，動詞の過去形を使って「したこと」を具体的に答える。

No.5

［1つ目の質問］

🔊 Do you often go to a movie theater?
（あなたはよく映画館に行きますか。）

解答例 **Yes, I do.** （はい，行きます。）
No, I don't. （いいえ，行きません。）

［2つ目の質問］
（あなたがYesで答えた場合）

🔊 Please tell me more.
（もっと私に話してください。）

解答例 **I go there with my friends.**
（私は友達とそこに行きます。）
（Noで答えた場合）

🔊 Why not?
（なぜ行かないのですか。）

解答例 **I usually watch movies at home.**
（私はたいてい家で映画を見ます。）

☑ Do you often go to ～?（あなたはよく～に行きますか。）という質問には，Yes, I do. か No, I don't［do not］. で答える。
Yesで答えた場合，Please tell me more.（もっと私に話してください。）という質問が続くので，だれと行くかや，いつ行くかということを答えるとよい。Noで答えた場合，Why not?（なぜ行かないのですか。）という質問には，映画を映画館以外で見ることや，映画館に行くことのマイナス面を答えるとよい。「インターネットで映画を見る」はwatch movies on the Internetと表現する。

英検3級 2024年度 試験日程

第1回検定	[受付期間]	3月15日(金)〜5月8日(水)
	[一次試験]	本会場 —— 6月2日(日)
		準会場 —— 5月24日(金)・25日(土)・26日(日)
		5月31日(金)・6月1日(土)・2日(日)
	[二次試験]	本会場 —— 7月7日(日)・7月14日(日)
第2回検定	[受付期間]	7月1日(月)〜9月9日(月)
	[一次試験]	本会場 —— 10月6日(日)
		準会場 —— 9月27日(金)・28日(土)・29日(日)
		10月4日(金)・5日(土)・6日(日)
	[二次試験]	本会場 —— 11月10日(日)・17日(日)
第3回検定	[受付期間]	11月1日(金)〜12月16日(月)
	[一次試験]	本会場 —— 2025年1月26日(日)
		準会場 —— 1月17日(金)・18日(土)・19日(日)
		1月24日(金)・25日(土)・26日(日)
	[二次試験]	本会場 —— 3月2日(日)・9日(日)

● 学校などで団体準会場受験する人は, 日程については担当の先生の指示に従ってください。
● 受付期間や試験日程は, 下記ウェブサイト等で最新の情報を事前にご確認ください。

公益財団法人 日本英語検定協会 〉 HP https://www.eiken.or.jp/eiken/
電話 03-3266-8311(個人受付)

2024年度 英検3級過去問題集

編集協力　株式会社ファイン・プランニング　株式会社メディアビーコン
　　　　　小縣宏行, 菊地あゆ子, 佐藤美穂, 村西厚子, 脇田聡, 渡邉聖子
英文校閲　エドウィン・L・カーティー
音声制作　一般財団法人英語教育協議会(ELEC)
ナレーション　Anya Floris, Jack Merluzzi, Rachel Walzer, 水月優希
　　　　　　Howard Colefield, Jennifer Okano
デザイン　小口翔平＋嵩あかり＋村上佑佳(tobufune)
イラスト　MIWA★, 日江井 香, 合資会社イラストメーカーズ, 加納徳博